# 客户服务实务

苏朝晖 ◎ 编著

清华大学出版社

北　京

## 内容简介

本书借鉴和吸收了国内外关于客户服务理论与实践的最新成果，努力做到理论与实务相结合，深入浅出，通俗易懂，为读者提供了一套完整的客户服务解决方案。其主要包括客户服务概论、客户消费行为分析、客户服务的内容、客户服务的策略、客户服务的技术、客户服务的时空管理、客户服务的人员管理、客户服务的质量管理、客户服务的满意管理、客户服务的品牌管理等十章内容，书中还援引了大量典型案例以便于读者更好地领会客户服务的真谛。

本书提供了丰富的教学资源，教师可通过扫描前言中的二维码获取。本书既适合作为高等院校企业管理、服务管理、电子商务、市场营销、物流管理、旅游管理、酒店管理等相关专业课程的教材，也适合各类从事服务业工作的人士阅读、参考。



图书在版编目(CIP)数据

客户服务实务 / 苏朝晖　编著. —北京：清华大学出版社，2020.8

ISBN 978-7-302-53491-4

Ⅰ. ①客…　Ⅱ. ①苏…　Ⅲ. ①客户－商业服务－教材　Ⅳ. ①F719

中国版本图书馆 CIP 数据核字(2019)第 179547 号

**责任编辑：** 崔　伟　马遥遥

**封面设计：** 周晓亮

**版式设计：** 思创景点

**责任校对：** 成凤进

**责任印制：** 宋　林

**出版发行：** 清华大学出版社

**网　　址：** http://www.tup.com.cn，http://www.wqbook.com

**地　　址：** 北京清华大学学研大厦 A 座　　**邮　　编：** 100084

**社 总 机：** 010-62770175　　**邮　　购：** 010-62786544

**投稿与读者服务：** 010-62776969，c-service@tup.tsinghua.edu.cn

**质 量 反 馈：** 010-62772015，zhiliang@tup.tsinghua.edu.cn

**印 装 者：** 三河市金元印装有限公司

**经　　销：** 全国新华书店

**开　　本：** 170mm×240mm　　**印　　张：** 14　　**字　　数：** 267 千字

**版　　次：** 2020 年 9 月第 1 版　　**印　　次：** 2020 年 9 月第 1 次印刷

**定　　价：** 42.00 元

---

产品编号：084677-01

# 作者简介

**苏朝晖　教授**

中国高等院校市场学研究会常务理事、国家科技专家库专家、新华社瞭望智库首批入驻专家，主要研究领域为营销管理、服务管理、品牌管理、客户管理等。

作者已主持完成国家重大科研项目及省部级科研项目 5 项，发表学术论文 60 余篇，出版专著《客户关系的建立与维护》《服务营销管理——服务业经营的关键》《经营客户》《科技服务研究》，主编《客户关系管理——客户关系的建立与维护》《市场营销——从理论到实践》《服务营销管理》《消费者行为学》等多部教材，其中《客户关系管理——客户关系的建立与维护》已被 300 多所高校选用，并于 2017 年被评为省级本科优秀特色教材。

# 前　言

客户服务就是企业或人员为客户提供服务、满足客户需要的活动，其目的是为客户创造良好的消费体验，实现客户满意与客户忠诚。如今，客户服务已经成为企业形象的窗口、市场竞争的焦点、争取和保持客户的重要手段。

由于历史和观念的原因，我国客户服务行业起步较晚，发展严重滞后。“服务”在我国古代的意思为“侍奉”，传统观念中，服务就是在低三下四地“伺候”别人、是失去尊严的事。时至今日，“服务低人一等”的陈腐观念仍然存在，不少人看不起服务，不愿意从事服务工作。许多企业不够重视客户服务，或者不懂得如何开展客户服务。总之，我国的客户服务水平亟待提高。

然而，目前有关客户服务的书籍明显偏少，为数不多的书籍中有的偏重理论而过于抽象，有的偏重实务而过于细碎，不能形象地、系统地指导客户服务的实践。

本书借鉴和吸收了国内外关于客户服务理论与实践的最新成果，努力做到理论与实务相结合，深入浅出，通俗易懂，为读者提供了一套完整的客户服务内容、策略、技术及管理方案。

本书提供了丰富的教学资源，包括教学课件、案例课件、教学大纲及课后思考题答案等，教师可通过扫描右侧二维码获取。

此外，书中援引了大量典型案例以便于读者更好地领会客户服务的真谛，案例资料来源已尽可能列出，如有不慎遗漏，在此深表歉意与敬意。由于本人水平有限，书中难免有不足甚至错误之处，恳请读者不吝赐教和批评指正，意见与建议请发至 822366044@qq.com。

最后，感谢所有曾经给过我支持和帮助的人！

苏朝晖

2020 年 9 月

# 目　　录

# 第一章　客户服务概论

## 引例：“客户，您是总裁”——创维集团的经营观念

正当一些企业还在把“客户是上帝”流于口头禅、宣传口号，以至于客户和舆论对这类企业失去信任时，创维集团隆重推出了“客户，您是总裁”的全新理念，提出了“大服务”的概念，即“把企业的研发、生产、销售、维修看作一个整合起来的大服务链条，而客户就是这一服务链条的连接对象和价值实现的终极目标”。

创维集团的“客户是总裁”之所以比“客户是上帝”更符合新经济时代的要求，其原因有如下几点。首先，在于立场的转变。客户从上帝变为总裁，完成了客户客体地位的主体化，这也是营销理念从 4P 到 4C 变化的根本。其次，形成了利益共同体。客户作为总裁是内部人，和企业是利益共同体，解决了利益的对立问题。最后，员工从向总裁负责转变为向客户负责。以前是总裁发工资，所以向总裁负责；现在意识到客户才是衣食父母，所以必须首先满足客户的需要。

“你们脑袋要对着客户，屁股要对着领导”，这是华为总裁任正非反复不断说的话。他认为，大部分公司会腐败，就是因为员工把力气花在讨好领导，而非思考客户需求上。因此，他明文禁止上司接受下属招待，就连开车到机场接机都会被他痛骂一顿：“客户才是你的衣食父母，你应该把时间、力气放在客户身上！”

客户是企业的衣食父母，客户服务是企业争取和保持客户的重要手段。

# 第一节　服务的分类及特性

## 一、服务的概念

《辞海》对服务的解释如下：一是为集体或为别人工作，二是指“劳务”，即不以实物形式而以提供活动的形式满足他人的某种需要。

ISO 9000 系列标准中对服务做的定义是：“服务是为满足客户的需要，在同客户的接触中，供方的活动和供方活动的结果。”

广义来说，服务是指一切人类活动，人类的每一次活动都是在提供或接受某种性质的服务，都是具有服务性质的活动。

狭义来说，服务是企业或人员为满足客户需求的活动。

市场上的服务有两种表现形态：一是制造业中作为产品配角的服务，二是服务业中作为主角的服务。

## 二、服务的分类

### （一）按服务的时序分类

按服务的时序分类，可分为售前服务、售中服务和售后服务。

### （二）按服务的地点分类

按服务的地点分类，可分为定点服务和巡回服务。

#### 1. 定点服务

定点服务是指通过在固定地点建立服务点或委托其他部门设立服务点来提供服务，如在全国各地设立维修服务网点、零售门市部。

#### 2. 巡回服务

巡回服务是指没有固定地点，由客服人员或专门派出的维修人员定期或不定期地按客户分布的区域巡回提供服务，如流动货车、上门销售、巡回检修等。这种服务适合在企业的销售市场和客户分布区域比较分散的情况下采用，因其深入居民区，为客户提供了便利而深受欢迎。

### （三）按服务的费用分类

按服务的费用分类，可分为免费服务和收费服务。

1. 免费服务

免费服务是指提供不收取费用的服务，一般是附加的、义务性的服务。

2. 收费服务

收费服务是指提供收取费用的服务。

### （四）按服务的次数分类

按服务的次数分类，可分为一次性服务和经常性服务。

1. 一次性服务

一次性服务是指一次性提供完毕的服务，如送货上门、产品安装等。

2. 经常性服务

经常性服务是指需要多次提供的服务，如产品的检修服务等。

### （五）按服务的技术分类

按服务的技术分类，可分为技术性服务和非技术性服务。

1. 技术性服务

技术性服务是指提供与产品的技术和效用有关的服务，一般由专门的技术人员提供，主要包括产品的安装、调试、维修，以及技术咨询、技术指导、技术培训等。

2. 非技术性服务

非技术性服务是指提供与产品的技术和效用无直接关系的服务，它包含的内容比较广泛，如广告宣传、送货上门、提供信息、分期付款等。

### （六）按服务的性质分类

按服务的性质分类，可分为功能性服务和态度性服务。

1. 功能性服务

所谓的“功能性服务”，即满足客户需要、解决客户问题的服务，体现了企业或客服人员在服务客户过程中的专业服务水平。不同行业所提供的服务功能显然是不同的。

在优质服务的表现中，帮助客户解决问题永远是第一位。因为作为客户，虽然希望客服人员能够有很好的服务态度，但是更希望问题能得到解决。

例如，相对于服务态度来讲，菜做得好吃与否显然更为重要，没有哪个客户会光顾一家服务态度很好，但是口味很差的餐厅。

### 2. 态度性服务

所谓“态度性服务”，就是以热情、微笑、诚意、尊重、关注等良好的应对态度来服务客户。不同行业所提供的态度性服务可以是相同或相似的。

服务人员的态度是赢得客户好感的保证，如果他们态度友善而温和，则可提高客户的满意度和忠诚度。相反，服务人员态度冷淡或粗鲁，会使客户感到不快。

相对于功能性服务而言，态度性服务比较简单，容易做到，但很遗憾，直到目前为止，客户对于企业投诉最多的依然是服务态度的问题。

从以上关于功能性服务与态度性服务的分析可见，要做好服务工作，没有良好的态度是不行的，只有好的态度而没有过硬的专业服务水平也是不行的。

## 三、服务的四大特性

1960 年，美国市场营销学会最先指出：“服务是用于出售或者随同产品一起出售的活动、利益或者满足感。”之后，又对此做出了补充：“服务是不可感知却可使欲望获得满足的活动，这种活动并不需要与其他的服务的售出联系在一起。生产服务时可能不会利用到实物，而且即使需要借助某实物协助生产服务，也不涉及此实物的所有权转移问题。”

1966 年，拉斯摩(Rathmall)首次对无形服务与有形实体产品进行区分，指出服务是一种行为、一种表现、一种努力。

1974 年，斯坦顿(Stanton)认为服务是“可被独立识别的不可感知活动，为客户或工业客户提供满足感，但并非一定与某个服务连在一起出售”。

1990 年，格罗路斯(Gronroos)提出：“服务是指或多或少具有非实体特点的一种或一系列活动，通常发生在客户同服务的提供者及其有形的资源、产品或系统相互作用的过程中，以便解决客户的有关问题。”格罗路斯还对服务与有形产品的特点进行了对比分析，两者的差异可概括为：有形产品是一个具有实体的、独立静态的物质对象，而服务是非实体的、无形的，是一种行为或过程；有形产品是一种标准化的产品，而服务大多难以标准化，每一类服务都可能与其他同类服务的表现形式有所差异；有形产品的生产、销售及消费可以完全独立进行，客户不参与生产过程，客户的消费也无需企业的参与，而服务的生产、销售和消费是同一个不可分离的过程，客户和客服人员必须同时参与才能完成；有形产品的核心价值是在工厂里就已经确定的一种凝聚在产品当中的静态属性，与客户无关，服务的价值是在客户与客服人员的接触中产生的，它不可能事先被创造出来，是一种动态的属性；有形产品可以在一定时间内存储，而服务的生产和消费是同时进行的，生产的过程即是消费的过程，不可存储。

1995 年，菲利普·科特勒认为："服务是一方能够向另一方提供的、基本上是非实体的任何活动或利益，并且不导致任何所有权的产生；它的生产可能与某种有形产品联系在一起，也可能无关联。"

贝特森(Bateson)、肖斯塔克(Shostack)、贝里(Berry)等人归纳出服务具有四大特性，即无形性、不可分离性、不可储存性、差异性。目前，这一观点被普遍接受。

## (一) 服务的非实体性

将服务看作无形的似乎还不够准确，因为参与服务的人与物都是有形的，服务过程也是可以看得见的，因此，这里用"非实体性"来代替"无形性"，其含义具体如下。

### 1. 服务没有物理、化学属性，不可触摸与陈列

首先，产品的质量可以用确切的标准来衡量，用精确的数值来表示，如抽油烟机的质量优劣可以用安全性能、使用性能(风量、风压、噪声、电机输入功率)等指标来衡量。

其次，产品可以触摸、陈列，以便于客户进行比较、挑选。例如，购买一双鞋子，客户在购买前就能够确认鞋子的特点，如颜色、款式、硬度和气味等，还可以拿起鞋子感受一下它的质量和重量，也可以把鞋子直接穿到脚上试试是否合脚。

相比之下，服务是一系列的行为和过程，服务没有体积、重量、密度、长度、大小，不可以触摸、尝试、聆听、陈列，企业无法向客户提供服务样品，更无法回答服务的形状、颜色和成分。

### 2. 服务载体不是服务的本质

服务有时需要一定的载体，但这些实体成分并不是服务的本质。

例如，肯德基的汉堡、甜点、鸡翅、饮料、店堂环境都是有形的，但这些实体并不是肯德基的本质。肯德基的本质是独特的烹饪服务、就餐服务和便捷服务等，而这些都是非实体的。

银行的服务也无法像有形产品那样被触摸，可以被触摸的存折、银行卡等只是银行服务的载体，但这些实体成分并不是银行服务的本质。银行服务的本质主要是存贷款服务、投资理财服务等，这些都是非实体的。

总之，服务的非实体性可被认为是服务最基本的特点，其他特点都是从这一特点派生出来的。

## (二) 服务的过程性

对于有形产品而言，通常在工厂生产，在商店销售，在使用中消费，这三个环节泾渭分明，人们可以从时间和空间上把产品的生产、流通与消费区分出来。

相比之下，服务的生产、流通和消费一般是同时同地进行的：生产一旦开始，流通和消费也就开始；生产一结束，流通与消费也宣告完成。例如，歌唱家唱完一首歌，听众、观众也同时聆听、消费了他的服务。人们若不身临其境，是很难想象和体会到服务对人们的感受。又如，没有亲自乘坐航班就无法领略和享受空中服务；除非自己亲自到比赛现场，否则无法感受现场的气氛。

但是，说服务具有不可分离性似乎还不够准确，因为通过技术和模式的创新可以使得服务的生产与消费在时间上、地点上实现分离。例如，随着信息技术的应用，上课可以不用进学校——通过收看视频等方式来学习。但是无论怎样，服务都不是一个静止的实体，而是由一系列过程构成，因此，这里用“过程性”来代替“不可分离性”。

### （三）服务的不可储存性

#### 1. 服务不能在生产后储存待售

我们到工厂或者商店去购买产品，钱一付就可以从仓库里将产品带走，但是去消费一项服务时则不能做到钱一付就走。

例如，宾馆、酒店的客房服务不能储存，今天没有客人住宿，客房便闲着，就是实实在在的损失；飞机上的座位同样不能储存，这趟航班剩下的座位是不可能保留到下一趟航班的。这些空房间、空座位以及闲置的服务设施和人员，都是不可补偿的损失，其损失表现为盈利机会的丧失和折旧的发生。

如果服务能够生产后储存，那么在消费旺季和高峰期，客户便不用排队等候，而是像购买实体产品那样随时取走，从而节省许多时间。

#### 2. 客户也无法购后储存

当购买或者消费服务结束后，服务也随即消失，不能在时间上或空间上将服务保存起来。

例如，去影院看电影，当电影播映完之后服务也随之消失。再如，去酒店吃饭，酒店服务人员给客户提供接衣、挂帽、拉椅、让座、斟茶、倒酒等服务，一旦客户离开酒店，就无法再享受这样的服务。

但是随着信息技术的发展，信息服务包括知识服务、表演服务等可以储存在计算机硬盘、U 盘、光盘等介质中了，只是作用在人体上的服务显然还不能储存。

### （四）服务的差异性

服务的差异性是指服务的构成成分及质量水平经常变化，同一项服务会因为提供的主体、时间、地点、环境、方式以及气氛的变化，而使服务内容、形式、质量等产生差异。

这主要有两个方面的原因：一方面，服务主要是由人来提供的，而人的气质、态度、修养与技术水平的差异，导致不同的人提供的服务往往产生不同的内容、形式、质量。例如，同一个酒店里的不同厨师所做的饭菜是不一样的。另一方面，即使同样一个人在不同的状态下，提供同样一项服务也是不一样的，就像再优秀的歌唱演员，在不同的演出时间或场合演唱同一首歌曲也是有差异的。

此外，还应当注意的是，服务质量是客观的，可以通过技术手段测量其质量高低。例如，电信公司通信信号的好坏、银行办理业务需要等待的时间长短等，这些都可以客观衡量。而客户感知的服务效果则是主观的，因为不同客户的判断标准千差万别。例如，同一杯咖啡，有的客户嫌太苦，有的不觉得苦；有的客户嫌太甜，有的客户觉得不够甜。因此，不能把客户感知的服务效果混同于服务内容、服务形式、服务质量，否则将成为一些不良企业推卸自己对服务内容、服务形式、服务质量负责任的借口。

# 第二节　客户的重要性

客户的重要性体现在客户对企业的价值上，即客户为企业创造的所有价值的总和，具体表现在以下几个方面。

## 一、利润源泉

客户可以给企业带来利润，也可以使企业破产倒闭。只有客户购买了企业的产品或者服务，才能使企业的利润得以实现，因此客户是企业利润的源泉，是企业的“摇钱树”，管好了客户就等于管好了“钱袋子”。

企业利润的来源不是品牌，品牌只是吸引客户的有效工具。再强势的品牌如果没有客户追捧，同样是站不住脚的。这可以解释为什么有些知名品牌异地发展却遭遇挫折——不是品牌本身出了问题，而是因为品牌没有被异地的客户接受。

正因为如此，通用电气变革的带头人韦尔奇说：“公司无法提供职业保障，只有客户才行。”著名的管理学大师彼得·德鲁克提出：“企业的首要任务就是‘创造客户’。”沃尔玛的创始人萨姆·沃尔顿也说过：“实际上只有一个真正的老板，那就是客户。他只要用把钱花在别处的方式，就能将公司的董事长和所有雇员全部都‘炒鱿鱼’。”

## 二、聚客效应

自古以来，人气就是商家发达的生意经。一般来说，人们都有从众心理，总是喜欢追捧那些“热门”企业。如果企业拥有庞大的忠诚客户群，这本身就是一个很好的广告、很有力的宣传，在“从众心理”的驱使下，能够吸引更多的新客户。

所以，形象地说，客户是“播种机”，因为满意和忠诚的客户会带来其他新的客户。也就是说，已经拥有较多客户的企业更容易吸引新客户，从而使企业的客户规模不断扩大。

## 三、信息价值

客户的信息价值是指客户为企业提供信息，从而使企业更有效、更有的放矢地开展经营活动所产生的价值。

这些信息的主要来源是：企业在建立客户档案时由客户无偿提供的信息；企业与客户沟通过程中，客户以各种方式(如抱怨、建议、要求等)向企业提供的各类信息。这些信息包括客户需求信息、竞争对手信息、客户满意度信息等。

企业是为客户服务的，检验服务优劣的唯一标准就是客户评价。所以，形象地说，客户是“整容镜”，客户的意见、建议为企业的正确经营指明了方向，为企业制定营销策略提供了真实、准确的一手资料。

## 四、口碑价值

客户的口碑价值是指由于满意的客户向他人宣传本企业的产品或者服务，从而吸引更多的新客户，促使企业销售增长、收益增加所创造的价值。所以，形象地说，客户是“宣传队”，他们会对其他人诉说正面或者负面的评价，从而影响他人对企业的兴趣。

研究表明，在客户购买决策的信息来源中，口碑传播的可信度最大，远胜过商业广告和公共宣传对客户购买决策的影响。因此，客户主动的推荐和口碑传播会使企业的知名度和美誉度迅速提升，同时还可以降低企业的广告和宣传费用。

## 五、对付竞争的利器

在产品与服务供过于求、买方市场日渐形成的今天，客户选择的自由度越来越大，尽管当前企业间的竞争更多地表现为品牌竞争、价格竞争、广告竞争等多个方面，但实质上都是在争夺有限的客户资源。

另外，技术、资金、管理、土地、人力、信息等，很容易被竞争对手模仿或者购买，然而，企业拥有的客户要想被竞争对手模仿或者购买却很难。客户忠诚

一旦形成，竞争对手往往要花费数倍的代价来“挖墙脚”(挖客户)。因此，从根本上说，判断一个企业的竞争力有多强，不仅要看技术、看资金、看管理，更为关键的是要看它到底拥有多少忠诚的客户，特别是拥有多少忠诚的优质客户。

在小咖啡店买杯咖啡不到20元，而在星巴克却要30多元！购买者还是心甘情愿的，因为他们觉得值。所以，企业如果能够拥有较多的、乐意以较高价格去购买企业的产品或者服务的客户，就能在激烈的竞争中站稳脚跟，立于不败之地。

此外，如果企业拥有的客户越多，就越可能获得规模效应，从而减少企业为客户提供产品或者服务的成本，为客户提供更高价值的产品或服务。同时，如果企业拥有的客户众多，还会给其他企业带来较高的进入壁垒——“蛋糕”(市场份额)就那么大，你拥有的客户多了，意味着其他企业的客户就少了。可以说，忠诚、庞大的客户队伍是企业从容面对市场竞争的基石。

总之，客户是企业的衣食父母，是企业的命脉，是企业永恒的宝藏，是企业生存和发展的基础。一个企业不管拥有多好的设备、多好的技术、多好的品牌、多好的机制、多好的团队，如果没有客户，那么一切都将为零。企业好比是船，客户好比是水，水能载舟，亦能覆舟。

# 第三节　客户服务的意义及理念

客户服务包括为客户提供的售前服务、售中服务、售后服务，具体包含为客户提供相关资讯、介绍及说明产品或服务知识，接受客户询问，接受订单或预订，运送产品及安装，提供客户需要的相关服务，接受并处理客户的抱怨及投诉，产品的维修退货或服务的退订，客户资料的建档及追踪等，还包括为客户提供恰当的服务时间、服务环境、服务体验等。

## 一、客户服务的意义

在产品与服务同质化日趋严重的今天，客户服务的作用在增强，越来越成为市场竞争的焦点及展现企业形象的窗口，也越来越成为争取和保持客户的重要手段。

### (一) 客户服务已经成为市场竞争的焦点

随着科学技术的进步，当不同企业生产的产品相差无几时，优质的客户服务就会成为在现代竞争中战胜对手的重要手段。

美国福鲁姆咨询公司的调查报告显示，客户从购买某一企业的产品转向另一同类企业，10个人中有7个人是因为服务问题，而不是因为产品质量或价格。

例如，几乎所有品牌的汽油质量都差不多，价格也相差无几，这样司机给汽车加油时就会考虑加油站的服务状况——工作人员是否热情、是否有礼物赠送、厕所是否干净卫生等。

### （二）客户服务已经成为企业形象的窗口

客户服务的水平代表着一个企业的整体形象、综合素质和经营理念。

如果客户没有购买商品，服务员因此态度恶劣、不给好脸色，那么就会永远地把客户拒之门外，客户还很有可能将抱怨转告给家人、邻居、朋友。相反，如果客户没买东西，服务人员也能笑脸相送，客客气气说再见，那么客户心理上就会过意不去，下次买东西就会首先考虑来这家。人走茶不凉，那才叫好，雪中送炭比锦上添花更难得、更可贵。

不少企业会采用广告来塑造自己的形象，但是由于目前虚假广告较多，客户普遍存在着对广告的不信任心理，所以，用广告来塑造企业形象的效果往往并不理想，花多少钱也难买到好口碑。相比之下，客户相互传播自己购买后的体验信息，则更容易引起客户的共鸣。商家优质服务的事例常常被客户传为佳话，而劣质服务引起客户的不满，则会“一传十、十传百”更快地在客户群体中传播开来——这就是“好事不出门，坏事传千里”。

可见，优质的客户服务有利于塑造企业的良好形象，提高企业的知名度和美誉度。因此，许多以优质服务著称的企业，都非常重视为客户提供高技能的、高质量的、高效率的服务，以增加口碑。

### （三）客户服务是企业争取和保持客户的重要手段

服务价值是构成客户感知价值的重要因素之一，服务价值高，感知价值就高；服务价值低，客户的感知价值就低。随着人们生活水平的普遍提高，客户支付能力的增强，客户越来越心甘情愿为获得高档、优质的服务而多付出。这样，通过提供优质的客户服务，企业自然可以提高产品售价，获得更多的利润。

例如，商场在销售冰箱时，承诺免费送货上门，免费保修 3 年，并且上门维修，这些服务既增加了客户价值，又减少了客户成本，自然能够争取到客户。

又如，购物环境舒适整洁，营业现场秩序井然，会使客户产生积极的情绪，反之则会产生厌恶的消极情绪。如果营业员服务周到、热情、耐心，积极为客户提供服务信息，客户就会有一种宾至如归的感觉，消费情感自然会被带动。相反，营业员态度不好，没有耐心，对客户不理不睬，那么客户再次光顾的概率几乎为零。

在德国大众汽车公司流传着这样一句话：对于一个家庭而言，第一辆车是销

售员销售的，而第二辆、第三辆乃至更多都是客服人员销售的。为什么会这样呢？因为对于高科技产品(如汽车、家电)、功能性产品以及其他豪华奢侈品，服务已经成为客户选择产品的关键因素之一。

美国有家专门炸土豆片和椒盐脆饼的公司，每年营业额高达几十亿美元，其实就是做足了服务的文章。这家拥有2.5万人的企业，从上到下提倡“99.5%的服务水平”，并且经常要做一些在短期内很不合算的事。比如，花几百美元派专车长途跋涉给远在某地的商店送上两箱只值30美元的炸土豆片；雇人在风雪泥泞中送一箱椒盐饼；派人帮助打扫、整理一家遭受事故的商店等。

## 延伸阅读

### 当前客户服务存在的问题

(一)“服务低人一等”的陈腐观念仍然流行

传统观念中，“服务”就是低三下四地“伺候”别人，被认为是失去尊严的事。如今，虽然随着时代的发展，“服务”已从身份上的约束中解脱出来，但在现实生活中，“服务低人一等”的陈腐观念仍然存在，不少人看不起服务工作，不愿意从事服务行业。有许多企业或工作者的服务意识淡薄，服务态度不好，对客户冷漠、粗鲁、不礼貌、不耐心，客户咨询无人理睬、投诉没人处理等。

(二) 认为“客户服务”是售后的事

许多企业认为“客户服务”就是售后服务，体现在售后的技术支持、电话回访、投诉受理等工作中，而忽视了售前服务和售中服务。其实，客户服务贯穿于满足客户需要的全过程。

(三) 认为“客户服务”是客服人员或客服部门的事

事实上，企业所有部门都必须牢固树立服务客户的理念，所有人员都应该把客户服务理念内化到自己灵魂深处，把客户服务行为转化成一种本能行动。技术部门、生产部门、设计部门也都要以立足客户、面向客户、服务客户为基点，并把这种理念落实在具体的工作过程中。

(四) 客户服务不专业

当前许多企业仍然没有制定完善的客户服务条例，或者条例执行起来不严格，导致服务语言不规范、服务行为不规范、服务效率低、客户的问题不能及时解决。另外，许多客服人员基本上没有受过正规的培训和系统的学习，其服务行为存在很大的主观随意性，服务质量低或不稳定，不能胜任客户服务的需要。

(五) 客户服务急功近利

许多企业向客户提供服务的目的仅仅是把产品推销出去，而不是为了同客户建立长期友好的合作关系。因此，服务活动往往受急功近利思想的支配，存在许多短期行为——考虑企业的利益多，考虑客户的利益少；考虑自己的困难多，考虑客户的困难少；缺乏向客户负责到底的精神，不能诚心诚意地为客户排忧解难。

## 二、客户服务的理念

客户服务的理念是指企业用语言文字向社会公布和传达自己服务客户的思想观念，包含企业的宗旨、精神、使命、原则、目标、方针、政策等。

例如，美国所罗门兄弟公司的宗旨是“为客户创造价值”；花旗银行的使命是成为“金融潮流的创造者”；美国联合航空公司的服务理念是“你就是主人”；快餐业汉堡王公司的理念是“任你称心享用”。

希尔顿酒店的宗旨是“为我们的客户提供最好的住宿和服务”，并将这种理念上升为品牌文化，贯彻到每一个员工的思想和行为之中，为的就是希望以统一的思想和文化去指导员工的行为，使客户无论在何时、何处，看到希尔顿酒店员工表现出的行为和态度都是一样的稳定和亲切。

肯德基的服务理念一是追求客户的满意，提出了追求“美好的食品、美好的环境和氛围”，孜孜以求做足100分的理念；二是追求成长，他们强调“我们懂得不进则退的道理”；三是追求个人成长，提出要培养“马拉松”式员工的理念；四是追求商业伙伴的相互提携，实际上也是一种先进的合作共赢的理念。严格统一的管理、快捷亲切的服务令肯德基在数以亿计的客户心里留下了美好的印象。

麦当劳的创始人之一克罗克先生提出了著名的QSCV黄金管理准则：Q(quality)专指为保障食品品质制定极其严格的标准；S(service)指按照细心、关心和爱心的原则，提供热情周到的快捷服务；C(cleanness)指必须严格遵守的清洁工作标准；V(value)代表价值，指麦当劳向客户提供有价值的高品质理念。

海尔的服务理念是追求“一个结果”——服务圆满；“二个理念”——带走客户的烦恼，留下海尔的真诚；“三个控制”——控制服务投诉率、服务遗漏率、服务不满率；“四个不漏”——一个不漏地记录客户反映的问题，一个不漏地处理客户反映的问题，一个不漏地复查处理结果，一个不漏地将处理结果反映到设计、生产、经营部门。

中国国际航空公司的服务理念是“放心、顺心、舒心、动心”，愿景和定位是“具有国际知名度的航空公司”，其内涵是实现“竞争实力世界前列、发展能力持续增强、客户体验美好独特、相关利益稳步提升”的四大战略目标，服务精神强调“爱心服务世界、创新导航未来”，使命是“满足客户需求，创造共有价值”，价值观是“服务至高境界、公众普遍认同”。

英国西北共同人寿保险公司的理念是：“我们的抱负不是最大而是最安全。我们第一位的目标是投保人的利益，而不是公司的规模。质量比数量更有价值，我们宁可做数量有限但能保证投保人利益的业务，也不做数量大但有损于投保人的业务。”

## 思考题

1. 什么是服务？服务可以有哪些分类？
2. 服务有哪些特性？
3. 客户的重要性体现在哪些方面？
4. 客户服务的意义体现在哪里？
5. 什么是客户服务的理念？

# 第二章 客户消费行为分析

**引例：酒店商务客人与观光客人对服务需求的差异**

酒店各种客人当中数商务客人和观光客人所占比重最大，所以一家酒店能否在当今竞争激烈的市场中站稳脚跟，最主要的是能否抓住这两类客人。为此，酒店要掌握这两类客人需求的差异。

(1) 商务客人的需求。首先，由于大堂代表了入住客人的品位，气派典雅、有文化艺术特色的酒店大堂更受商务客人青睐；其次，由于商务客人在客房内经常会办公，所以就会需要一些办公用品及相关设施，如舒适的桌椅、明亮的灯光等；再次，商务客人有时候会在酒店会见一些重要的客户，所以他们对服务的要求也比观光客人的要求更高；最后，商务客人往往并不看重消费价格，他们把价格视为地位、身份的象征。

(2) 观光客人的需求。观光客人主要是放松心情，感受当地的风土人情和文化，他们到酒店主要就是住宿，消除一天游玩的疲惫。因此，观光客人对酒店的设施设备没有特殊的需求，有日常生活所需的设备即可，最主要是舒适温馨。此外，观光客人大多是自费旅行，所以会非常在乎价格是否经济实惠。

企业要服务好客户就应当了解客户行为有哪些特点，哪些因素会影响客户消费行为，以及客户消费决策的过程是怎样的。

# 第一节　客户消费行为的类型及特点

## 一、客户消费行为的类型

一般来说，客户在不同场合、不同目标或消费不同类型产品时有着不同的行为。阿萨尔(Assael)根据客户消费参与程度(消费的谨慎程度以及花费时间、精力的多少)和产品品牌差异程度，区分了客户消费行为的 4 种类型。

### (一) 复杂型消费行为

当客户选购价格昂贵、消费次数较少、有一定风险的和高度自我表现的产品时，由于对这些产品的性能缺乏了解，为慎重起见，他们往往需要广泛地收集有关信息，并经过认真学习，最后才能慎重地做出消费决策。

### (二) 协调型消费行为

当客户消费品牌差异不大的产品时，他们一般不会花很多精力去收集不同品牌间的信息并进行比较，而是把注意力更多地集中在品牌价格是否优惠，消费时间和地点是否便利等，从产生消费动机到决定消费的时间较短。

### (三) 变换型消费行为

对于品牌间差异很大、可供选择的品牌很多的产品，客户通常不会花太多的时间去选择，而且也不会专注于某一品牌，他们往往会经常变换品牌。

### (四) 习惯型消费行为

习惯型消费行为是指客户消费价格低廉、品牌差别很小的产品时，大多是根据习惯或经验去消费。

## 二、客户消费行为的特点

### (一) 零星性

消费品市场客户众多，虽然消费频率较高，但每次购买数量较少，比较零散。

### (二) 多样性

客户是受众多因素影响的个人或家庭，由于客户在年龄、性别、职业、文化水平、经济条件、个性特征、地理区域、生活方式等方面存在差别，因此消费需求呈现较大的多样性。而且随着消费力的不断提高，人们会更加注重个性消费，需求多样性还将呈现不断扩大的趋势。

### （三）多变性

随着时代的变迁、科技的进步、收入的提高，客户的需求会经历一种由低级到高级、由简单到复杂、由粗到精的变化发展过程，不会永远停留在一个水平，一成不变。

### （四）层次性

美国人本主义心理学家马斯洛将人类需要按低级到高级的顺序分成五个层次或五种基本类型，分别是生理需要、安全需要、归属感与爱的需要、自尊的需要和自我实现的需要。

#### 1. 生理需要

生理需要是人们最原始、最基本的需要，是维持个体生存和人类繁衍而必不可少的需要，如对食物、空气、水、睡眠等的需要。

#### 2. 安全需要

安全需要较生理需要高一个级别，指满足人身安全和健康的需要。当生理需要得到满足以后，人们对于安全的需要便产生了，将会对医疗保健品、人寿保险、防盗物品等产生需要。

#### 3. 归属感与爱的需要

归属感与爱的需要是指希望给予或接受他人的友谊、关怀和爱护，得到某些群体的认可、接纳和重视。

#### 4. 自尊的需要

自尊的需要是指希望获得荣誉，受到尊重，博得好评，得到一定的社会地位。

#### 5. 自我实现的需要

自我实现的需要是指希望充分发挥自己的潜能，实现自己的理想和抱负，是人类最高级的需要。

马斯洛认为客户对每个层次的需求强度不同，通常，较低层次的需求满足之后，再满足较高层次的需求，有条件时则希望所有层次的需求都能够满足。

例如，一个饥寒交迫的人不会在乎别人是如何看待他的(第三或第四需要)，

甚至他都不会在意呼吸的空气是否洁净(第二需要)；但是当他有了足够的水和食物(第一需要)的时候，就会产生安全需要(第二需要)。

### (五) 非专业性

客户消费产品时大多数是外行，即缺乏相应的产品知识和市场知识，其消费行为属于非专业性消费，而且受广告宣传等因素的影响，客户的消费行为往往具有自发性、冲动性，具有较大程度的可诱导性和可调节性。

### (六) 相关性

客户的不同需求可能具有相互补充或替代的关系。例如，汽车与汽油是关联互补品，其需求具有同向性，即汽车的需求增加，汽油的需求也增加；又如，白酒和啤酒是替代品，其需求具有反向性，即白酒的需求增加，则对啤酒的需求可能就减少。

## 延伸阅读

### 需求及其类型

需求是指在一定的地理区域和一定的时期内，在一定的营销环境和一定的营销方案下，买方愿意消费的总数量，也被称为市场需求量。

任何市场均可能存在不同的需求状况，市场营销管理的任务是通过不同的市场营销策略来解决不同的需求状况。

1. 负需求

负需求是指市场上众多客户不喜欢某种产品或服务。例如，许多老年人为预防各种老年疾病不敢吃甜点和肥肉，又如有些客户害怕风险而不敢乘飞机，或害怕化纤纺织品含有毒物质损害身体而不敢消费化纤服装。市场营销管理的任务是分析人们为什么不喜欢这些产品，并针对目标客户的需求重新设计产品、定价，做更积极的促销，或改变客户对某些产品或服务的信念。例如，宣传老年人适当吃甜食可促进脑血液循环，乘坐飞机出事的概率非常小等。

2. 潜伏需求

潜伏需求是指现有的产品或服务不能满足许多客户的强烈需求。例如，老年人需要高植物蛋白、低胆固醇的保健食品，安全舒适、服务周到的交通工具等，但许多企业尚未重视老年市场的需求。潜伏需求和潜在需求不同，潜在需求是指客户对某些产品或服务有消费需求而无消费力，或有消费力但并不急于消费的需求状况。企业市场营销的任务是准确地衡量潜在市场需求，开发有效的产品和服务，即开发市场营销。

3. 下降需求

下降需求是指目标市场客户对某些产品或服务的需求出现了下降趋势。例如，城市居民对电风扇的需求渐趋饱和，需求相对减少。市场营销者要了解客户需求下降的原因，通过改变产品的特色，采用更有效的沟通方法再次刺激需求，或通过寻求新的目标市场，以扭转需求下降的局面。

4. 不规则需求

不规则需求是指许多客户因季节、月份、周、日、时的变化而对产品或服务的需求产生变化。例如，就公共交通工具而言，在运输高峰时不够用，在非高峰时则闲置，又如在旅游旺季时酒店房间紧张，在旅游淡季时，许多房间闲置。市场营销的任务是通过灵活的定价、促销及其他激励因素来改变需求时间模式，这称为同步营销。

5. 过度需求

过度需求是指客户对某些产品的需求超出了企业供应能力，产品供不应求。例如，由于人口过多或物资短缺，引起交通、能源及住房等产品供不应求。企业营销管理的任务是减缓营销，可以通过提高价格、减少促销和服务等方式使需求减少。企业最好选择那些利润较少、要求提供服务不多的目标客户作为减缓营销的对象。减缓营销的目的不是破坏需求，而只是暂缓需求。

6. 有害需求

有害需求是指客户对有害于身心健康的产品或服务的需求，如烟、酒等。企业营销管理的任务是通过提价、减少可消费的机会或通过立法禁止销售，称之为反市场营销。反市场营销的目的是采取相应措施来减少或消灭某些有害的需求。

# 第二节　影响客户消费行为的因素

客户的消费行为往往受到自身因素、环境因素的影响和制约。

## 一、自身因素

客户的消费行为会受到年龄及家庭生命周期、性别、社会角色及所处的阶层、经济状况、受教育程度、时间、个性、自我概念、生活方式的影响。此外，还会受到动机、感受、学习、记忆、信念、态度、兴趣等因素的影响。

### （一）年龄及家庭生命周期

客户的年龄会对客户行为产生明显的影响。不同的年龄有不同的需求和偏好，

每个人食、穿、住、行、娱各方面的需求都是随年龄的变化而变化的。当然，营销人员不仅应注意客户的生理年龄，更应关注其心理年龄。

与客户年龄关系较为密切的是家庭生命周期，因为年龄、婚姻状况、子女状况的不同，可以划分为不同的家庭生命周期。在家庭生命周期的不同阶段，客户的行为会呈现出不同的主流特性。

1. 少年儿童的消费特点

该阶段除了娱乐需求以外，多数都是教育需求，包括由自身的兴趣爱好引发的教育培训。

2. 单身青年的消费特点

单身青年的消费支出以服装、娱乐为主，追求时尚，是新产品促销的重要目标——青年人独立意识强，容易接受新生事物，因此往往是新服务的拥护者；青年人在消费过程中容易感情用事，属于感性客户。

3. 新婚阶段没有子女的年轻夫妻的消费特点

这是人生中的一个消费高峰期，消费产品种类多，是住房、家用电器、家具等单价较高、耐用消费品的主要客户。

4.“满巢”Ⅰ阶段的消费特点

该阶段即年轻夫妻有一个 6 岁以下的孩子，在这个时期孩子的启蒙教育、营养开支较大，常常感到消费力不足，对新产品感兴趣并倾向于消费有广告的产品。

5.“满巢”Ⅱ阶段的消费特点

该阶段即年轻夫妻有 6 岁以上的孩子，孩子的教育支出逐渐增多，倾向消费大规格包装的产品，有自己喜爱的品牌产品。

6.“满巢”Ⅲ阶段的消费特点

该阶段即中年夫妻有经济未独立的子女，消费习惯稳定，这部分群体基本上具有稳定的收入，上有老下有小，在消费上需要考虑全家的开支，消费行为较理智，讲求实效。

7.“空巢”阶段的消费特点

子女经济独立，大部分已组成自己的新家庭；消费支出主要在医疗保健方面，经济条件好的家庭外出旅游较多。

8. 老年人的消费特点

老年人的消费需求相对稳定，以舒适、实用、安全和保障为主，消费需求主要集中在老年保健、医疗、运动与一些家政服务上。

## （二）性别

男性与女性在许多产品的需求与偏好上有显著差别，因此其消费行为也会产生差异。

一般来说，男性客户属于理性客户，购物目的明确，追求快捷、简单的购物过程，但其需求较狭窄，习惯性消费比较多。

女性客户的需求则较为广泛，往往购物目的不够明确，容易受外界影响，情绪化消费较多，通常有更多的计划外购物。女性在消费过程中比较细心、谨慎，对细节较为苛求，常常乐于货比三家，力求以较低的价格买到满意称心的产品。

## （三）社会角色与所处的阶层

社会角色是个体在特定社会或群体中占有的位置和被社会或群体所规定的行为模式。

客户也在扮演一个角色，在多数情况下，客户个人的心理活动总是与所属群体的态度倾向一致，这是群体压力与客户个人对群体的信任共同作用的结果。受到群体的影响，客户会顺从群体的意志、价值观念、消费行为规范等。

不同职业的客户扮演着不同的社会角色，承担并履行着不同的责任和义务，对产品的需求和兴趣也各不相同。例如，农民消费偏好载重汽车，而城市白领则注重汽车外观。

社会阶层也称社会分层，是根据财富、职业、权力、知识、价值观和社会地位及名望对人们进行的一种社会分类。社会阶层是一种普遍存在的社会现象，不论是发达国家还是发展中国家均存在不同的社会阶层。同一社会阶层的人往往有着共同的价值观、生活方式、思维方式和生活目标，并影响着他们的消费行为。不同社会阶层的客户由于在职业、收入、教育等方面存在明显差异，所以即使消费同一产品，其偏好和动机也会不同。即使收入水平相同的人，其所属阶层不同，生活习惯、思维方式、消费动机和消费行为也有着明显的差别。

## （四）经济状况

所谓经济状况，包括个人收入、财产、支出等情况。经济状况是人们消费的基础，它对人们的消费行为有极大的影响。

### 1. 收入对客户行为的影响

一般认为，收入由工资、奖金、津贴、红利和利息等构成。收入作为消费力的主要来源，无疑是决定客户消费行为的关键因素。一般来说，需求与收入呈正向变动关系。当收入相对较少时，人们往往只能控制自己的消费欲望与减弱消费

需求。相反，收入高时，人们的消费需求也会增加。

高收入客户与低收入客户在产品选择、休闲时间的安排等方面都会有所不同，如同是外出旅游，表现在出行时间、交通工具以及食宿地点的选择上。

可任意支配收入是指个人可支配收入减去维持生活所必需的支出和其他固定支出所剩余的部分。这部分收入是客户可以任意使用的收入，可以用于娱乐，也可以用于储蓄，是影响消费构成的最活跃因素。

此外，未来收入预期也影响客户的消费。如果客户认为他们的未来收入会上升，就会刺激消费支出的增长；如果预计未来收入会下降，就会导致消费支出的下降。

**知识扩展：心理账户**

所谓心理账户，指的是消费者会把等价的支出或收益在心理上划分到不同的账户中。例如，尽管一万元的工资、一万元的年终奖和一万元的彩票中奖本质上并没有区别，都是收获一万元，可是，辛辛苦苦赚来的钱往往舍不得花，而意外得到的钱则比较容易拿去消费。

## 延伸阅读

### 需求的收入弹性

需求的收入弹性是指因收入变动而引起相应需求量的变动比率。

一般来说，高档食品、耐用消费品、娱乐产品等需求收入弹性大，表示消费者货币收入的增加(减少)导致该类产品的需求量有更大幅度的增加(减少)；而生活必需品的需求收入弹性较小，表示消费者货币收入的增加(减少)导致对该类产品的需求量增加(减少)幅度较小。

当然，也有些产品的需求收入弹性是负值，这意味着消费者货币收入的增加将导致该产品需求量下降。例如，某些低档食品、低档服装就有负的需求收入弹性，因为消费者收入增加后，对这类产品的需求量将减少，甚至不再购买这些低档产品，而转向高档产品。

2. 财产对客户行为的影响

财产既包括住房、土地等不动产，也包括股票、债券、银行存款、汽车、古董及其他收藏品。财产是反映一个人富裕程度的重要指标，从长期来看，它与收入存在高度的相关性。然而，对两者决不能画等号。具体到个体，高收入并不意味着一定拥有大量的财产。同样，拥有大量财产的人，也可能是通过继承或投资获得的，现在的收入不一定很高。即使其他条件不变，完全处于同一收入水平的两个人或两个家庭，所拥有的财产也可能存在非常大的差别，原因是各自在消费和储蓄的模式上采取完全不同的做法。

3. 支出对客户行为的影响

支出包括衣、食、住、行等日常开支，以及医疗、教育、保险和养老开支等。即使当前的收入并未减少甚至还在增长，但只要人们认为未来住房、医疗、教育、养老等存在种种不确定的巨额消费支出，自己可能失去现有的职位，或者收入难以继续增长等，就会压缩不必要的消费而增加储蓄，这一过程往往最先抑制的就是对奢侈品和服务的消费。

### （五）受教育程度

受教育程度不仅影响着劳动者的收入水平，而且影响着客户对产品的鉴赏力、消费心理、消费的理性程度以及消费结构。也就是说，教育决定着人们是否会消费、消费什么、怎样消费等问题。一般来说，教育水平越高，职位和收入也越高，其获取消费信息的途径也越多，也越容易接受新事物，消费态度越超前。

### （六）时间

一方面，时间像收入和财富一样制约着客户对产品和服务的消费，如看电影、滑冰、钓鱼、打网球、健身、旅游等消费均需要时间。客户是否消费这些产品和服务，很大程度上取决于他们是否拥有可自由支配的时间。客户可自由支配时间与非自由支配时间处于一种此长彼短的关系。后者越多，自由支配或休闲时间就越少，为了在有限的时间里获得更大的满足和快乐，因此客户可能更愿意花钱来获得享受。

另一方面，随着生活和工作节奏的加快，人们的时间压力越来越大。因此，众多以节省时间为目的的产品相继问世。最为典型的是微波炉和洗碗机，这两种产品投放市场后受到了极大的欢迎。

### （七）个性

个性是在个体生理素质的基础上，经由外界环境的作用逐步形成的，决定和折射个体如何对环境做出反应的内在心理特征。

个性的形成既受遗传和生理因素的影响，又与后天的社会环境，尤其是童年时的经历具有直接联系。由于每个人的内心世界、知识结构、成长过程都不同，会形成千差万别的个性。通常，个性会通过内向、外向、灵活、死板、独裁、积极、进取、自信、自主、支配、顺从、保守、适应等性格特征表现出来，可以为企业细分市场提供依据。

## (八) 自我概念

每个人都会逐步形成关于自身的看法，如是丑是美、是胖是瘦、是能力一般还是能力出众等。自我概念回答的是“我是谁”和“我是什么样的人”这类问题，它是个体自身体验和外部环境综合作用的结果。

罗杰斯认为，人类行为的目的是保持与“自我概念”或自我形象的一致性。如果理想自我、实际自我和自我形象不一致，就会产生紧张与焦虑。客户的很多决定，实际上都会受自我形象的引导。客户将选择那些与其自我概念相一致的产品与服务，避免选择与其自我概念相抵触的产品和服务。例如，当买衣服、购车或选择香水时，会想到要符合自己的身份。因此，研究客户的自我概念对企业特别重要。

当然，客户不只有一种自我概念，而是拥有多种类型的自我概念。

(1) 实际的自我概念，指客户实际上如何看待自己。

(2) 理想的自我概念，指客户希望如何看待自己。

(3) 期待的自我概念，指客户期待在将来如何看待自己，是介于实际的自我与理想的自我之间的一种形式。由于期待的自我折射出个体改变自我的现实机会，对营销者来说，它也许比理想的自我和实际的自我更有价值。

(4) 社会的自我概念，指客户感到别人是如何看待自己。

(5) 理想的社会自我概念，指客户希望别人如何看待自己。

自我概念的多样性意味着在不同的情境下客户可能选择不同的自我概念来指导其态度与行为。例如，在与家庭成员交往时，其行为可能更多地受实际的自我支配，在电影院或博物馆则可能更多地受理想的社会自我概念所支配。

## (九) 生活方式

人们追求的生活方式各不相同。有的追求新潮时髦，有的追求恬静简朴，有的追求刺激冒险，有的追求稳定安逸。不同的生活方式显然有着不同的消费需求。

### 延伸阅读

乐活族

乐活族是一个西方传来的新兴生活型态族群，由LOHAS音译而来，LOHAS是英语“life styles of health and sustainability”的缩写，意为以健康及自给自足的形态生活，强调“健康、可持续的生活方式”。“健康、快乐，环保、可持续”是乐活的核心理念。他们关心自然环境，吃健康的食品与有机蔬菜，穿天然材质棉麻衣物，使用二手家居用品，注重个人成长。

### （十）动机

客户为什么消费某种产品，为什么对企业的营销刺激有着这样而不是那样的反应，在很大程度上是和客户的消费动机密切联系在一起的。

客户的消费动机，包括求实动机、求新动机、求美动机、求名动机、求廉动机、求便动机、模仿或从众动机、好癖动机。这些消费动机不是彼此孤立的，而是相互交错、相互制约的。在有些情况下，一种动机居支配地位，其他动机起辅助作用；在另外一些情况下，则可能是另外的动机起主导作用，或者是几种动机共同起作用。因此，在调查、了解和研究过程中，对客户消费动机切忌做静态和简单的分析。

引起消费动机有内外两类条件，内在条件是需要，外在条件是诱因。

一方面，需要是指客户生理和心理上的匮乏状态，即感到缺少些什么，从而想获得它们的状态。个体在其生存和发展过程中会有各种各样的需要，如饿的时候有进食的需要，在与他人交往中有获得友爱、被人尊重的需要等。当一种需要获得满足以后，它就失去了对行为的刺激作用，而未满足的需要是客户消费动机与行为的源泉。需要一旦被唤醒便会产生驱动力，驱动有机体去追求需要的满足。例如，血液中水分的缺乏会使人(或动物)产生对水的需要，从而使驱动力处于唤醒状态，促使有机体从事喝水这一行为。由此可见，需要可以直接引起动机，从而导致人朝特定目标行动。

另一方面，即使缺乏内在的需要，单凭外在的刺激，有时也能引起动机、产生行为。例如，饥而求食固属一般现象，然而无饥饿感时若遇美味佳肴，也可能会使人顿生一饱口福的动机。又如，看到邻居的新车或者看到关于车的广告，也会激发购车的欲望。

总之，动机既可能源于内在的需要，也可能源于外在的刺激，或源于需要与外在刺激的共同作用。

### （十一）感受

感觉是个体通过眼、鼻、耳、舌等感觉器官对事物的外形、色彩、气味、粗糙程度等个别属性做出反应。人在感觉的基础上，形成感受。感受是对感觉信息加工和解释的过程。

感觉是天生的反应，而感受的形成不仅取决于刺激物的特征，而且依赖当时的情境和客户自身的知识与经验，感受过程中还有思维、记忆等的参与，因而感受对事物的反映比感觉要深入、完整。不同的人对同一刺激物会产生不同的感受，是因为感受会经历三种过程，即选择性注意、选择性扭曲和选择性记忆。

#### 1. 选择性注意

选择性注意是指人在同一时间内只能感知周围的少数对象，其他的对象则被忽略了。据统计，平均每人每天要接触到 1500 个以上的广告，但被感知的广告只有 75 个，而产生实际效果的只有 12 个。相关调研结果也显示，人们会更倾向于注意那些与当前需要有关的刺激物。比如一个有消费电脑动机的人，会对电脑广告产生兴趣，而不会注意手机广告。

#### 2. 选择性扭曲

选择性扭曲是指人们往往按照已有的想法将某些信息加以扭曲，使之符合自己的意向，然后再接受。由于存在选择性扭曲，客户接受的信息不一定与信息的本来面貌相一致。例如，某一产品在客户心目中已树起信誉，形成品牌偏好，即使一段时间后该品牌的质量下降了，客户也不愿意舍弃；而另一新的品牌即使实际质量已优于前者，客户也不会轻易认可。

#### 3. 选择性记忆

选择性记忆是指人们只记住那些与自己看法、信念相一致的信息。对于客户来说，人们往往更容易记住自己喜爱品牌产品的优点而忘掉其他竞争品牌产品的优点。

### （十二）学习

学习是指由于后天经验引起的个人知识结构和行为的改变。人的语言、知识、技能、生活习惯、宗教信仰、价值观念，乃至人的情感、态度、个性无不受后天学习的影响。因此，学习在人的行为塑造、保持人类行为同外界环境的动态平衡上发挥着巨大的作用。

从客户角度来说，学习的作用是：获得有关消费的信息，促发联想，影响客户的态度和对消费的评价。例如，当一个客户上当受骗，从一家邮购公司买了不能退还的次品后，便学习到今后再也不能在该公司买东西。

客户的需要和行为绝大部分是后天习得的，通过学习，客户获得了丰富的知识和经验，提高了对环境的适应能力，同时由于市场营销环境不断变化，新产品、新品牌不断涌现，客户必须经过多方收集有关信息之后，才能做出消费决策，这本身就是一个学习过程，此外，客户在学习过程中其行为也在不断地调整和改变。

### （十三）记忆

记忆既不同于感觉，又不同于感受。感觉和感受反映的是当前作用于感官的事物，离开当前的客观事物，感觉和感受均不复存在。记忆总是指向过去，出现

在感觉和感受之后，是人脑对过去经历过的事物的反映。

记忆在客户的日常生活中具有十分重要的作用。凭借记忆，客户在消费决策过程中能够把过去关于某些产品的知识和体验与现在的消费问题联系起来，从而迅速地做出判断和选择。

具体来说，记忆在客户消费过程中具有三方面的作用。首先，记忆使客户对所遇到的产品能做出合理的预期，并使之能有选择地接触他所希望消费或有兴趣消费的产品。其次，记忆能够影响客户的注意过程，因为记忆深刻的那些内容最容易引起客户的反应，并引导客户对其予以特别关注。最后，记忆影响客户对产品、服务及其价值的理解。借助于记忆，客户将对产品与服务产生某种预期，形成某些联想，而这些预期、联想会直接影响客户对产品效用的评价，影响客户对产品、服务的有用性、有效性、耐用性和安全性等方面的理解。

### （十四）信念、态度、兴趣

通过学习，人们获得了自己的信念与态度，而信念与态度又反过来影响人们的消费行为。

信念是指一个人对某些事物所持有的描绘性思想。信念的形成可以基于知识，也可以基于信仰或情感等。

态度是指一个人对某些事物长期持有的好与坏的认识评价和行动倾向。态度既影响客户对产品、品牌的判断和评价，也影响学习兴趣和效果，还影响其消费意向和消费行动。

兴趣是人对事物的一种特殊的认识倾向，这种倾向带给客户的是一种肯定的情绪和积极的态度。兴趣是激发潜在客户消费行为产生的直接动力。客户如对某种产品产生兴趣，往往会主动收集有关信息，积累知识，为未来的消费活动打下基础。此外，兴趣能促使客户快速做出消费决定，激发消费行为的产生。最后，兴趣可以刺激客户对某种产品重复消费或长期使用。

## 二、环境因素

客户的消费行为会受到家庭、参照群体、文化环境、流行、情境等环境因素的影响。

### （一）家庭

人的一生大都是在家庭中度过的，一个人在其一生中一般要经历两个家庭。第一个是父母的家庭，在父母的养育下逐渐长大成人；然后又组成自己的家庭，即第二个家庭。当客户做消费决策时，必然要受到这两个家庭的影响。

延伸阅读

### 我国家庭的消费行为

家庭是社会的基本单位，也是社会中最重要的客户消费组织。

一般来说，在我国家庭中，消费食品、日杂用品、儿童用品、装饰用品等，女性影响作用大；消费五金工具、家用电器、家具等，男性影响大；消费价格高昂、全家受益的大件耐用消费品，文娱、旅游方面的支出，往往是双方共同协商。

儿童虽然没有经济能力，但是由于其特殊的地位，往往成为家庭消费的中心，对食品、玩具、文体用品等消费有较大影响。除此之外，许多家庭在子女教育上的花费也是逐年增加，如钢琴、绘画、体育运动及校外培训等。

企业应了解家庭消费中每一位成员的不同作用，有针对性地进行促销宣传，制定相应的推销策略，减少促销的盲目性。

## （二）参照群体

群体或社会群体是指通过一定的社会关系结合起来进行共同活动而产生相互作用的集体。首先，群体成员在接触和互动过程中，通过心理和行为的相互影响与学习，会产生一些共同的信念、态度和规范，它们对客户的行为将产生潜移默化的影响。其次，群体规范和压力会促使客户自觉或不自觉地与群体的期待保持一致，即使是那些个人主义色彩很重、独立性很强的人，也无法摆脱群体的影响。这是因为，当客户在消费群体中与占主流的群体意识形态不相符合时，可能会受到嘲讽、讥笑或者议论等心理压力。

从众就是个人的观念与行为由于受群体的引导或压力，而趋向于与大多数人相一致的现象。从众实际上就是在思想上、行动上与群体大多数成员保持一致。人们之所以产生从众行为，一个主要原因是认为群体的意见值得信赖，群体可以提供自己所缺乏的知识和经验。例如，大众在购买图书前，经常会查看专家的推荐；购买服装时，喜欢看有关的评价；出门旅行时，经常会咨询身边的朋友，并让他们推荐酒店等。

参照群体是指对客户的看法和行为有直接或间接影响的个人或群体。参照群体通常包括成员群体和非成员群体。

成员群体指个人是其成员的参照群体。成员群体的成员一般对群体影响持肯定态度。根据成员群体的互动作用和接触频率可分为主要群体和次要群体。主要群体指与个人关系密切且经常发生相互作用的非正式群体，如家庭成员、亲朋好友、邻居与同事，这类群体对客户的影响最强。次要群体指较为正式但日常接触较少的群体，如宗教组织、专业协会和同业组织等，这类群体对客户的影响强度仅次于主要群体。

非成员群体指个人不是其成员的参照群体，非成员群体又包括热望群体和回避群体。热望群体是指一个人热切希望加入，并追求心理上认同的群体。回避群体是指客户不愿意与之发生联系，想与之划清界限的非成员群体。

参照群体对客户消费决策的影响体现在三个方面：信息性影响、功利性影响、价值性影响。

### 1. 信息性影响

信息性影响是指个人将参照群体成员的行为、观念、意见作为指导行为的信息来源，从而在其消费行为上产生影响。信息性影响通过两种途径实现：个人从其他人那里获取信息，或是通过观察其他人的行为作为有用的参考。

### 2. 功利性影响

功利性影响是指个人遵从参照群体期望进行消费选择，以获取群体赞赏和避免惩罚的行为。功利性影响使人们的一部分消费选择不是出于个人喜好，而是遵循所归属群体或所属阶层的消费习惯。

### 3. 价值性影响

价值性影响是指个人渴望通过与参照群体相联系或相一致，从而自觉遵循或内化参照群体所具有的信念、价值观，以提升自我形象。

## 延伸阅读

### 参照群体的效应

(1) 名人效应。名人或公众人物如影视明星、歌星、体育明星作为参照群体，对受众具有巨大的影响力和感召力。正因为如此，企业愿意支付巨额费用聘请名人来促销其产品。运用名人效应的方式多种多样，如可以用名人作为产品或公司代言人，使其在媒体上频频亮相；也可以用名人做广告，即在广告中引述产品的优点，或介绍其使用该产品的体验。

(2) 专家效应。专家是指在某一专业领域受过专门训练，具有专门知识、经验和特长的人。专家所具有的丰富知识和经验，使其在介绍、推荐产品与服务时较一般人更具权威性，从而产生专家所特有的公信力和影响力。当然，在运用专家效应时，一方面应注意法律的限制，如有的国家不允许医生为药品做广告；另一方面，应避免公众对专家的公正性、客观性产生质疑。例如，引用专家在独立状态下获得的实验数据与结果，就比聘请专家在广告中直接赞誉企业的产品更加

具有公信力。

(3)“普通人”效应。运用满意客户的证词证言来宣传企业的产品，是广告中常用的方法之一。由于是和潜在客户一样的普通客户，会使受众感到亲近，从而使广告诉求更容易引起共鸣。像宝洁公司、北京大宝化妆品公司都曾运用过“普通人”证词广告，还有一些公司在电视广告中展示普通客户或普通家庭如何使用广告中的产品解决其遇到的问题。由于这类广告贴近客户的现实生活，因此，它们可能更容易获得认可。

### （三）文化环境

文化是一个复合体，包括某一社会或某一群体所共同拥有并代代相传的价值观、信念、道德、规范、习俗等。文化渗透于社会群体每个成员的意识当中，从不同方面影响着成员对事物的认识与判断，使生活在同一文化圈内的社会成员的消费行为具有相同的倾向。每个客户都是在一定的社会文化环境中成长的，文化对客户的行为具有最广泛和最深远的影响。

例如，改革开放前，许多人认为标新立异是不合群之举。这种观念反映到服装消费上，便是追求朴素、大众化的格调。而改革开放后，人们的消费观念发生了重大变化，在购买服装时更多地倾向于式样、面料、颜色新颖，追求个性化。

价值观是指生活在某一社会环境下的多数人对某种行为或行为结果的普遍态度和看法。消费观念作为一种消费思维活动指导和制约着客户的消费活动。

例如，在一些发达地区，人们的消费观念相对超前，对新兴产品感兴趣的群体比较多，追求能够提高自身生活质量的消费；而在一些不发达地区，人们思想保守，量入为出，积累型消费的特点突出，消费主要还是以满足日常生活所必需的产品为主。

习俗则是为一种文化所接受、允许或受鼓励的外显行为模式，是指在一定范围内，约定俗成的、长期稳定的某种习惯。不同的国家、民族和地区都有其独特的风俗习惯，这些风俗习惯有的是因历史、宗教而形成的，有的是由自然环境、经济条件所决定的。例如，在传统节假日，亲朋好友通常会聚在一起吃饭、喝酒，或者一起去旅游购物、休闲娱乐等，人们的消费情绪比较高涨，消费需求也会加大。

### （四）流行

流行是指一个时期内社会上流传很广、盛行一时的现象和行为。流行在一定程度上可以促进客户在某些产品消费上的共同偏好。

尽管不同阶层、不同社会文化和经济背景的人群，在产品和服务的消费上会呈现很大的差异性，然而流行则可以打破地域等级和社会分层的界限，使不同层次、不同背景的客户在流行产品的选择上表现出同一性。也就是说，流行促进了人们在消费上的从众行为。

### (五) 情境

情境是指消费或消费活动发生时个体所面临的短暂的环境因素，如购物时的天气情况、购物场所的拥挤程度等。

贝克(Belk)认为，情境由 5 个变量或因素构成，分别是物质环境、社会环境、时间环境、任务环境和先行状态。

#### 1. 物质环境

物质环境是指构成客户情境的有形物质因素，如地理位置、气味、音响、灯光、天气、产品周围的物质，商店的布局、过道的空间、产品的陈列、店堂气氛等都对客户的情绪、感受有着重要影响。如果商店里光线暗淡、空气浑浊、过道狭窄，就很难吸引客户进店，即使进来了也会赶紧离开。

#### 2. 社会环境

不同的社会环境也会影响客户的行为。例如，他人是否在场，彼此如何互动等。同样，一个人单独购物与有同伴在场时相比，行为也会发生变化。典型的是在餐馆用餐时，当上司或相识的其他人出现在邻座时，点的菜和喝的酒水也许会与单独进餐时不同。

#### 3. 时间环境

时间是指情境发生时客户可支配时间的充裕程度，也可以指活动或事件发生的时机，如一天、一周或一月当中的某个时点，是构成情境的一个很重要的内容。

首先，很多产品的消费具有季节和节日的特点，如六一儿童节前后是玩具和儿童服装的消费高峰，中秋节前是月饼销售的黄金时段。当然，有些企业为了使产品的销售在不同时段更加均衡，同时也为了增加产品的销售量，一些传统的夏日饮品，如杏仁露，被企业定位于适合全年消费的产品并获得了成功。

其次，不同的消费有紧迫程度上的差异。例如，家里的冰箱突然坏了且无法修复，那么就必须尽快购买一台新的冰箱，而如果仅仅是因为冰箱老化了但还可以凑合着用，则购买的紧迫程度相对就要低。

#### 4. 任务环境

任务通常是指客户具体的购物理由或目的。

对同一种产品，消费的具体目的可以是多种多样的。例如，消费葡萄酒可以

是自己喝，也可以是与朋友聚会时一起喝，还可以是作为礼品送人。在不同的购物目的支配下，客户对于购买何种档次和价位、何种品牌的葡萄酒均会存在差异。

与消费任务密切相关的是使用情境，即产品使用在何种场合。例如，同是作为礼物，生日礼物的消费和婚庆礼物的消费就会有较大的差别。

5. 先行状态

先行状态是指客户带入消费情境中的暂时性的情绪(如焦虑、高兴、兴奋等)或状态(如疲劳、备有现金等)。

先行状态对个体产生的影响不同于刺激引起的反应，也不同于个人拥有的持久特性，如个性所产生的影响。

例如，若客户在进入商店购物前收到了停车罚单，那么他的坏心情可能会让他对购物产生消极的情绪。反之，如果是在购物后才收到停车罚单，那么他在购物时的负面心理因素就不存在了。

# 第三节　客户消费决策的过程

## 一、客户消费决策的参与者

客户的消费决策在许多情况下并不是由一个人单独做出的，而是有其他成员的参与和影响，是群体决策的过程。因为个人在选择和决定消费某种个人消费品时，常常会同他人商量或者听取他人的意见。因此，了解哪些人参与了消费决策，他们各自在消费决策过程中扮演怎样的角色，对于企业的营销活动是很重要的。

一般来说，客户消费决策的参与者大体可分成 5 种主要角色。

1. 发起者

发起者，即首先想到或提议消费某种产品或服务的人。

2. 影响者

影响者，即其看法或意见对最终购买决策具有直接或间接影响的人。

3. 决定者

决定者，即能够对买不买、买什么、买多少、何时买、何处买等问题做出全部或部分决策的人。

4. 客户

客户，即实际采购的人，会对产品的价格、消费地点等进行选择，并同卖方进行谈判，达成交易。

5. 使用者

即直接消费或使用所购产品或服务的人。

有时候，5 种角色可能由客户一人担任；而有时候，5 种角色可能由不同的家庭成员分别担任。例如，一个家庭要购买一台英语学习机，发起者可能是孩子，他认为有助于提高自己学习英语的效率；影响者可能是爷爷奶奶，他们表示赞成，并鼓励孩子父母要给孩子买；决定者可能是母亲，她认为孩子确实需要，根据家庭目前经济状况也有能力消费；客户可能是父亲，他更熟悉电子产品，负责去各商场选购；使用者是孩子。由此看来，是他们共同参与了该消费行为。

## 二、客户消费决策过程的五个阶段

客户在消费产品时都会有一个决策过程，图 2-1 展示了客户消费决策过程的五阶段模型。

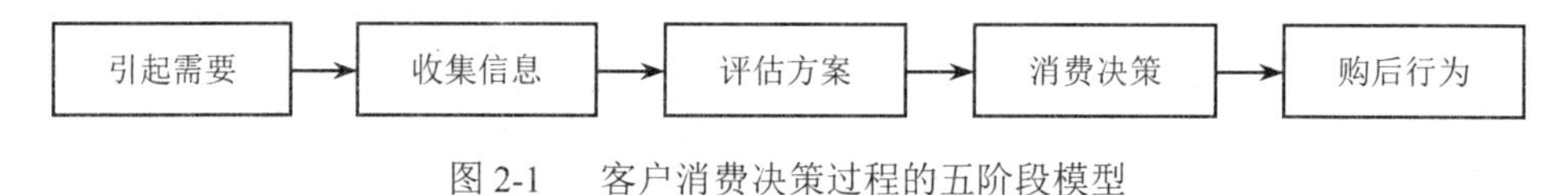


图 2-1　客户消费决策过程的五阶段模型

### （一）引起需要

当客户感觉到一种需要并准备消费某种产品以满足这种需要时，消费决策过程就开始了。在引起需要阶段营销人员的主要任务如下。

首先，了解引起与本企业产品有关的现实需求和潜在需求的驱使力，即是什么原因引起客户消费本企业产品。

其次，设计引起需求的诱因，促使客户增强刺激，唤起和强化需要，引发消费行为。

### （二）收集信息

当客户产生了消费动机之后，客户便会把这种需要存入记忆中，并注意收集与需要相关的信息，以便进行决策。

营销人员在这一阶段的主要任务如下。

1. 了解客户信息来源

客户的信息来源主要有经验来源、个人来源、公共来源和商业来源四个方面。经验来源是从直接使用产品中获得的信息；个人来源是指家庭成员、朋友、邻居和其他熟人提供的信息；公共来源是从电视、网络等大众传播媒体、社会组织中获取的信息；商业来源是指从企业营销中获取的信息，如从广告、推销员、展览

会等获得的信息。

2. 了解不同信息来源对客户消费行为的影响程度

从客户对信息的信任程度看，经验来源和个人来源最高，其次是公共来源，最后是商业来源。

3. 设计信息传播策略

除利用商业来源传播信息外，还要设法利用和刺激公共来源、个人来源和经验来源，也可多种渠道同时使用，以加强信息的影响力。

## （三）评估方案

客户在获取足够的信息之后，就会根据这些信息和一定的评价方法对同类产品的不同品牌加以评估并决定选择。客户对产品评估主要涉及产品属性、属性权重、品牌信念、效用要求等问题。

1. 产品属性

产品属性是指产品能够满足客户需求的特征，涉及产品功能、价格、质量、款式等。

2. 属性权重

属性权重是客户对产品有关属性所赋予的不同重要性权数，如购买电冰箱时，客户注重的是耗电量，他就会购买耗电量低的电冰箱。

3. 品牌信念

品牌信念是客户对某种品牌产品的看法，带有个人主观因素，受选择性注意、选择性扭曲、选择性记忆的影响，使客户的品牌信念与产品的真实属性往往并不一致。

4. 效用要求

效用要求是客户对某种品牌产品各种属性的效用功能应当达到何种水准的要求。如果满足客户的效用需求，客户就愿意消费。

在产品评估阶段营销的主要任务是：增加产品功能，改变客户对产品属性的认识。通过广告宣传努力消除客户不符合实际的偏见，改变客户心目中的品牌信念，重新进行心理定位。

## （四）消费决策

客户经过产品评估后会形成一种消费意向，但是不一定导致实际消费，从消费意向到实际消费还有一些干扰因素介入其中。

#### 1. 他人态度

即他人的态度会降低一个人对于某项目方案的偏好程度。

他人态度的影响力取决于两个因素。

(1) 他人态度的强度。态度越强烈，影响力越大。

(2) 客户对遵从他人态度的强度。一般来说，他人与客户的关系越密切，对客户的影响越大。

#### 2. 意外因素

客户消费意向是以一些预期条件为基础形成的，如预期收入、预期价格、预期质量、预期服务等。如果这些预期条件受到一些意外因素的影响而发生变化，客户的消费意向就可能改变。例如，预期的奖金收入没有得到，原定产品价格突然提高，消费时客服人员态度恶劣等都有可能改变客户的消费意向。

客户消费决策的改变、延迟或取消除了受他人态度和意外因素的影响外，还在很大程度上与感知风险有关。一般来说，客户在一个不确定的情况下消费产品，都可能存在以下风险。

(1) 预期风险，即当客户的预期与现实不相符时，就会有失落感，产生不满。

(2) 安全风险，即产品对客户的安全和健康造成危害，如驾驶汽车、摩托车可能造成交通事故等。

(3) 财务风险，即消费的产品是否物有所值、保养维修的费用是否太高、将来的价格会不会更便宜等。

(4) 形象风险，即产品导致客户在大众面前难堪，如因为消费的服装太前卫而损害了形象，或因为消费的产品价格低而被人取笑，或消费价格高的产品被人指责炫耀等。

(5) 心理风险，即产品使客户心里感到内疚等。

这些可能存在的风险，都会导致客户精神压力的增大，如果企业不能降低客户的精神成本，就会降低客户的感知价值。营销人员在这一阶段的主要任务是必须了解可能引起客户感知风险的因素，尽量消除或减少引起感知风险的因素，并且向客户提供真实可靠的产品信息，以增强其消费的信心。

### （五）购后行为

产品在被消费之后，就进入消费后阶段。这时，营销人员的工作并没有结束，他们必须监测客户的购后使用情况和满意度情况。

#### 1. 购后使用和处置

客户消费产品以后，如果客户使用频率很高，说明该产品有较大的价值，客户再次消费的周期就越短，有的客户甚至为产品找到新用途，这些对企业都很有

利。如果客户将产品闲置不用甚至丢弃，则说明客户认为该产品无用或价值较低。如果客户把产品转卖他人或用于交换其他物品，将会影响企业产品的销量。

2. 购后评价

关于客户购后行为有两种基本理论：预期满意理论和认识差距理论。

(1) 预期满意理论。这个理论认为，客户消费产品以后的满意程度取决于购前期望得到实现的程度，可用函数式表示为 $S=f(E, P)$。其中，$S$ 表示客户满意程度，$E$ 表示客户对产品的期望，$P$ 表示产品可觉察性能。如果 $P=E$，则客户会感到满意；如果 $P>E$，则客户会很满意；如果 $P<E$，则客户会不满意，差距越大就越不满意。

(2) 认识差距理论。客户在消费和使用产品之后对产品的主观评价和产品的客观实际之间总会存在一定的差距，可分为正差距和负差距两种。正差距指客户对产品的评价高于产品实际和生产者之前的预期，产生超常的满意感。负差距指客户对产品的评价低于产品实际和生产者之前的预期，产生不满意感。

客户对产品满意与否直接决定着以后的行为。如果感到满意，则非常可能再次消费该产品，甚至带动他人消费。如果不满意，则会尽量减少或消除失调感。

客户消除失调感的方式各不相同，第一种方式是寻找能够表明该产品具有高价值的信息或避免能够表明该产品具有低价值的信息，证实自己之前的选择是正确的。第二种方式是讨回损失或补偿损失，如要求企业退货、调换、维修、补偿在消费和消费过程造成的物质、精神损失等。第三种方式是可能向政府部门、法院、客户组织和舆论界投诉。第四种方式是可能采取各种抵制活动，如不再消费或带动他人拒买等。

所以，在购后阶段，企业的营销任务是应当采取有效措施减少或消除客户的购后失调感，及时处理客户的意见，给客户提供多种解除不满情绪的渠道；建立与客户长期沟通机制，在有条件的情况下进行回访。事实证明，与客户进行购后沟通可以减少客户的不满意感，如果让客户的不满发展到向有关部门投诉或抵制产品的程度，企业将遭受严重的损失。

## 思考题

1. 客户消费行为有哪几种类型？
2. 客户消费行为有哪些特点？
3. 影响客户消费行为的自身因素有哪些？
4. 影响客户消费行为的环境因素有哪些？
5. 客户消费决策的过程是怎样的？

# 第三章　客户服务的内容

**引例：北一机床股份有限公司为客户解忧**

北一机床股份有限公司有许多客户来自我国南方的中小企业，由于这些企业员工素质不够高，从使用到维护、从生产工艺到流程都不适应高级数控机床的操作与使用。针对这种情况，北一机床股份有限公司采用了全过程维护、套餐式服务的模式，不但为购买机床的中小企业提供周到的售前、售后服务，还把分外的事情也划入自己的服务范围——帮助企业培训操作、维修人员，帮助企业设计工艺流程、加工程序，并制定各种使用操作规程，大大提高了客户的使用效率和效果。这种服务不但使产品自身的问题随时得到解决，也相应强化了双方的关系，而且良好的口碑不但赢得了大批老客户，又吸引了许多新客户。

客户服务按时序划分，可以分为售前服务、售中服务、售后服务等，它们是提升客户感知价值的重要环节。

## 第一节　售前服务

售前服务是指企业在销售产品或服务之前为客户提供的一系列活动，如为客户提供信息服务、咨询服务、承诺服务等，其目的是吸引客户的注意，激发客户的消费欲望。

### 一、信息服务

信息服务是指企业通过广告宣传，标志与指示，目录、票据，宣传品、图片、

照片、题词，橱窗、手机 App，录像、影视，荣誉、证明、表扬等帮助客户了解产品或服务的信息。

### （一）广告宣传

广告宣传是通过向客户传达有关产品的功能、质量、价格、用途、使用方法和效果的信息，使客户了解产品并能诱发客户的购买欲望。企业还可以宣传自己的服务理念、服务宗旨，使客户感受到企业的真诚，从而增强对企业的信心。

此外，企业还可以通过书面或口头的形式发布信息，与客户沟通，预先提醒客户高峰和低谷时间以及可能需要等待的时间，这样可以使客户避开高峰期，而选择非高峰期来接受服务，以避免拥挤和等待。例如，旅游景区、酒店、城市交通管理单位发布高峰信息，有利于“削峰填谷”，而不会“雪上加霜”。就营业厅来说，每个月总有几天缴费的客户比较多，在一定程度上造成营业厅拥挤。为此，客服人员可以提前告知客户尽量避开业务办理高峰期，这样有利于需求量和企业的接待能力保持一致。

### （二）标志、指示

企业的标志和指示可以传达服务信息。

例如，证券公司的“公牛”象征着“牛市”，为的是吸引更多的股民进场炒股；银行的“老虎”象征着“安全”，储户将钱存在这里比较放心；保险公司的“红伞”也象征着“平安”。

凤凰卫视的标志为一只凤和一只凰，盘旋起舞、和谐互动，展示了自我更新的品性，即凤凰涅槃，这种与时俱进的精神体现了凤凰卫视的经营理念和服务文化。

麦当劳取其英文名称 McDonald’s 的第一个字母“M”为其标志，并且将其设计成双扇打开的拱门，表示欢乐与美味像磁石一般不断地把客户吸进来，拱形的大门还给人以家的感觉。

### （三）目录、票据

各种各样的目录都可以向客户传达服务信息，如许多酒店的菜单都是装订成册的，但是客户经常花了很多时间点菜后却被告知这也没有那也没有，无论什么原因都会扫了客户的兴致。如果将页式菜单改成卡片式菜单或电子菜单，就可以随时调整、更换，从而避免尴尬。

每年 9 月初，宜家都要向广大客户免费派送制作精美的目录。目录不仅列出产品的图片和价格，而且经过设计师的精心设计，从功能性、美观性等方面综合展现宜家产品的特点，客户可以从中发现家居布置的灵感和实用的解决方案，很多人都把宜家的目录当作装修指导来使用。

票据也承载着传达服务信息的作用。例如，我国香港地区的地铁曾分别设计了旅游和生肖纪念票两款。旅游纪念票为游客设计，以香港风景名胜为主题，具有纪念价值，面值 20 元，售价 25 元；生肖纪念票面值 20 元，售价 30 元，可作纪念且会升值(据说龙年纪念票可卖到 1000 元)。

### (四) 宣传品、图片、照片、题词

企业通过宣传品、图片、照片、题词可以展示服务设备的数量和先进程度、分店或连锁系统的数量、员工的人数和素质结构等，从而彰显自己的服务能力。此外，还可展示领导人、名人视察或接受服务时的照片、题词等，从而加强客户对企业的信心。另外，企业还可以提供客户指南、客户手册等资料，帮助客户对服务产生合理的期望，同时，指导客户如何参与服务过程及如何享用服务。

例如，管理咨询公司、广告策划公司宣传自己服务过的知名客户；美发店通过图片上模特的造型设计，可以让客户有个预期，选择适合自己的造型。医院通过文字、数字和图片可以介绍专家履历、先进的医疗设备及成功的治疗病例等；还可以运用某些辅助物品，如利用石膏或挂图，展示手术前后的变化，帮助患者详细了解治疗效果。

### (五) 橱窗、手机 App

橱窗是连接服务内外环境的重要部分，可将内部过程透明化，使客户对服务过程一目了然。

例如，面包店把面包的烤制现场搬到前台，通过玻璃橱窗加以隔离，这样购买者可以观察到面包的制作过程、现场的卫生状况。全聚德烤鸭店现场切鸭片，锋利无比的刀具、眼花缭乱的刀法赢得客户称赞。

在移动互联时代，以互动性、多元化、个性化为特点的社交媒体大行其道。例如，顺丰提供的“顺丰速运”手机应用，具有手机下单、查件、查询服务以及管理个人资料的一站式功能。客户可以通过移动互联网在线下单、修改或取消订单、时时掌握快件的动向，邮件从寄出开始，经过哪些城市又中转到达了哪个城市，都会及时通知客户。

“时光网”是一个电影资讯类的应用，它可以提供各个城市的影院信息，客户可以查询各个影院的地址电话、放映的电影内容、场次安排和电影票价。它还提供了正在上映和即将上映的电影资讯，客户可以查询各个电影的剧情、演员，看到电影的剧照和网友们对该电影的评价及打分。同时还可以参加各种活动，以优惠的价格购买电影票。特别是该应用所具有的完善的票务功能使观众在网上购票

时，不仅可以轻易查知各种票价和出票情况，还可以模拟出不同座位的视野和视角，以便观众挑选座位，这给客户带来了极大的便利。因为很多第一次到某家影院的人，可能不知道这家影院的某个影厅到底能容纳多少人，而自己坐的那个位置的观影效果如何。另外，客户还可以通过这个 App 提前观看一部分电影的宣传片，对这部电影的风格和类型有一个大致的了解。这其实也是在去影院看电影之前提前通过手机所进行的一次全真的模拟体验。

## 延伸阅读

### App 营销

App 营销是指通过手机 App 属性特征与客户建立连接进行互动的一种促销手段，它通过与客户的短距离接触，更容易到达客户的活动空间，并能精准了解客户的购买行为。

App 营销作为新时代的产物，已成为客户与企业间沟通的桥梁，具有以下九大特征。

(1) 成本低。采用 App 营销，传播、沟通成本下降而效率得以提升，能够快速地将商家或产品的理念传递给客户。

(2) 持续性。持续性包括内容存储持续性和传播持续性两个方面。App在营销过程中内容可以被无数次调用，无数次传播，做到内容传播最大化，节约企业成本。

(3) 富媒体性。传统媒体通过文字、表格、图片来表达企业或产品的理念和价值，而 App 营销还可以通过声音、动画、视频、3D 技术等呈现，更加生动、清晰地展示产品的设计理念和价值，让客户容易了解、容易记忆，并提升其消费刺激感。

(4) 及时性。主要体现在及时咨询、及时反馈和及时服务三个方面。采用 App 营销，可以将客户需求信息及时反馈给商家，商家收到客户需求信息后，可及时做出反应和调整。

(5) 跨时空性。传统服务一定是客户和商家处在同一时空进行交易、沟通；而使用 App 可以跨越不同时空，更省时省力。

(6) 连接性。App 可以连接商家和个人，将不同属性或特征的群体聚合在一起，并产生某种商业价值。

(7) 精准性。当手机成为终端，各类 App 成为应用连接器时，商家通过采集、提炼、分析可以精准定位具有一定属性或特征的人群，并对其实施二次营销，从而创造巨大的商业价值。

(8) 互动性。Web 2.0 与 Web 1.0 相比，最大的区别是互动性和体验性。而互动的本质在于：通过互动和体验能充分满足客户的生理和心理需求。

(9) 灵活性。得益于信息科技的进步，App可以与任何科技进行接触，也可以配合使用多种技术，App 成了灵活的入口。

### （六）录像、影视

企业还可以通过录像、影视等来展现服务特色、服务水平。

例如，人们通常不能看到外科手术治疗过程，而医院通过放映录像、视频可展示手术全过程，这样就能使人们对外科手术有个基本的感知。医院在手术室外设立“爱心电视包厢”，供家属通过电视观看手术实况，这不仅满足了病人家属的“爱心”需要，更重要的也满足了作为“客户”的病人本身的需要——在亲属的“陪伴”和监控下，手术的安全感、可靠感会大大增强。同时，也由于病人家属的“陪伴”和监控，医护人员会在“爱心”的感染下比过去具有更强的责任心和做好手术的决心，这就有利于提高手术服务的质量和成功率。

旅游景区借助优秀的影视剧可以对景区进行传播推广，例如，一部《大红灯笼高高挂》复苏了沉睡百年的乔家大院，一部《刘三姐》不仅演绎了来之不易的爱情故事，更展现了美轮美奂的桂林山水和民俗风情，这就是影视的力量。

### （七）荣誉、证明、表扬

企业可以通过已证实的成功的历史资料，或政府、行业协会等权威企业或第三方评审的结果，如行业排名、获奖证明、荣誉、被确定的等级，以及客户、领导的表扬、奖励和重视等方面的信息来宣传服务规模、质量和水平。此外，员工的学历、技术等级证书、服务能手称号也是企业综合实力的体现，能够打消客户的疑虑。

例如，自考培训学校宣传一次性考试通过率；律师事务所宣传胜诉率和介绍成功诉讼案例等；交通运输业通过正点率、安全率、年平均行李丢失率等来证明提供优质服务的能力；医疗企业通过展示医护人员的高学历、高职称及优秀的业绩来展示医疗服务的高水平；学校将办学资源和办学成果，包括学生的学习成果、教师的教学科研成果等用图片、文字等在玻璃橱窗里或在学校网站上展示出来，可以吸引学生及其家长对学校的青睐。

企业也可用客户的消费经历或口碑来证实服务质量，通过宣传客户对服务体验的正面反馈(如客户赠送的锦旗、表扬信、感谢信等)，来展示服务水平。

当然，企业还可以通过实验证明自己的服务实力。例如，在宜家厨房用品区，橱柜的柜门和抽屉不停地开、关着，数码计数器显示了柜门及抽屉可承受开关的

次数：至今已有 209 440 次，证明了橱柜的结实、耐用和可靠。

## 二、咨询服务

客户在购买产品之前一般都会收集尽可能多的产品信息和资料，在此基础上权衡得失，从而做出购买决策。因此，向客户介绍产品的性能、质量、用途，回答客户提出的疑难问题就显得尤为重要。为此，企业应派遣有专业知识的人员为客户提供各种咨询服务，以加深客户对产品的了解。相应的，客服人员必须全面而熟练地掌握相关的行业知识及服务知识，通过专业的服务技能和素养，充分了解客户的心理，关心其需求，热情地为客户提供服务。

例如，雅芳的美容代表不仅把雅芳的产品和服务信息、促销活动等传递给客户，更向客户传授各种美容心得，并教给客户一些美容方面的技巧，帮助客户成就美丽。通过业务人员扎实的专业美容知识和亲切耐心的讲解，不仅让客户更直接地了解雅芳，也让客户懂得更多美容方面的知识，从而更加信赖雅芳。

自从美国的宝洁公司首创了“客户免费服务电话”以来，目前已有不少企业，如松下、夏普等，也效仿设立了免费热线电话。客户只要拨通热线电话，就可以免费与企业进行沟通，得到有关答复或者服务。

惠普中国公司也为其主要客户提供 24 小时技术服务呼叫电话，随时答复客户的服务要求和使用咨询等。日本的花王公司运用其电子咨询系统，不仅为客户详细地了解企业及其产品提供了便利，也为企业及时了解和掌握客户的意见、建议和要求提供了可能，从而使企业做到按需生产、按需销售，保证产品适销对路。

又如，招商银行在每个支行均设置 2 名以上的大堂经理，为的是第一时间了解客户需求，分流客户到最合理的处理区域，同时引导客户、帮助客户以最合理的方式完成业务。95555 是招商银行集自动、人工于一体的全国统一客户服务号码，客户可通过拨打 95555 获得 24 小时不间断的、全方位的一站式服务。作为招行的一个优势，电话服务具有以下服务特色：超时空的 4A 服务——任何客户(any guest)可以在任何时间(anytime)、任何地点(anywhere)以任何方式(anyway)获得银行服务，为客户提供了沟通便利，也帮助客户节省了时间和精力。

## 三、承诺服务

承诺是由企业提供的一种契约，对服务过程的各个环节、各个方面实行全面的承诺，目的是降低客户的风险，引起客户的好感和兴趣，促进客户消费。

例如，汽车企业承诺永远公平对待每一位客户，保证客户在同一月份购买汽车，无论早晚都是同一个价格，这样今天购买的客户就不用担心明天的价格会更便宜了。

安全性、可靠性越重要的产品的购买或者消费，承诺就越重要。

例如，美容业推出“美容承诺”，并在律师的确认下，与客户签订美容服务责任书，以确保美容服务的安全性、无后遗症等。

又如，航空公司承诺保证航班准点，承诺当航班因非不可抗拒因素延误、延期、取消、提前时保证补偿乘客的损失，这样便可降低乘客的心理压力，增强对航空服务的信心。

许多世界知名企业，如新加坡航空公司、迪士尼和麦当劳等都对其服务质量进行全面承诺，为的就是降低客户的精神成本，提高客户的感知价值和满意度。

### 案例：睡不着我买单

位于美国纽约市中心的本杰明酒店推出了一项“睡不着我买单”的活动——酒店保证客户如果在酒店无法入睡便可不支付房费。该酒店在履行让客户安睡的使命方面，可谓一丝不苟：酒店客房设在5楼以上，并安装隔音玻璃，远离了道路噪音；酒店内除设有特别定制的床垫外，还提供十多种不同类型的枕头供客户选择，枕头的填充物各有不同，有些以荞麦制造，有些内藏绒毛；酒店创立了睡眠礼宾司——“睡眠管家”这个职位，专为解决住客们的各种睡眠问题，“睡眠管家”会根据客人的个人习惯，提供最舒适的床垫、床单和被褥等床上用品；住客还可以支付额外费用享用睡前按摩服务，或吃点有助于睡眠的小点心，如香蕉面包就是不错的催眠食品。

敢于推出承诺制度，实际上体现了企业的一种气魄、一种信心、一种精神，能够产生良好的口碑效应，从而树立和改善企业形象。当然，承诺应该量力而行，一旦做出承诺就要不折不扣的兑现，切不可给客户开“空头支票”，欺诈客户。企业应该通过充分调查了解客户需求和期望后，结合自身的服务能力和实际条件做出适当的承诺，避免无力履行的过度承诺和毫无价值的过低承诺。而许诺得以实现，将在客户眼中建立起可靠的信誉。

承诺服务一般要包含两部分内容：一是向客户承诺其能够从服务中得到什么，即向客户承诺服务的具体内容及服务标准，从而便于客户评价服务质量，使客户放心接受服务；二是向客户承诺，如果承诺没有实现，企业将采取什么行动，企业将如何补偿以弥补客户损失。

承诺服务的形式一般有：服务质量的保证、服务时限的保证、服务附加值的保证等。

(1) 服务质量保证，如医药公司推出“数错一粒药赔两万元”的承诺。

(2) 服务时限保证，如上海邮政局承诺“限时补报”，即在接到订户投诉电话的 1 个小时内，上门补送报纸；宜家的《商场指南》里写着：“请放心，您有 14 天的时间可以考虑是否退换”；香港知名的薄饼外卖店“多绵”为何销量大增？其秘诀在于他的“30 分钟速递保证”——保证 30 分钟内将新鲜食品送到客户手中，决不延搁，过时减收 10 港元；肯德基的两条服务标准——“客户在任何一家肯德基快餐店付款后必须在两分钟内上餐”“炸鸡 15 分钟内没有售出，就不许再出售”；又如，有桶装水企业将送水服务的时限问题，从原来“尽快送达”的质量表述和承诺，变成了“39 分钟内送达”，从而使服务速度变得客观且可衡量。

(3) 服务附加值保证，如出租汽车公司承诺：凡是气温在 30℃以上时一律打开空调，如果没有打开，乘客可要求退回所有的车费，并获得面值 30 元的乘车证一张。

# 第二节　售中服务

售中服务是指在销售产品或服务过程中为客户提供的相关服务，主要包括接待服务、顾问服务、知识服务、便利服务、配套服务等。

## 一、接待服务

接待服务是指在销售过程中企业接待客户的一系列活动。

**案例：肯德基的待客之道**

进入肯德基店内，每个顾客首先都会得到离自己最近的肯德基员工“欢迎光临”的问候；在靠近点餐台的时候，会有点餐员主动向顾客招呼“您好，请这边点餐”；用餐完毕离开时，也会有服务员帮忙开门并且大声说“您好，请慢走，欢迎下次光临”。所有这些细致的服务都会让顾客感觉舒畅愉悦。在用餐过程中，店内会定时播放甜美的女声广播：“亲爱的顾客，欢迎光临肯德基餐厅……祝您用餐愉快！”同时会提醒顾客在点餐或上卫生间时携带好自己的贵重物品，要把贵重物品放在自己视线范围以内，提醒儿童在游乐区玩耍时注意安全等。在客流高峰期，顾客在点餐处排起长队时，大厅的接待员也会帮忙记录点餐，避免顾客感到被冷落，从而使得顾客愿意一次又一次地光顾。

### (一) 接待不同类型客户的方法

(1) 接待熟悉的老客户要热情，有如遇故友的感觉。

(2) 接待新客户要有礼貌，留下良好的第一印象。

(3) 接待精明的客户要有耐心，不要显示出厌烦的情绪。

(4) 接待性子急或有急事的客户，要注意快捷，提高效率。

(5) 接待需要提供意见的客户，要当好他们的参谋，不要推诿。

(6) 接待自有主张的客户，要让其自由挑选，不要去干扰他。

(7) 接待女性客户，要注重新颖和时尚，满足她们爱美和求新的心态。

(8) 接待老年客户，要注意方便和实用，要能让他们感到价格公道和物有所值。

#### 案例：热情接待带来的商机

一个炎热的午后，有位穿着汗衫、满身汗味的老农夫，伸手推开汽车展示中心厚重的玻璃门。他一进入，立刻迎面走来一位笑容可掬的女销售顾问，客气地询问老农夫："大爷，我能为您做什么吗？"

老农夫有点腼腆地说："不用，只是外面天气热，我刚好路过这里，想进来吹吹冷气，马上就走了。"销售顾问听完后亲切地说："就是啊，今天实在太热了，我帮您倒杯水吧！"接着便请老农夫坐在柔软豪华的沙发上休息。

"可是，我们种田人衣服不太干净，怕会弄脏你们的沙发。"

销售顾问边倒水边笑着说："没有关系，沙发就是给客人坐的，否则，公司买它干什么？"

喝完茶水，老农夫闲着没事便走到一辆货车前东瞧瞧，西看看。

这时，销售顾问又走了过来："大爷，这款车……"

"不要！不要！"老农夫连忙说："你不要误会了，我可没有钱买，种田人也用不到这种车。"

"不买没关系，以后有机会您可以帮我们介绍给别人啊。"然后她便详细耐心地将货车的性能逐一讲解给老农夫听。

听完后，老农夫突然从口袋中掏出一张皱巴巴的纸条，交给这个销售顾问，并说："这些是我要订的车型和数量，请你帮我处理一下。"

销售顾问有点诧异地接过来一看，这位老农夫一次要订 8 辆货车，连忙紧张地说："大爷，您一下订这么多车，我们经理不在，我必须找他回来和您谈，同时也要安排您先试车……"

老农夫这时语气平稳地说：“姑娘，你不用找你们经理了，我本来是种田的，由于和人投资了货运生意，需要买一批货车，但我对车子是外行，买车简单，最担心的是车子的售后服务及维修，因此我儿子教我用这个笨方法来试探每一家汽车公司。这几天我走了好几家，每当我穿着同样的旧汗衫，进到店里，同时表明我没有钱买车时，常常会受到冷落，让我有点难过……而只有你们公司，只有你们公司知道我不是你们的客户，还那么热情地接待我，为我服务，对于一个不是你们客户的人尚且如此，更何况是你们的客户呢！”

## （二）立即获得客户好感的方法

### 1. 问候

接待客户时应面带微笑，有礼貌地与客户打招呼，适当地尊称对方。要记住客户的名字，并且不时亲切地称呼他，使客户感到自己被尊重，加深与客户之间的感情。

沃尔顿常对员工说：“让我们以友善、热情对待客户，就像在家里招待客人一样，让他们感觉到我们时刻都在关心他们的需要。”

### 2. 感谢与称赞

见面时应首先感谢对方的接见，语气要热忱有力，接着要对客户做出具体的、真诚的称赞，而不要随便奉承——如果做不到，就不要勉强，否则会起到反作用。

### 3. 微笑

服务、环境可以令客户“宾至如归”，热情、微笑会令客户“流连忘返”。客服人员的微笑应当是发自内心的，真诚、得体，不能哈哈大笑，也不能强颜欢笑。

希尔顿酒店的创始人希尔顿便信奉“要使经营持久发展，就要掌握一种简单、易行、不花本钱却又行之有效的秘诀，那就是微笑”。

### 4. 善于倾听

要想鼓励客户积极参与，了解更多的客户信息，在善于提问的同时，还要善于倾听。倾听不仅有助于了解客户，而且也显示了对客户的尊重。良好的倾听表现如下。

(1) 身体微微前倾，眼睛保持与客户的视线接触(不时对视，但不是目不转睛)，经常点头，表示在听。

(2) 认真听取客户的意见，把客户所说的每一句话、每一个字，都当作打开成功之门必不可少的密码。

(3) 适当地做笔记，适时地提问，确保正确理解客户的意思，并且思考客户这么说的深层含义。

如果能够有意识地从这些方面提高技巧，那么大多数客户都会乐意说出自己的意见。

延伸阅读

### 关键时刻

满意的服务体验不是因为服务机构做得多，而是在服务接触点上给客户留下了良好的印象。如在两小时的服务过程中，可能带给客户美好享受的只需要三分钟，甚至更少。也就是说，一个服务触点就决定了服务体验的舒适度。

虽然服务机构与客户的接触可能非常短暂，却构成了客户感知的重要时刻或关键时刻，也被称为“真实瞬间”，意喻客户与企业之间的服务交互过程关系重大，成败在此一举。

北欧航空公司前总裁简•卡尔森(Jan Carlzon)说：“我们 1000 万个乘客中的每一位，都会接触到大约 5 位北欧航空的员工，每一次的接触时间仅为 15 秒。所以，北欧航空的形象来源于与乘客每年 5000 万次的接触过程，而每次的接触时间仅为 15 秒。”

卡尔森在《美国的服务》一书中也曾指出：“关键时刻就是无论客人与公司的面对面接触多么微不足道，但都是给客人留下好印象或坏印象的一个机会。”

## (三) 接待不同类型客户的策略

由于客户的学识、修养、个性、习惯、兴趣及信仰等不同，对于各种人、事、物的反应及感受自然也会有相当大的差异，因此必须区别接待不同类型的客户，才能事半功倍。以下介绍针对 10 种不同类型客户的说服策略。

### 1. 理智型客户

这类客户是最成熟的客户，较理性、不冲动、客观明智、考虑周详、决策谨慎。

接待这类客户要按规定行事，不卑不亢，坦诚细心地向他们介绍产品的有关情况，耐心解答疑点，并尽可能提供有关证据，而不能投机取巧。

### 2. 冲动型客户

这类客户个性冲动、情绪不稳定、易激动且反复无常，对自己所做的决策容

易反悔。

接待这类客户一开始就应该特别强调所推销产品的性能和价格，促使其尽快购买，但是要注意把握对方的情绪变化，要有足够的耐心，不能急躁，顺其自然。

3. 顽固型客户

这类客户多为老年客户，他们在消费上具有特别偏好，对新产品往往不乐意接受，不愿意轻易改变原有的消费模式与结构。

对这类客户不要试图在短时间内改变他，否则容易引起对方强烈的反应以及抵触情绪，要善于利用权威、有力的资料和数据来说服对方。

4. 好斗型客户

这类客户争强好胜，对事物的判断比较专横，征服欲强，喜欢将自己的想法强加于别人，尤其喜欢在细节上与人争个明白。

接待这类客户要做好被他步步紧逼的心理准备，切不可意气用事，贪图一时痛快，与其争论；相反，以柔克刚，必要时丢点面子，适当做些让步也许会使事情好办得多。

5. 优柔寡断型客户

这类客户缺乏决策能力，没主见，不敢下决心，胆小怯懦，畏首畏尾。

接待这类客户应以忠实、诚恳的态度，主动、热情、耐心地做介绍并解答提出的问题，要让这类客户觉得你是可信赖的人，然后帮助他们做出购买决策。

6. 孤芳自赏型客户

这类客户喜欢表现自己，突出自己，不喜欢听别人劝说，任性且嫉妒心较重。

接待这类客户时，首先，应耐心细致地向其客观地介绍产品；其次，要讲他熟悉并且感兴趣的话题，为他提供发表高见的机会，不轻易反驳或打断其谈话；最后，客服人员不能表现太突出，不要给对方造成对他极力劝说的印象，点到为止，水到渠成。

7. 盛气凌人型客户

这类客户常摆出一副趾高气扬的样子，不通情达理、高傲顽固、自以为是。

接待这类客户时应该不卑不亢，有礼貌地降低姿态充当他的忠实听众，给予喝彩、附和，表现出诚恳、羡慕及钦佩之心，并提出一些问题，向对方请教，让其尽情畅谈，以满足其发表欲，博取对方的好感。如仍遭受对方刻薄、恶劣地拒绝时，可用激将法，寻找突破口。但也不能言词太过激烈，以免刺激对方，引起冲突。

8. 生性多疑型客户

这类客户多疑多虑，不相信别人，无论是对产品还是客服人员都会疑心重重。

接待这类客户要充满信心，要以端庄、严肃的外表与谨慎的态度说明产品的特点和客户将获得的实惠。某些专业数据、专家评论对建立这类客户对你的信任会有帮助，但切记不要轻易在价格上让步，否则会使对方对产品或服务产生疑虑，从而导致交易失败。

9. 沉默寡言型客户

这类客户生活比较封闭，性格内向，平时极少言语，对外界事物表现冷淡，习惯与陌生人保持一定的距离。

接待这类客户应主动向其介绍情况，态度要热情、亲切，要设法了解其对产品的真正需要，注意投其所好，耐心引导。

10. 斤斤计较型客户

这类客户爱讨价还价，精打细算，但精明能干。

接待这类客户应避免与其计较，一方面要特别强调产品的功效，可事先提高一些价格，让客户有讨价还价的余地；另一方面，可先赠予客户一些小礼品。

## 二、顾问服务

顾问服务是客服人员以顾问的形式帮助客户解决相关问题，其核心是摒弃传统的、以产品推介为中心的“说服式”销售，以最大限度地满足客户消费的理性需求和特殊需求。

在销售过程中，客服人员如果能根据客户的需求进行介绍，当好客户参谋，便能够提高客户的满意度，增强客户对客服人员的信任，增加客户的重复购买率，并提高企业的声誉。

客服人员在帮助客户选购产品时，一定要设身处地地为客户着想，放弃自身的习惯和爱好，依据客户的特点和想法，综合分析客户的社会地位、经济实力、工作性质等多方面因素后，向他(她)提出合理化建议。

例如，“为客户创造最大的营运价值”是沃尔沃卡车公司始终追求的目标，在每进行一笔销售时，沃尔沃工作人员都要为客户量身定做一套“全面物流解决方案”，算运费、算路线、算效率，甚至算到油价起伏对盈利的影响。精诚所至，金石为开，客户当然会将信任的眼光投向沃尔沃卡车，并成为其忠诚的客户。

又如，宝洁的成功在很大程度上就得益于其“助销”理念——帮助经销商开发、管理目标区域市场。宝洁公司提出了“经销商即办事处”的口号，就是要全面“支持、管理、指导并掌控经销商”。宝洁每开发一个新的市场，原则上只物色

一家经销商(大城市一般 2～3 家)，并派驻一名厂方代表。厂方代表的办公场所一般设在经销商的营业处，肩负着全面开发、管理该区域市场的重任，其核心职能是管理经销商及经销商下属的销售队伍。为了提高专营小组的工作效率，一方面宝洁公司不定期派专业销售培训师前来培训，内容涉及公司理念、产品特点及谈判技巧等各个方面，进行“洗脑式”培训；另一方面，厂方代表必须与专营小组成员一起拜访客户，进行实地指导与培训。同时，为了确保厂方代表对专营小组成员的全面控制和管理，专营小组成员的工资、奖金甚至差旅费和电话费等全部由宝洁提供。厂方代表依据客服人员业绩，以及协同拜访和市场抽查结果，确定小组成员的奖金额度。宝洁公司通过“助销”行动拉近了与经销商的关系，也使经销商对宝洁公司更加忠诚。

## 三、知识服务

随着新技术在产品中的广泛运用，出现了许多技术含量高的新产品，这些产品结构复杂，操作方法相对较难掌握，对使用者的知识水平等要求较高。客户拿着产品说明书和操作手册未必能够学会，即便能够学会，也未必有足够的时间和耐性去学习，从而很可能丧失购买信心或兴趣。因而，企业应为客户开设各种培训，向客户介绍有关产品的性能、质量、用途、造型、品种、规格等方面的知识，提供技术咨询和指导。此外，操作示范表演能真实地体现出产品在质量、性能、用途等方面的特点，从而增加客户的信任。另外，企业还可以提供客户指南、客户手册等资料，指导客户如何参与服务过程及如何享用服务。

例如，星巴克对员工进行深度的专业培训，使每位员工都成为咖啡方面的专家，他们被授权可以和客户一起探讨咖啡的种植、挑选和品尝，还可以讨论有关咖啡的文化甚至奇闻轶事，以及回答客户的各种询问。

本着“把视力健康带给每一双眼睛”的目的，宝岛眼镜公司走进高校，宣传眼科知识，普及用眼常识，并为广大师生提供免费检测视力和清洗眼镜的服务，使大众更加了解公司，赢得赞誉。

## 四、便利服务

便利服务能为客户创造良好的服务体验，不仅可以使服务易于消费，而且增加了服务的价值和吸引力。为此，企业应该在销售过程中尽最大努力去优化服务流程，增加更多的便利服务。例如，延长工作时间、增加服务网点、提高服务效率等给客户带来更多的便利。

## 知识扩展：零售机构提供的便利服务

当零售机构出现服务供不应求时，就可能会怠慢客户，导致客户不满，造成客户的流失。国外的研究成果表明，83%的女性和 91%的男性会因为需要排长队结账而停止购物。因此，零售商要为客户减少时间成本、体力成本、精力成本、心理成本而提供各种便利，从而创造美好的购买体验。零售商企业至少可以为客户提供四个方面的便利。

一是进入便利，即要让客户很方便地与企业进行往来。首先，零售企业的选址起着关键的作用，如果能够位于人口密集、交通便利的地段，就能够为客户提供进入便利，零售企业的营业收入和利润也自然会提高；其次，营业时间也影响客户的进入便利，所以，零售企业要尽可能延长营业时间，如 24 小时营业；最后，通过提高服务效率，如电话订货、网上服务、特快专递服务等也可以为客户创造进入的便利性。

二是搜寻便利，即要让客户很容易找到自己所需要的产品。浪费客户的时间和精力是零售经营中普遍存在的通病，造成这种通病的主要原因有产品陈列不当、结算不便等，所以，零售企业在产品布局、场地布置、通道线路上要合理，要根据客户的时间价值来进行设计，以方便客户选购和识别。“一站式”服务的实质就是服务的集成、整合，其最大优点在于客户能集中在一个服务站点办完其所需服务事项，节省客户搜寻服务站点的时间。

三是占有便利，即要让客户能够很快地得到自己所选购的产品。这就要求企业存货合理、交货及时快捷、送货上门、上门安装，零售企业还要努力提高客服人员的技能和积极性，必要时增加客服人员或兼职雇员，或者通过外部合作与互助协议来预备不时之需。

四是交易便利，即要让客户快速和便捷地完成交易。服务设施是影响服务质量的重要因素，若收款机经常出故障，客户的满意度就会下降，因此，零售企业应该不断完善自己的服务设施，提高设施的完好率。此外，今天的便利店已经不是纯粹的提供食品零售服务，服务内容范围扩大至包括速食，鲜食，电子商务，传真复印，彩扩冲印服务，销售报刊 IP 卡，代缴电费、煤气费、有线电视费等。

上海邮政局利用其网点遍布全市、营业时间长和节假日也营业的优势，开办了近 30 项代收费业务，解决了许多居民“交费难”的问题。

随着汽油不断涨价，加油站的利润空间越来越小，与此同时，人们的生活节奏加快，导致很多人没有时间上街购物。于是，有些加油站便开设了超市，除了

销售日常的一些食品外，还销售其他日用品及水果蔬菜等，应有尽有。目前，有些加油站甚至增设了书店，让车主在书店中打发因堵车所浪费的时间。

**案例：汇丰银行的便利服务**

为保障客户利益，汇丰银行建立了多层次、多渠道的咨询网络，为客户提供逾越时间和空间障碍的信息咨询服务。通过营业网点、电话银行、自助银行、移动银行、网上银行、客户经理上门服务、广告宣传等多种途径对服务信息进行介绍，让客户降低搜寻成本，形成消费安全感。

汇丰银行也非常重视服务网点的易进入性、服务环境的舒适性和服务设施布局的高效性。汇丰银行在全球网点密布，在我国虽然网点有限，但是仍在不断扩展网点数量，以为客户提供更加便捷的服务。汇丰银行还特别注重与客户的主动沟通，并及时对客户提出的问题做出反馈。例如，客户的咨询电话如果5秒钟还没有人接听，客户就可以投诉。电话中心全部由电脑监控，并将对话录音，客户投诉时将以录音作为依据。即便没有客户投诉，汇丰也会定期抽查电话录音，以保障客服人员的服务水平。

汇丰银行还注重自身优势和现有客户需求的有效结合，推出了为出国留学生提供的理财服务，超越了国内市场方兴未艾的留学贷款和汇款服务等传统业务。这项理财服务不仅包括帮助客户在国内办好出国后所需的一切账户开设、信用卡申请等手续，还可根据客户的要求提供相应的资信服务，如帮助国内客户提供有关永久居住地址的证明服务等。

## 五、配套服务

配套服务是指在销售过程中企业为客户提供相关配套服务，从而使客户能够得到尽可能多的服务价值。

例如，婚庆公司提供婚纱摄影、婚宴定制、蜜月旅行等“一条龙”配套服务，为客户提供了极大的便利。

**案例：航空公司的配套服务**

对于航空公司来说，要像磁石般地吸引住乘客，的确不是一件容易的事。随着航空业竞争的日益激烈，越来越多的航空公司把为乘客提供运输服务的功能与其他有价值的额外服务功能结合起来，建立以航空运输为依托，以酒店为支柱，涉足旅游、广告、宾馆、餐饮、商业、外贸和房地产等一体化经营的服务体系，这样既可以扩大航空公司的经营范围，还可以从新的业务中获取更多的利润，肥水不流外人田。

德国著名的汉莎航空公司奉行的是“机上行家”的理念，坚持聘用国际一流名厨的原则，让知名厨师和资深调酒师专门为头等舱的客人提供特色服务。因为汉莎坚信，美食大师的厨艺不仅能给乘客提供顶级的美味享受，更能让乘客在路途疲劳中得到“灵魂唤醒”，从而更加信赖和忠诚于汉莎航空公司。

汉莎头等舱内所制定的食谱全部都是由知名的“星级厨师”亲自设计制作的，而且做到每天不重复，坚持每两个月更换一次，力求使乘客对旅途上的餐饮风味保持新鲜感。不仅如此，搭乘汉莎航班的乘客还可以根据自己的爱好和口味自行定制个人菜谱，空姐会根据乘客的饮食习惯，在约定的时间为客人送上合乎个人喜好的美味佳肴。汉莎不仅在色香味上注重菜肴的品位，更是在营养价值和保健上特别注重便于消化的空中旅途的健康饮食。食谱菜肴中的每一款食物，都力求含有丰富的维生素和矿物质，并且能充分保证碳水化合物、蛋白质和脂肪含量的平衡。

此外，汉莎航空公司还在头等舱和商务舱推出了机上卧床、不停播放影视节目等服务项目，还为旅游者设计了“快乐星期”，其中为短程游客设计“快乐一日”，为各季节设计“特别季节游”。所有这些项目都将租车、宾馆住宿、延伸服务、联运和转运捆为一体，实施“一条龙”服务。尽管汉莎公司的机票卖得很贵，但是这些周到的服务举措仍然有效地吸引了目标乘客。

港龙航空公司通过与知名餐饮公司联手合作，重头戏就是打“上海菜系”的王牌。港龙公司与上海著名的“小南国”和“夜上海”两家餐饮公司合作，为港龙航班的乘客提供最具代表性的上海美食点心——小笼包、生煎、酒酿圆子等；还把上海的本帮菜肴，如麻婆豆腐、葱油鸡、宫保肉丁等搬上了航班。为了照顾游客的不同口味，港龙航空还特地安排每 15 天更换一次菜单，并保证三个月内不重复菜式。而为了配合空中美味佳肴，港龙航空为所有客舱的乘客准备了香港著名茶庄福茗堂茶庄的上等乌龙茶、茉莉花茶、杭州的龙井茶等。这一切都使搭乘港龙航空的乘客们赞不绝口：“港龙航空提供的风味佳肴，款款都体现着浓浓的中国特色和风情，体现着港龙公司宾客至上的精神。”

# 第三节 售后服务

售后服务是指企业在产品出售以后所提供的服务，是企业整体服务中重要的组成部分，也是实现企业经营理念的后期延伸。良好的售后服务不仅能为企业赢得市场，扩大市场占有率，而且通过售后服务的实施可以使企业获得来自第一线客户最新的需求信息，为企业改进服务质量并延伸服务项目做好信息搜索工作，从而为企业实现可持续发展战略提供决策依据。

目前我国大多数服务性企业对售后服务关注不够，也没有采取切实可行的措施。很多企业忽视同客户保持长久的联系与沟通，缺乏售后服务的意识。有的企业虽然认识到售后服务的重要性，但从短期利益出发，考虑成本的因素，没有成立专门的售后服务部门和建立系统性的售后服务体系，即使有也是一些形式化的操作，并没有发挥其真正的作用。

售后服务主要包括送货，回收，安装，维修、检修，回访，建立客户档案与组织，处理客户的投诉等。

## 一、送货与回收服务

企业对于购买较笨重、体积庞大、不易搬运的产品或一次性购买量过多、自行携带不便或有特殊困难的客户，有必要提供送货上门服务。

送货上门服务对于企业来说并不是很困难的事，但却为客户提供了极大的便利，从而能够提高客户的重复购买率。

在产品自然寿命终结时，为客户提供处理、搬运、回收、以旧换新等服务可以消除客户处理废旧产品的烦恼，还可减轻废旧产品对环境的污染，提高物资的综合利用率。

**案例：代客保管剩酒**

近年来，在我国香港地区刮起了一股“代客保管剩酒”之风，各家酒店先后都增设了精巧的玻璃橱窗，里面陈列着各式各样的高档名酒。这些名酒都已经开了封，这些酒瓶的颈上系有一张小卡片，上面写着客户的姓名，这就是为客户保存的剩酒。客户上次在此饮酒时没有喝完，可由店里替他保存下来，以便下次来时再喝。

“保管剩酒”这招一问世，马上受到客户的欢迎和青睐，因此很快风靡香港地区，其魅力在于：

一是可以有效地招徕回头客——客户剩的酒在这家酒店里存着，下次当然还是要去这家，而客户下次用餐时，可能还会要新酒，也就可能还会剩酒……如此良性循环，酒店的生意会越做越红火。

二是有助于激发客户消费高档酒的欲望——客户一般不想喝低档酒，而喝高档酒又担心喝不完，白白浪费了，拿走又不雅观，就干脆不喝了，而有了保管剩酒这项服务，就可以一次喝一点，分几次喝完，分摊下来，花费也不大，于是客户就可以大胆地消费高档酒了。

三是可以增添对客户的亲切感——有半瓶酒在这里存着，显得该酒店好像是自己的家，来此就餐便会有宾至如归之感，与酒店的感情也自然拉近了。

## 二、安装服务

随着科学技术的发展，产品中的技术含量越来越高，一些产品的使用和安装也极其复杂，客户依靠自己的力量很难完成，因此就要求企业提供上门安装、调试的服务，以保证出售产品的质量。这种方式解决了客户的后顾之忧，大大方便了客户。

一般来说，工业品客户在购买产品和服务时有三种担忧：一是担忧产品经常出故障，质量越是不可靠，出故障的概率也越高，而工业品的故障给客户带来的损失要远远大于消费品客户；二是担忧由于产品故障带来的停工周期，很显然，停工周期越长，使用者的成本越高，尤其是设备昂贵、牵涉人员较多时更是如此；三是担忧产品保养和维修服务的高额费用，传统销售服务模式是滞后的售后服务，有问题再进行服务。例如，南方一家钻探设备厂就为客户提供了全套的无风险服务。客户购买本厂的钻探设备后，厂方提供装维修人员进行钻井全过程现场服务，提供备品备件和消耗材料，最后，由购买方参照国外进口设备的钻井进尺、质量标准、生产成本、维护费用进行考核，达不到要求退货赔款。这种全过程的服务就从各个方面解除了客户的后顾之忧，结果使许多客户打消了原本想购买外国产品的念头，最终订购了该厂的国产钻探设备。

## 三、维修与检修服务

企业若能为客户提供良好的售后维修和检修服务，就可以使客户安心地购买、使用产品，从而减轻客户的购买压力。有能力的企业应通过在各地设立维修网点或采取随叫随到的上门维修方式为客户提供维修服务。企业也可抽样巡回检修，及时发现隐患，并予以排除，让客户感到放心、满意。

例如，上海大众启动“24 小时服务全国统一寻呼网络”，实现了服务支持功

能的属地化。不论客户身处何处，不管车辆遇到什么情况，只要拨打服务电话，便可随时得到专业应急服务，从而提升客户的感知价值和满意度。

海尔集团作为世界知名品牌，其推行的“全程管家 365”服务为之立下了汗马功劳——在全年 365 天里，海尔“全程管家”星级客服人员 24 小时等待客户的来电，无论一年中的哪一天，只要客户打电话到海尔当地的服务热线，“全程管家”客服人员会随时按客户下达的需求上门服务。“全程管家”服务内容包括售前上门设计、售中咨询导购、售后安装调试、定期维护保养等，这些优质的服务使客户购买海尔产品的信心大大提升了。

## 案例：IBM 的售后服务

IBM 公司曾公开表示自己不是电脑制造商，而是服务性公司，该公司总裁说过：“IBM 并不卖电脑，而是卖服务。”IBM 旗帜鲜明的服务文化充分渗透到企业经营、管理、研究发展乃至财务会计、员工培训之中。

曾经发生过这样一件事情：一位客户住在小镇的一个小岛上，一天电脑发生了故障，呼叫中心咨询后判断必须由客服人员现场解决，但当地没有服务网点，公司决定派工程师乘飞机到当地城市再坐出租车到小镇，然后租用快艇到小岛进行维修。碰巧当天下暴雨，工程师在深夜两点才赶到小岛，为了不打扰客户，工程师露宿于小岛，第二天上门并很快排除了故障。这件事情不久后就得到了积极的市场响应，那就是小镇上几乎所有准备购买电脑的人全都选择了或者表示将选择 IBM——这就是优质服务的魅力。

“IBM 就是服务!”是美国 IBM 公司一句响彻全球的口号，IBM 从客户的要求出发，帮助客户安装调试、排除故障、定期检修，培养技术人员，及时解答客户提出的各种技术问题，提供产品说明书和维修保养的技术资料，听取使用产品后的评价和意见等。通过多种多样的服务，使客户达到百分百的满意，从而建立起企业的信誉，营造独特的 IBM 文化。

在 IBM 充满传奇色彩的服务故事中，众所周知的还有美国纽约华尔街停电事件。当时纽约的证券交易所都关闭了，银行也一片混乱。在这紧要关头，IBM 纽约分部的每个员工都在进行忘我的工作，争取把客户的损失降到最低。在 25 个小时的停电期间，户外温度高达 95 华氏度左右，空调、电梯、照明一概没有，IBM 的员工不辞辛苦攀爬高楼，包括一百多层的世界贸易中心大楼，将各种急需的部件带去为客户维修设备。

另一个故事是费城信赖保险公司大楼失火事件。当时所有的导线被烧坏，电脑上的其他主要部件及设备也被破坏，IBM 立即调来服务小组，进行 24 小时不停顿的抢修，经过连续三天的昼夜抢修，终于使信赖保险公司恢复了正常业务，几乎没有耽误什么工作。

IBM 全球服务部不仅可为客户提供基于软硬件维护和零配件更换的售后服务，更重要的还能提供如独立咨询顾问、业务流程与技术流程整合服务、专业系统服务、网络综合布线系统集成、人力培训、运维服务等信息技术和管理咨询服务，从而满足客户日益复杂的需求。正是 IBM 这种优质、及时的服务赢得了客户的满意，奠定了公司繁荣兴旺的基础。

## 四、回访服务

客户购买产品以后，企业应按一定频率以打电话或派专人上门服务的形式进行回访服务，及时了解客户使用产品的情况，解答客户提出的问题。

法国的化妆业巨子伊夫·罗歇，每年要向客户投寄8000 万封信函，信函写得十分中肯，毫无招徕客户之嫌，而且他还编写了《美容大全》一书，提醒大家有节制的生活比化妆更重要。罗歇作为一个经营化妆品的商人能够这样做实在难能可贵，因此他得到了广大客户，尤其是妇女的信赖，其事业的发展自然也蒸蒸日上。

### 案例：美国通用电气公司的回访服务

通用电气公司设立了 5 个“电话应答中心”，每年接受的电话询问达 310 万人次，其中 80%来自客户，20%来自零售商和制造商。电话应答中心为客户提供了使用、保养家用电器的知识，诊断他们遇到的故障与问题，为他们提供最迅速的技术援助。

该公司的 150 位从事电话服务的工作人员都具有大学学历和一定的销售经验，上岗前还要接受为期 6 个星期的强化训练。他们不仅能及时妥善地处理客户投诉、提供正确的产品使用方法及完成小修理的指导，而且能从数以万计的电话内容中分析、发现有关的市场信息，预测客户需求变化的趋势及产品的改进与开发的线索。

公司每年耗费在电话服务上的费用高达 1000 万美元，但是公司从销售额得到的回报是这个数字的两倍以上。客户愿意以高出同类产品 40 美元的价格购买通用公司的冰箱，因为客户与公司之间已建立了良好的沟通。

此外，企业还应当积极地与客户进行定期或不定期的沟通，拜访或者经常性的电话问候，了解他们的想法和意见，并邀请他们参与企业的各项决策，让客户觉得自己很受重视。

对于重要的客户，企业负责人要亲自接待和登门拜访，努力加深双方的情感联系，并且发展联盟式的客户关系。在客户的重要日子(如生日、结婚纪念日、职务升迁、乔迁之喜、子女上大学、厂庆日等)，采取恰当的方式予以祝贺，如寄节日贺卡、赠送鲜花或礼品等，让客户感觉到企业实实在在的关怀就在身边。

此外，企业可以邀请客户参加娱乐活动，如打保龄球、观赏歌舞等，逢年过节时举办客户游园会、客户团拜会、客户酒会、客户答谢会等显示客户尊贵地位之类的活动，通过喝茶、喝酒、唱歌，再读一封热情洋溢的感谢信，也可以增进客户对企业的友情，强化与客户之间的关系。

## 五、建立客户档案与组织

建立客户档案的目的是与客户保持长期的联系。通过这种方式，一方面可以跟踪产品的使用和维修状况，及时主动地给予相应的指导；另一方面还可以了解客户的喜好，在新产品上市后，及时向可能感兴趣的客户推荐。客服人员还可以利用客户档案，以上门拜访、打电话、发短信等形式，与客户保持长期的联系，提高客户的重复购买率。

### 案例：戴尔的售后服务

戴尔公司的客户可以通过 800 免费销售热线订购自己所需的电脑，在使用过程中遇到任何问题也只需免费拨打全国统一客服电话，就会直接得到厂家的专业化服务。戴尔公司也由此及时、准确地了解了客户的使用体验和反馈意见，而这正是其他厂商花大力气也难以获取的信息。

戴尔公司通过计算机电话集成系统对打入的电话进行整理，并建立了一个客户信息数据库。开展售后服务时，客户只需把计算机序列号告诉服务工程师，他们便能准确地查出客户所购计算机的所有配置和当地采购信息，并据此提供及时、准确的解决方案。

在按照客户的要求设计、生产并交付产品后，戴尔公司还想方设法了解客户使用产品的体验以获得修改设计或改变制造程序的灵感，根据客户的直接反馈改进产品。例如，公司技术支持工程师通过拜访重要客户、接听客户打入的咨询电话获得相关信息，经过归纳整理后提交研发部门进一步分析和研究。因而，戴尔公司的主导产品始终能够围绕着客户完美的使用体验不断地改进，新产品的开发也始终适应客户需求的发展趋势。

对于一些全球性大客户，戴尔对个性化需求的满足更是做到了细致入微的程度，专门派驻小组，针对每位客户的特殊需要提供“专一整合服务”，为客户提供终生的技术支持和服务，以维持终身制的客户关系。

建立客户组织有利于开展售后服务。例如，上海某商厦设立了“客户假日俱乐部”，每周六举办产品知识讲座，内容有计算机、黄金珠宝、皮革等产品的性能、使用和保养等知识，受到了客户的欢迎。商厦还设立了“老客户联谊会”，建立老客户档案，经常为他们发送产品信息，过节时还邀请他们参加聚会，并听取他们的意见，从而牢牢地“拴住”了一大批忠诚的客户。

又如，张裕公司发现国内葡萄酒高端客户正在逐步增长和成熟，认为有必要先人一步抓住这些高端客户，然后通过提供高品质的产品、个性化的服务与文化附加值来留住他们。设立张裕·卡斯特 VIP 俱乐部就是为了实现这一目标，目前它是国内首个由葡萄酒厂商创办的高级酒庄俱乐部，旨在长期专注于为高端红酒消费群提供专业的会员服务以及专有交流空间。体验式营销是俱乐部最大特色之一，近百名来宾在张裕·卡斯特酒庄首席国际品酒顾问克瑞斯的指导下，一边欣赏葡萄酒的色泽和清亮度，一边轻摇酒杯，学着俯身贴鼻，让葡萄酒的香味扩散至全身，亲身体验葡萄酒文化。除了会员关系管理、一对一体验式的会员活动这些常规服务外，张裕·卡斯特 VIP 俱乐部还拥有一本会员刊物《葡萄酒鉴赏》，能为读者提供葡萄酒鉴赏指导，同时实现个性化服务以及文化附加值的功能。张裕发言人表示，个性化服务与文化附加值是目前国际上通行的葡萄酒营销模式，张裕就是要趁洋品牌在中国展开“真刀实枪的竞争”前尽快与国际接轨，并抢先占据在中国葡萄酒文化的创造者和引领者的地位。

海尔集团在全国 48 个城市成立了海尔俱乐部，凡购买海尔产品总量达到会员资格要求的客户都可以成为海尔俱乐部的会员。海尔俱乐部依据客户贡献的不同将会员分为准会员、会员、金卡会员，并确定不同会员享有不同的权利。海尔通过俱乐部这种特殊的渠道对客户进行感情投资，如每年给会员过生日，会员可享受延长保修期 5 年的待遇，可应邀参加俱乐部定期组织的文体活动，并可获赠半年当地报纸等一系列优惠政策。事实表明，海尔俱乐部的这种客户关系经营模式，增进了海尔与客户的情感交流，使海尔的企业文化与品牌形象深入人心，不仅提高了会员的忠诚度，而且在促使准会员向会员发展的过程中使客户关系增值。

美国哈雷摩托车公司建立客户俱乐部后，公司每年向会员提供一本杂志(介绍摩托车知识、报道国际国内骑乘赛事)、一本旅游手册，并且提供紧急修理服

务、保险项目等，俱乐部还经常举办骑乘培训班和周末骑车大赛，以及给予度假会员一定的折扣来出租本公司的摩托车，这些措施都大大促进了会员对公司的忠诚。

## 六、处理客户的投诉

企业和客服人员应尽可能地减少客户的投诉，但无论企业和客服人员的售后服务做得如何尽善尽美，有时总难免会招致一些客户投诉。在遇到投诉时，要运用技巧，妥善处理，使客户由不满意转变为满意。

### （一）让客户发泄

客户是给企业带来利润的人，因此，客户不应是争辩或斗智的对象，当企业在口头上占了上风，那就是失去他们的时刻。

为此，客户来投诉时，客服人员应该热情地招呼对方，真诚地对待每一位前来投诉的客户，并且体谅对方的语气——客户投诉时态度难免会过于激动。

心理专家说，人在愤怒时，最需要的是情绪的宣泄，只要将心中怨气宣泄出来，情绪便会平静，所以，企业要让投诉的客户充分发泄心中的不满乃至愤怒。

在让客户发泄时要注意聆听和认同两个环节。

#### 1. 聆听

即要做一个好的聆听者，认真聆听，不无礼、不轻易打断客户说话，不伤害客户的自尊心和价值观。聆听时要注意用眼神关注客户，使他感觉到自己、自己的话、自己的意见被重视，从而鼓励他说出心里话，同时，还要协助客户表达清楚。

另外，可以在客户讲述的过程中，不时点头，不时用“是的”“我明白”“我理解”表示对投诉问题的理解，让客户知道你明白他的想法。此外，还可以复述客户说过的话，以澄清一些复杂的细节，更准确地理解客户所说的话。当客户在长篇大论时，复述还是一个总结谈话的技巧。

#### 2. 认同

客户投诉时，最希望自己能得到同情、尊重和理解，因此这时候要积极地回应客户所说的话。如果你没有反应，客户就会觉得自己不被关注，从而被激怒。

认同的常用语有：“您的心情我可以理解”“您说的话有道理”“是的，我也这么认为”“碰到这种状况我也会像您那样”。

一些投诉问题因为政策或其他方面的原因，根本无法解决，但只要在与客户沟通的过程中始终抱着积极、诚恳的态度，那么也会使客户的不满情绪降低很多。

## 延伸阅读

### 客户投诉的心理状态分析

1. 发泄心理

客户遭遇不满而投诉，一个最基本的需求是将不满传递给商家，把自己的怨气发泄出来。这样，客户不快的心情会得到释放和缓解，恢复心理上的平衡。

2. 自尊心理

客户投诉时，都希望商家对他所遭遇的问题能够特别重视，以达到心理上的被尊重，尤其是一些感情细腻、情感丰富的客户。在投诉过程中，商家能否对客户给予认真接待、及时表示歉意、及时采取有效的措施解决问题，都被客户视为是否受尊重的表现。如果客户确有不当，商家也要用聪明的办法让客户下台阶，这也是满足客户自尊心理的需要。

3. 补救心理

客户投诉的目的在于补救，因为客户觉得自己的权益受到了损害。值得注意的是，客户期望的补救不仅指财产上的补救，还包括精神上的补救。根据我国法律规定，绝大多数情况下，客户是无法取得精神损害赔偿的，而且实际投诉中客户提出要求精神损害赔偿金的也并不多，但是，通过倾听、道歉等方式给予客户精神上的抚慰是必要的。

4. 认同心理

客户在投诉过程中，一般都努力向商家证实他的投诉是对的和有道理的，希望获得商家的认同。为此，投诉处理人员在了解客户的投诉问题时，对客户的感受、情绪要表示充分的理解和同情，这样有助于拉近彼此的距离，营造良好的沟通氛围。但要注意的是，不要随便认同客户的处理方案。

5. 表现心理

客户前来投诉，往往存在着表现的心理。客户既是在投诉和批评，也是在建议和指导。好为人师的客户随处可见，他们乐于通过这种方式获得一种成就感。利用客户的表现心理，进行投诉处理时，要注意夸奖客户，引导客户做一个念及身份的、理智的人。

6. 报复心理

当客户对投诉的预期结果与企业方的实际处理结果相差过大，或者客户在宣泄情绪过程中受阻或受到新的“伤害”，某些客户会演变成报复心理。存有报复心理的客户，不计个人得失，不考虑行为后果，只想让企业付出代价，出自己的一口恶气。自我意识过强、情绪易波动的客户更容易产生报复心理。这时要通过各

种方式及时让双方的沟通恢复理性。对于少数有报复心理的人，要注意收集和保留相关的证据，以便客户做出有损企业声誉的事情时，拿出来证明自己；适当的时候提醒一下客户这些证据的存在，对客户而言也是一种极好的镇静剂。

### （二）记录投诉要点、判断投诉是否成立

要记录的投诉要点有：投诉人、投诉对象、投诉内容、投诉时间、客户购买产品的时间、客户的使用方法、客户希望以何种方式解决问题、客户的联系方式等。

在记录的同时，要判断投诉是否成立，投诉的理由是否充分，投诉的要求是否合理。如果投诉不能成立，也要用婉转的方式使客户认清是非曲直，耐心解释，消除误会。

如果投诉成立，企业的确有责任，应当首先感谢客户，可以说“谢谢您对我说这件事……”“非常感谢，您使我有机会为您弥补损失……”，要让客户感受到他的投诉是受欢迎的，他的意见很宝贵。一旦客户受到鼓励，往往还会提出其他的意见和建议，从而给企业带来更多有益的信息。

感谢之后要道歉，道歉时要注意称谓，尽量用“我”，而不用“我们”，因为“我们很抱歉”听起来毫无诚意，是在敷衍塞责。

俗话说“一语暖人心”，话说得悦耳动听，紧张的气氛自然也就缓和了。

### （三）提出并实施可以令客户接受的方案

道歉之后，就要着手为客户解决问题，要站在客户的立场来寻找解决问题的方案并迅速采取行动，否则就是虚情假意。

首先，要马上纠正引起客户投诉的错误。反应快表示你在严肃、认真地处理这件事，拖延时间只会使客户感到自己没有受到足够的重视，会使客户的投诉意愿变得越来越强烈。

其次，根据实际情况，参照客户的处理要求，提出解决投诉的具体方案，如退货、换货、维修、赔偿等。提出解决方案时，要注意用建议的口吻，然后向客户说明该方案好处。如果客户对方案不满意，可以询问他的意见——从根本上说，投诉的客户不仅是要你处理问题，更是要你彻底解决问题。所以，如果客户觉得处理方案不是最好的解决办法时，一定要向客户讨教如何解决。

最后，抓紧落实客户认可的解决方案。

### （四）跟踪服务

即对投诉处理后的情况进行追踪，可以通过电话或微信，甚至登门拜访的

方式了解事情的进展是否如客户所愿，调查客户对投诉处理方案实施后的意见，如果客户仍然不满意，就要对处理方案再进行修正，重新提出令客户可以接受的方案。

跟踪服务体现了企业对客户的诚意，会给客户留下深刻、良好的印象，客户会觉得企业很重视他提出的问题，是真心实意地帮他解决问题，这样就可以打动客户。

此外，通过跟踪服务、对投诉者进行回访，并告诉他，基于他的意见，企业已经对有关工作进行了整改，以避免类似的投诉再次发生，这样不仅有助于提升企业形象，而且可以把客户与企业的发展密切联系在一起，从而提高其忠诚度。

## 延伸阅读

### 处理客户投诉的错误行为及三种特殊的客户投诉

1. 处理客户投诉常见的错误行为

(1) 在事实澄清以前便承担责任，一味地道歉或者批评自己的同事。

(2) 与客户争辩、争吵，不承认错误、只强调自己正确的方面，言辞激烈，带攻击性。

(3) 教育、批评、讽刺、怀疑客户，或者直接拒绝客户，说“这种事情绝对不会发生”。

(4) 表示或暗示客户不重要，为解决问题设置障碍，吹毛求疵、责难客户，期待客户打退堂鼓。

(5) 问一些没有意义的问题，以期找到客户的错误，避重就轻，假装关心，实际却无视客户的关键需求。

(6) 言行不一，缺乏诚意，拖延或隐瞒。

2. 如何应对三种特殊客户的投诉

(1) 感情用事者。碰到这样的客户，务必保持冷静、镇定，让其发泄，仔细聆听，并表示理解，尽力安抚，告诉客户一定会有满意的解决方案，语气谦和但有原则。

(2) 固执己见者。碰到这样的客户，应先表示理解客户，然后力劝客户站在互相理解的角度看问题，并耐心劝说和解释所提供的处理方案。

(3) 有备而来者。碰到这样的客户，要谨言慎行，尽量避免使用文字，要充满自信，明确表示解决问题的诚意。

## 思考题

1. 售前服务包含哪些内容?
2. 售中服务包含哪些内容?
3. 售后服务包含哪些内容?

# 第四章　客户服务的策略

**引例：差异化的客户服务**

美国电话电报公司(AT&T)采用高新科技手段，将不同层次的客户分配给各个独立的服务中心，分别为他们提供不同的服务并收取不同的费用。当客户呼叫客户服务中心时，客户服务中心能迅速甄别出客户类型，根据客户给企业带来的价值不同，这些自动系统能迅速地把客户呼叫转接到不同的服务中心。此外，AT&T 公司对不同类型客户的服务标准(如不同客户呼叫对应的服务时间长度)也不一样，对于带来高盈利的客户，客户呼叫的服务时间没有限制，唯一的目标是满足客户的需要。然而，对于带来低盈利的客户，目标是使客户呼叫的服务时间最短，降低成本，尽量保持从该类型客户得到的盈利。为了不使低盈利客户感到他们被仓促挂线，公司专门对与该类型客户打交道的服务代表进行培训，从而使这些客户感觉自己享受到的仍然是高水准的服务。

客户服务策略是指企业为客户服务时所采取的策略，包括特色客服、定制客服、分级客服、自助客服等。

## 第一节　特色客服

特色客服是指与同行比较，企业向客户提供的独特的服务。

如今市场上同类同质的客户服务越来越多，因此，企业要想在激烈的市场竞争中脱颖而出，其客户服务必须有足够的特色才能吸引客户的注意或光顾。

特色客服也是企业进行市场定位的有力工具，是与同行业竞争的重要“武

器”，是赢得回头客的重要手段，已成为企业孜孜以求的目标。企业如果能够不断地提供竞争对手难以模仿的特色客服，就能够形成不可替代的优势，成功地与竞争对手的服务相区分，从而有效地抵制竞争对手对客户的诱惑，达到增进客户忠诚度的目的。

例如，上海的餐饮业竞争激烈，“沈记靓汤”别出心裁，开出了上海首家“汤”的专营店。店里共有30多个汤品，所有的汤都煲8个小时以上，不仅保持了原汁原味，还针对客户的不同要求，在每款汤料中辅以不同的滋补中药，生意红火，连锁经营店不断增加。

又如，肯德基定位于“世界著名烹鸡专家”“烹鸡美味尽在肯德基”，其60多年烹鸡经验烹制而出的炸鸡系列产品，原味鸡、香辣鸡翅、香脆鸡腿汉堡、无骨鸡柳等，外层金黄香脆，内层嫩滑多汁，以其独特鲜香口味广为客户称许。而德克士以脆皮炸鸡和米汉堡为代表，形成自己的特色。目前德克士平均每个月都有新产品上市，产品发展的大方向是口味越来越中国化、多样化，更主张新鲜和健康，极大地贴近了国人的口味。在德克士内部还打着这样一个“小九九”，由于父母都在上班，很多儿童是由老人照顾的，过去老人到德克士只能看着孩子吃炸鸡，而一旦推出饭类食品，老人也就更愿意带小孩来德克士了。

### 案例：航空公司的特色服务

法国航空公司上海至巴黎的空中客车是直航，可是坐在飞机上的15个小时并不觉得烦闷。因为每个座位上都配有耳机并可选择七八个频道的音乐节目，座椅旁拉出的超薄型电视可选择15个频道的节目，并且配有中文字幕。虽然法国葡萄酒在世界各地卖得很贵，可在法航上却可以随心畅饮，让乘客过足瘾、喝个够。因此，法航吸引了许多往来上海和巴黎的乘客。

日本航空公司曾一度为缺乏竞争特色而伤透脑筋，因为各航空公司在业务上的竞争大同小异。面对这样的情形，日航决定以“服务”定位，追求高雅服务的一面。于是，他们制作了一系列身穿和服的日本女性表现出的种种优雅仪态的广告形象：笑盈盈地双手托盘捧茶；进餐时指导旅客如何用筷子时的表情和动作；注目微笑，纤手半掩樱嘴的低声答问；斟酒分菜时的细心姿态。这一组画面，充分表现了日本女性的柔美温情。自1955年以来，日航始终以这一形象出现在各种媒体上，使其优雅的服务深深地印在了各国客户的心中。

南航为了提升特殊旅客出行的体验，还推出了“四优关爱”“木棉童飞”“心信相印”等特色服务——“四优关爱”服务对象为特殊关注的旅客群体。通过优先值机、优先安检、优先登机、优先行李交付等服务，消除特殊旅客在外出行时的担忧和焦虑，献上更多体贴和关爱；“木棉童飞”是针对无人陪伴儿童的一项增值服务，在家长托付无人陪伴儿童后，地服系统工作人员会全程护送小朋友们值机登机，拍下精彩瞬间及时上传系统。系统向家长预留的手机号码发送短信和验证码，家长便可通过南航微信查看和下载孩子乘机的照片；“心信相印”服务的对象是无人陪伴老人及儿童，通过短信、电话等方式向申请成功的特殊旅客家属传递所乘航班涉及延误的相关信息，为旅客提供更贴心、更暖心、更温馨的服务。

在比利时首都布鲁塞尔，有一家“棺材酒吧”，酒吧里面摆着一副副棺材形的吧台，人们用一个像骷髅的酒杯饮酒，杯里边盛着独家调制的鸡尾酒“午夜之眼”“吸血鬼之吻”等，令人毛骨悚然，整个店充满恐怖气氛……“棺材酒吧”的老板抓住了人们心理上的弱点，反其道而行之，从而吸引了许多“勇敢者”光顾，开业不到3年，它的客户已遍布欧洲各国。

在我国台湾地区还有一家女性餐厅，老板和负责管理的经理都是女性，而店主、服务生、调酒员、厨师和歌手都是清一色的男士。这样做的目的是让那些做腻了家务活的女人们前来享受一下男人们提供的一流服务。

### 案例：“肮脏牛排店”

在美国得克萨斯州有间“肮脏牛排店”，店堂里不用电灯，点的是煤油灯，天花板上全是脏的灰尘(人造的，不会往下掉)。墙上钉有数不清的纸片和布条，还挂着几件破旧的装饰品，如木犁、锄头、印第安人的毡帽和木雕等。桌椅则是木制的，做工粗糙，椅子坐上去还会“咯吱咯吱”地响，厨师和侍者穿的是花格子衬衫和牛仔裤，其颜色看上去像从来没洗过似的。侍者端上来的牛排一块足有250克，血淋淋的，但味道很好，而且完全符合食品卫生要求。

最有趣的是，“肮脏牛排店”有个怪规定：客户光临不准戴领带，否则“格剪勿论”。如果一位戴领带的客户进门，就会有两位笑容可掬的服务员迎上前去。她俩一人持剪刀，一人拿铜锣，只见锣响刀落，客户的领带已被剪下了约5寸长一段。站在一旁的当班经理马上给客户一杯美酒，敬酒压惊，以表歉意。这杯酒不收费，其售价足以赔偿客户领带被

剪的损失。那被剪下一段的领带则随即连同客户签了名的名片，被钉到墙上留念。这一招数从未惹过客户的不快，反而使客户感到颇有情趣。更有不少客户为了一睹那满墙的领带残骸构成的特殊景致，不远千里来品尝“肮脏牛排”。

# 第二节 定制客服

定制客服是指企业为客户提供量身定制的服务。定制客服体现了企业考虑每个客户的特殊性，在服务过程中时时处处站在客户的位置上，针对不同客户的不同需要，采取灵活的服务技巧，分别提供针对性的服务。

例如，曾经有一位左撇子客户向联想反映使用鼠标不习惯，结果联想很快就为其特制了左手专用鼠标。美国汉堡王快餐店提供“定做汉堡”，即先点再做，客户可以按照自己的喜好决定汉堡包中的馅料，再交由快餐店现场制作，从而将自己的服务与其他标准化的备货服务模式区别开来。

## 一、定制客服的意义

定制客服无论是对客户还是对企业，都有着非凡的意义。

### （一）定制客服对客户的意义

在这个彰显和倡导个性的时代里，越来越多的客户追求品质生活，不愿被动地接受企业抛售的大众化服务，而是搜寻着能够最大限度满足自己个性化需求的服务。一方面，不同的客人有不同的需求，而在不同的条件下，同一客人的需求也不同；另一方面，客户总是希望自己得到特殊的对待。

因此，企业如果能够为客户提供量身定制的服务来满足客户的特殊要求，则可以打动客户的心，增加客户的满意度，从而达到增进客户忠诚的目的。相反，一个企业如果不能满足客户的特殊要求，也就无法成为客户的唯一、持久的选择。

定制客服可以满足客户对服务的不同个性需求，能给客户带来一种不可言语的尊贵感。随着人类社会的进步，人们生活水平的提高，人们对个性化的要求越来越高，定制理念已经深入人心。许多客户希望购买的服务能融入自己的智慧，彰显自己的个性，充分体现自我价值，以个性化服务为核心的定制客服正是顺应这种潮流而成为未来的发展趋势。

## （二）定制客服对企业的意义

首先，实施定制客服可以使客户直接参与服务的生产中，那么企业根据客户的意见生产或加以改变以适应客户要求的服务，有利于提高客户对服务的满意度。

其次，实施定制客服的企业容易与客户进行一对一的沟通和交流，因此企业可以获取真实、明确、有效的客户信息，即使交易结束以后，企业仍然可以随时联系客户，为客户提供售后服务，了解客户的满意程度和要求，获取更新、更直接的需求信息，更好地为客户服务。

最后，定制客服实现了按需定产，避免了大众化生产带来的滞销，同时大大加快了企业资金的周转速度。所以，定制客服有利于促进企业的不断深化发展，成为未来企业一个重要的经济增长点。

**案例：美国酒店接待日本游客的定制服务**

每年有大量的日本游客，尤其是商务游客涌入美国，美国酒店业为了争取这一利润丰厚的市场，在许多方面对其服务规范重新设计。

如美国的四季度假酒店，在日本游客较多的旅游地设置了一个日本游客服务会，并安排日语流利、有丰富对日服务经验的专职经理，专门负责接待日本游客。许多酒店与“日本语翻译服务系统”联网，这个24小时服务的系统可以提供三向电话，使日本客人、服务人员和口译电话员可以同时对话，便于解释美国的习俗和消除误解。酒店还考虑到，若日本客人生病需要医务人员的护理，便增加了懂日语的医生；有些带孩子的游客要去吃宵夜，需要找人看护孩子，便增加了看护孩子的临时保姆。

针对日本客人在别国旅游时，对当地菜肴一般持谨慎的态度，还是喜欢日式菜肴。因此，一些美国酒店开始提供地道的日本料理，如早餐必备绿菜、米粥和泡菜等，又在客房和日本客人经常光顾的餐厅，提供日语菜单。考虑到新鲜水果在日本比较贵，四季酒店特地为入住的日本客人免费提供一些水果，包括在日本国内难以买到的水果，很受日本客人的称赞。

在办完公务或旅游归来回到客房之后，日本客人喜欢换上拖鞋及和服。夏威夷的一些酒店便在客房里备有拖鞋及和服。此外，还提供日式的浴衣和既有淋浴器也有浴盆的浴室，以符合日本人的习惯。

许多酒店还备有日语版的当地城市游览指南和地图，有家酒店别出

心裁，设计了一种“信息袋”，里面装有各种游客须知，如支付小费的标准、娱乐及观光等注意事项。许多日本人在美投资经商，对通信信息和办公方面的要求比较高，于是美国一些酒店除了提供一般的商务设施，还帮助日本客人了解经济信息，如有的饭店向客人提供东京股市行情、日本主要的经济报刊以及其他日本方面的信息。

日本客人有时对服务质量期望很高，觉得美国的服务较冷淡，为此，美国许多酒店对服务人员进行培训，让他们对美日两国的文化差异有一定的了解。有的酒店专门聘请日本礼仪专家做顾问，有的酒店则在总台增加懂日语的服务人员。日本商务团体常常有等级次序，这在入住排房、签名等问题上有所表现，懂日语并略通日本习俗的服务员可以在办入住手续时处理好这个问题。如四季酒店的总经理，会在客人入住后，立即派人送上有其亲笔签名的欢迎卡。

## 二、定制客服的流程

以互联网在线定制为例，定制客服的流程分为以下四步。

(1) 企业通过网站的电子目录提供服务分类和搜索引擎工具，辅助客户快速地查询到需要的服务类型，并以动态网页和静态网页相结合的文本、图片等信息向客户直观地、全方位地展示服务的基本信息和特点。为了更好地展示服务，企业要及时地对服务目录进行更新，保证为客户提供的服务目录是最新信息。企业要根据市场中各类服务的销售情况，及时了解客户的需求变化，更新服务配置，尽可能贴近客户的需求目标。

(2) 客户查看服务信息并且选择定制服务类型后，企业应尽快响应客户的定制需求，定制服务订单确定后，系统将自动生成订单号码，包括客户资料、订单日期、产品信息等，传送至企业内部的个性化需求分析系统、客户关系管理系统和生产系统，然后企业根据客户需求进行生产。

(3) 客户可以根据订单号随时查看定制服务的设计、加工和传递的进度，并且将意见迅速反馈给企业。

(4) 企业建立客户档案，跟踪记录客户的网站行为及消费历史，对客户实现动态管理，并且智能地分析客户的喜好，主动提供更有针对性的服务目录，以满足客户的个性化需求。

例如，企业可以利用微信公众号为客户提供定制服务——客户可以通过企业设计好的表单选择定制化的需求，利用微信上传想要定制化的图案，最终完成订购交易。

## 三、定制客服的成本控制

定制客服为企业打开了新的市场，但定制化服务意味着成本的增加，由于企业将每一位客户视作一个单独的细分市场，必将导致企业经营业务的复杂化、经营成本的增加以及经营风险的加大，因此，需要企业在实现客户满意和控制经营成本之间寻求平衡点，而提供模块化服务是一种恰当的模式。

模块化服务是指企业综合考虑服务对象，把服务分为不同功能和用途的通用服务模块和特殊服务模块。其中，通用服务模块是指可以被所有服务对象共享的模块，是实现规模经济的基础，而特殊服务模块是可以满足客户定制需求的模块。企业将服务产品和服务过程按照不同的元素划分成不同的模块，再以此来配置客户所需的服务。服务的子模块越多，可提供定制的元素就越多，服务的组合也就越多，从而给客户提供尽可能多的选择。

模块化提供服务的优点是：首先，模块化策略有利于企业以较低的成本来快速地满足客户的需求；其次，模块化策略有利于企业提供多样化的服务，满足客户的个性化需求。

例如，旅游企业一方面提供一整套安排好的旅游服务，像“九寨沟—黄龙”七日游，“峨眉山—乐山”三日游，“新加坡—马来西亚—泰国”半月游等。另一方面，如果需要也可以为游客提供定制路线的独一无二的旅游服务。

企业还可以将提供通用服务与提供特殊服务相结合，例如，美国有一家专卖青少年T恤衫的商店，店内挂着几十种不同的图案。当客户选购T恤衫时，老板就说：“请挑选一个您喜欢的样式吧！”随后，店员就用机器将客户选中的图案印在T恤衫上。这样，在许多式样相同的T恤衫中，不同的图案就显示了不同的个人风格，受到了客户的欢迎。

李维斯牛仔服也是如此：当客户来到商店时可以选购款式和布料，然后现场的售货员会为其量尺寸并立即输入电脑数据库，这个数据库与李维斯的设计部门、工厂和市场营销及客户服务部门紧密连接，客户只需坐等片刻，或者是第二天取货即可，无论是大小、尺寸、款式风格都如客户所想。甚至会应客户所求在领口或袖口绣上姓名或者其他自己喜欢的图案。李维斯也并非真的为每一个客户都单独制造，其实际是，工厂会按照各种尺寸大小、款式、风格制造出大批的模块，接到前方的客户数据之后，现场拼接即可，而客户获得的感受则不一样了，因为好像“是专门为自己生产的”。

总之，定制化服务虽然给企业带来许多新的挑战，但是挑战背后是更大的机遇，面对个性化消费时代的来临，企业应该抓住机会，积极开展定制客服，以迎

接新经济时代的挑战。

# 第三节　分级客服

分级客服是指企业在依据客户带来价值的多少对客户进行分级的基础上，为不同级别的客户提供不同的服务。

## 一、分级客服的意义

### (一) 不同客户带来的价值不同

尽管每个客户的重要性不容低估，但是由于购买力、购买欲望、服务(维系)成本等差异，每个客户能给企业创造的收益是不同的。据国外的一份统计资料显示，23%的成年男性消费了啤酒总量的 81%，16%的家庭消费了蛋糕总量的 62%，17%的家庭购买了 79%的即溶咖啡。也就是说，大约 20%的客户消费了产品总量的 80%左右，其余 80%的客户的消费量只占该种产品总量的 20%。

意大利经济学家维尔弗雷多·帕累托发现了经济及社会生活中无所不在的二八法则，即关键的少数和次要的多数，比率约为 2∶8，也就是说，80%的结果往往源于 20%的原因，这就是帕累托定律。对于企业来说，就是企业 80%的收益总是来自 20%高贡献度的客户，即少量的客户为企业创造了大量的利润，其余 80%的客户是微利、无利，甚至是负利润的。根据美国学者雷奇汉的研究，企业从 10%最重要的客户那里获得的利润，往往比企业从 10%最次要的客户那里获得的利润多 5～10 倍，甚至更多。Woolf Brian 曾针对某个超市的连锁店进行过调查，通过收集该店 15 000 名客户年度消费额的数据，他发现 20%的客户(黄金客户)年保持率为 96%，销售额达到了整个销售额的近 84%。Meridien Research 研究机构指出，一个企业的客户群中，前 20%的客户产生约 150%的利润，而后 30%的客户消耗了 50%的利润——“他们一般是喜欢买便宜货的人，或被特别优惠的促销所吸引，而当企业开始试图从他们身上赚钱时他们便离去”。

以上的研究结果虽然不尽相同，但是都表明了一个真理，那就是——客户有大小，贡献有差异。每个客户带来的价值是不同的，有的客户提供的价值可能比其他客户高 10 倍、100 倍，甚至更多，而有的客户则不能给企业带来多少利润甚至还会吞噬其他客户带来的利润。

例如，美国大通银行根据客户的不同贡献将其所有的客户分为五级——蓝色客户：每年能为银行提供 500 万美元的综合效益或 300 万美元的中间业务收入；绿色客户：每年能为银行提供 300 万美元的综合效益或 100 万美元的中间业务收入；红色客户：需求比较单一，盈利少，但却是银行的忠诚客户；转移客户：需求复杂，却不能给银行带来很大利润；清退客户：基本不能给银行带来利润，甚至造成亏损。

### (二) 企业有限的资源不能平均分配

任何一家企业的资源都是有限的，如果把企业资源平均分配到价值不同的客户上，既会导致成本增加、利润降低、效益下降，又容易引起客户的不满。

小客户、差客户享受大客户、好客户的待遇自然没有意见，而大客户、好客户就会心理不平衡，因为不受重视，他们轻则满腹牢骚，意见、怨言一大堆，重则不满，甚至叛离——如果这个时候竞争对手乘虚而入，为这些最能盈利的大客户提供更多的实惠，就可以轻而易举地将他们“挖”走——“此处不留爷，自有留爷处”，毕竟买方市场下大客户的选择面很宽。

知名的旅行社集团托马斯库克根据交易记录，将客户分成 A、B、C 三级，并针对不同级别给予不同待遇。例如，消费金额最低的 C 级客户如果提出很费时的服务要求(如行程规划)，就必须预付 25 美元作为订金，而 A 级和 B 级客户则无须预付订金。其原因是“过滤掉随口问问或三心二意的客户，我们才能把大部分时间放在服务前两级的客户上面”。

美国第六大银行 First Union 的客户服务中心采用了“Einstein”系统，这套系统能在电脑屏幕上用颜色对客户的分级进行区别。例如，红色标注的是不能为银行带来盈利的客户，对他们不需要给予特殊的服务，利率不得降低，透支也不准通融；绿色标注的是能为银行带来高盈利的客户，需多方取悦，并给予额外的服务。

英国巴克莱银行十分重视对客户群的细分，并有一套划分客户的办法，主要标准就是看其给银行带来利润的大小，同时注意潜在的重点客户，即能给银行带来潜在利润的客户。巴克莱银行将客户共分为四级，相应地也将服务分为四个层次——一是基本的、必不可少的服务；二是一般服务，即在基本服务基础上增加一些不是对所有客户都提供的服务，如电话银行；三是高级服务，包括一些可以不提供但提供了能使客户更加满意的服务；四是全面服务，包括一些客户本身都没有想到的、为客户特定提供的服务。

### (三) 分级客服是实现客户满意的基础

实现客户满意要根据客户的不同采取不同的策略，因为每个客户给企业带来的价值不同，他们对企业的预期也就会有差别，满意标准也会不一样。为企业创造主要利润、为企业带来较大价值的大客户会希望能得到有别于普通客户的待遇，

如更贴心的产品或服务以及更优惠的条件等。

一般来说，处于顶端的约 20%的客户为企业创造了 80%的利润，支撑着企业的运营，已经成为众多竞争者锁定的稀缺资源。如果企业能够找出这些带来丰厚利润的、最有价值的客户，并且把更多的资源用在为他们提供优质的产品和针对性的服务上，就能够提高他们的满意度。

例如，美国航空公司就向其机组人员提供一份“铂金”“黄金”客户及其座位号清单，明确要求必须提供优质、上等的服务。这样做的结果是，在从伦敦飞往纽约的同一个航班上，对于同样 7 个小时的飞行，乘客所付的费用可以从 200 英镑到 6000 英镑不等，而这样大的差价，所有乘客都没有意见。

又如，花旗银行把客户市场细分为不同的类别，然后采用针对性的服务方式，如对大众市场提供各种低成本的电子银行，对高收入阶层则提供多种私人银行业务。

总之，客户之间的价值是有差别的，企业有限的资源不能平均分配，分级客服是实现客户满意的基础，为此，必须实行分级客服才能牢牢地抓住有价值的客户，才能强化与高价值客户的关系，降低为低价值客户服务的成本，也才能更好地在实现客户利益最大化的同时实现企业利润的最大化。

## 二、对大客户的服务

大客户是企业可持续发展重要的保障之一，因而大客户的服务在企业服务中处于重要的地位，大客户服务的成功与否对整个企业的经营业绩具有决定性的影响。

一般来说，企业花了很大的代价才使与大客户的关系进入稳定、良好的状态，然而竞争对手总是瞄准这些客户并伺机发动“进攻”。因此，企业必须认真提升与大客户的良好关系，这样才能保证企业持续稳定发展，才能使企业保持竞争优势及对竞争对手的顽强抵御力。

应该意识到，企业与客户之间的关系是动态的，企业识别大客户也应该是一个动态的过程。一方面现有的大客户可能因为自身的原因或企业的原因而流失，另一方面又会有新的大客户与企业建立关系。因此，企业应对大客户的动向做出及时反应，既要避免现有大客户的流失，又要及时对新出现的大客户采取积极的行动。

大客户服务的目标是提高大客户的忠诚度，并且在“保持关系”的基础上，进一步提升大客户给企业带来的价值。为此，要做到以下几点。

### (一) 成立为大客户服务的专门部门

目前，许多企业对大客户都比较重视，经常由企业高层亲自出面处理与这些客户的关系，但是这样势必会分散高层的精力。如果企业成立一个专门服务于大客户的部门，便可一举两得。一方面可使企业高层能够集中精力考虑企业的战略和重大决策；另一方面也有利于企业对大客户的服务系统化、规范化。

首先，大客户部门要协调技术、生产、企划、销售、运输等部门，根据大客户的要求设计不同的产品和服务方案。

其次，大客户部门要负责联系大客户，利用客户数据库分析每位大客户的交易历史，注意了解大客户的需求和采购情况，及时与大客户就市场趋势、合理的库存量进行商讨。

最后，大客户部门要关注大客户的动态，并强化对大客户的跟踪服务，对出现财务困难的大客户要进行深入分析，必要时伸出援手。当然，也要密切注意其经营状况、财务状况、人事状况的异常动向等，以避免出现倒账的风险。

此外，对大客户的服务是一项涉及部门多、要求非常细的工作，需要企业各部门无边界协同，各个部门和员工都要以整体利益为重，主动承担责任，追求协同效率和效果的最大化。

### （二）集中优势资源服务于大客户

为了进一步提高企业的盈利水平，按帕累托定律的反向操作就是：要为20%的客户花上80%的努力。即企业要将有限的资源用在这20%最有价值的客户上，用在能为企业创造80%利润的大客户上——好钢用在“刀刃”上！

首先，企业应该准确预测大客户的需求，主动提供售前、售中、售后的全程、全面、高档次的服务，包括专门定制的、精细化的服务，还可以邀请大客户参与企业产品或服务的研发、决策，从而更好地满足大客户的需要。

其次，要集中优势“兵力”，加大对大客户的服务力度，在销售旺季到来之前，协调好生产及运输等部门，保证在旺季对大客户的供应，避免出现因缺货而导致大客户的不满。当出现供货紧张的情况时，要优先保证大客户的需要，从而提高大客户的满意度，使他们坚信本企业是他们最好的供应商或服务商。

最后，企业要增加给大客户的财务利益，为他们提供优惠的价格和折扣，以及为其提供灵活的支付条件和安全便利的支付方式，并且适当放宽付款时间限制，甚至允许其一定时间的赊账，目的是奖励大客户的忠诚，提高其流失成本。

当然，也许有些大客户并不看重优惠，而看重企业带给他们的超值服务，他们更需要的是对其地位和身份的“特别关心”，如在机场的贵宾候机室享受VIP服务，优先免费使用新推出的业务等，都会使大客户觉得自己与众不同，提升优越感。为此，企业可实行VIP制，创建VIP客户服务通道，更好地为大客户服务，这对巩固企业与大客户的关系、提高大客户的忠诚度将起到很好的作用。

### (三) 通过沟通和感情交流，密切双方的关系

企业应利用一切机会加强与大客户的沟通和交流，让大客户感觉到双方之间不仅仅是一种买卖关系，还是合作关系、双赢关系。

#### 1. 有计划地拜访大客户

一般来说，有着良好业绩的企业营销主管每年大约有 1/3 的时间是在拜访客户中度过的，其中大客户正是他们拜访的主要对象。对大客户的定期拜访，有利于熟悉大客户的经营动态，并且能够及时发现问题和有效解决问题。

在与客户的沟通中，要根据客户给企业带来价值的不同进行“分级沟通”，即针对客户的不同级别实施不同级别的沟通——如对重要客户，应每个月打一次电话，每季度拜访一次；对次要客户，应每季度打一次电话，每半年拜访一次；对普通客户，可每半年打一次电话，每年拜访一次等。

#### 2. 经常性地征求大客户的意见

企业高层经常性地征求大客户的意见将有助于增强大客户的信任度。例如，每年组织一次企业高层与大客户之间的座谈会，听取大客户对企业的产品、服务、营销、产品开发等方面的意见和建议，以及对企业下一步的发展计划进行研讨等，这些都有益于企业与大客户建立长期、稳定的战略合作伙伴关系。为了随时了解大客户的意见和问题，企业应适当增加与其沟通的次数和时间，并且提高沟通的有效性。

#### 3. 及时、有效地处理大客户的投诉或者抱怨

客户的问题体现了客户的需求，无论是投诉或者抱怨，都是寻求答案的标志。处理投诉或者抱怨是企业向大客户提供售后服务必不可少的环节之一，企业要积极建立有效的机制，优先、认真、迅速、有效及专业地处理大客户的投诉或者抱怨。

#### 4. 充分利用多种手段与大客户沟通

企业要充分利用包括移动互联网在内的各种手段与大客户建立快速、双向的沟通渠道，不断地、主动地与大客户进行有效沟通，真正地了解他们的需求，甚至了解他们客户的需求或能影响他们购买决策群体的偏好，只有这样才能够密切与大客户的关系，促使大客户成为企业的忠诚客户。

此外，企业应利用一切机会，例如，在大客户开业周年庆典、大客户获得特别荣誉或者大客户有重大商业举措时，表示祝贺与支持，这些都能加深企业与其之间的感情。

## 三、对小客户的服务

“二八定律”关注“二”即少数对象，忽视“八”即大众对象，强调重视“抓大放小”。但是，随着信息技术的不断进步，电子商务的飞速发展，人们开始重新审视被运用了一百多年的“二八定律”，对 80%的多数客户开始逐渐重视起来。

2004 年 10 月，美国《连线》杂志主编克里斯·安德森在一篇文章中首次提出“长尾”这个概念，后来进一步延伸出长尾理论——只要存储和流通的空间足够大，需求量小的、非主流的产品所共同占据的市场份额便可以和那些需求量大的主流产品所占据的市场份额相匹敌，甚至更大，即如果能够把大量市场价值相对较小的部分都汇聚起来将可能创造更大的经济价值。

“长尾理论”提示我们要重视包含大量中小客户的利基市场，而且还应具有相匹配的充足服务能力，在为“大客户”提供特殊照顾的同时，也要重视小客户的集体贡献。“长尾理论”与“二八定律”并不矛盾，“二八定律”告诉我们要重视单个个体的大客户的价值，而“长尾理论”则告诉我们不要忽视众多小客户的集体力量。

将长尾理论运用到客户分级服务当中，就是如果能够把握住 80%的长尾客户——即相对于大客户而言的小客户，虽然他们的购买力并不强，消费行为并不活跃，但是将他们全部集中起来可能比大客户所创造的价值还要多。因此，企业应该重视并且运用更有效的手段来服务小客户，从而为企业带来更大的利润。

例如，Google 是一个最典型的“长尾”公司，其成长历程就是把广告商和出版商的“长尾”商业化的过程。Google 通过为数以百万计的中小型网站和个人提供个性化定制的广告服务，将这些数量众多的群体汇集起来，形成了非常可观的利润。目前，Google 被认为是“最有价值的媒体公司”，远远超过了那些传统的老牌传媒。

小客户不等于坏客户，对于没有升级潜力的小客户，有的企业做法是“坚决剔除”，不再与他们联系和交易，但是，事实上这种做法过于极端，并不可取。这是因为如果企业直接、生硬地把小客户“扫地出门”或“拒之门外”，可能会引发其对企业的不良口碑，然后可能会向其他客户或者亲戚朋友表达他们的不满，使企业遭遇“口水”之害，从而给企业形象造成不良的影响。被“裁减”的小客户还可能投诉企业，而且媒体、行业协会等社会力量也有介入的可能性，会给企业带来“歧视弱者”的不利影响。因此，企业必须认真服务好小客户。

此外，小客户可以帮助企业创造和形成规模优势，在降低企业成本方面功不可没。聚沙可以成塔，集腋可以成裘，保持一定数量的小客户是企业实现规模经济的重要保障，是企业保住市场份额、保持成本优势、遏制竞争对手的重

要手段。如果企业放弃这些低价值的小客户，听任其流失到竞争对手那边，就可能会使企业失去成本优势，同时可能壮大了竞争对手的客户队伍和规模，而一旦竞争对手由于客户多了、生产服务规模大了，成本得以下降了，就会对企业不利。

## （一）针对有升级潜力的小客户，要努力培养其成为大客户

企业应该给予有升级潜力的小客户更多的关心和照顾，帮助其成长，挖掘其升级的潜力，从而将其培养成为大客户。

例如，目前还是小客户的大学生，可能在就业后会成为好客户，招商银行就看到了这一点。招商银行的信用卡业务部一直把在校大学生作为业务推广的重点对象之一，尽管他们当前的消费能力有限，信贷消费的愿望不强烈，盈利的空间非常小，但招商银行还是频繁进驻大学校园进行大规模的宣传促销活动，运用各种优惠手段刺激大学生开卡，并承诺每年只要进行 6 次刷卡消费，无论金额大小都可以免除信用卡的年费。此外还推出了各种时尚、炫彩版本的信用卡，以赢得广大年轻客户群体的青睐。通过前期的开发和提升，当大学生毕业以后紧随而来的购房、购车、结婚、生子、教育等大项消费需要分期付款和超前消费时，招商银行巨大的利润空间开始显现。

## （二）针对没有升级潜力的小客户可降低服务成本

首先，适当限制为小客户提供服务的内容和范围，压缩、减少为小客户服务的时间，如从天天服务改为每周提供服务一天，从而降低成本、节约企业资源。

其次，运用更经济、更省钱的方式提供服务，如从原来面对面的直接销售方式转为电话销售或由网上销售，这样不仅保证了销售收入，也减少了成本，提高了利润水平。例如，银行通过减少分支企业的数量，以及用自动柜员机代替柜员和银行职工，从而降低服务成本。

美国进步保险公司是一家专营摩托车保险等高风险业务的公司，该公司发现并非所有的摩托车驾驶员风险都高——一般来说，年轻车手比年龄大的车手风险高，为此，该公司对年轻车手的定价便较高，对年龄大的车手定价较低。该公司还发现，热衷飙车的车手往往偏好光顾街头路边的保险代理处，为了避开这类客户，公司鼓励自己的代理人把办事处设在僻静的写字楼里，远离交通动脉，同时，公司通过直邮广告，主动争取那些年龄较大摩托车手的业务。

总之，企业针对不同级别的客户采取分级服务和差异化的激励措施，可以使大客户享受企业提供的特殊待遇，并激励他们努力保持这种 VIP 地位；同时，鞭

策有潜力的小客户向大客户看齐……这样，就可以使企业在其他成本不变的情况下，产生可观的利润增长——这就是对客户进行分级服务的理想境界。

# 第四节　自助客服

自助客服即企业向客户提供服务设施、工具或用品，让客户按照一定的规则独立进行操作，自行完成服务或者部分服务，而这种形式与客户接受由企业提供的服务具有相似的效果。自助客服在金融业、零售业、航空业、酒店业、餐饮业等涌现出的自助银行、自助加油站、自助餐饮等，在一些公共服务行业(如图书馆、地铁、公交等)也正在兴起并持续发展。

自助客服可以减轻企业的负担。例如，自选商场与超市里让客户自己选配商品，汽车租赁公司提供租赁者自驾的汽车等，这些客户自助的方式都可以节约成本。又如，在不需要服务员为每位客户递菜单、倒茶、端菜以及收拾餐桌的自助餐厅就很好地利用了客户的参与——客户不仅仅是客户，更重要的是合作生产者，他们从餐厅供应的食物中自己动手选择喜欢的，然后在饭后自己清理残留物，大大减少了客服人员。

宜家家居就采用客户自助的服务方式，通过商品标签、样板间的商品展示来代替客服人员讲解，把更多的自由空间留给客户。在宜家餐厅竖着一块字牌，“在宜家，客人自己把餐具放到回收箱中，这样将使我们有能力为各位提供更优质的服务”，字牌旁边设有一个分层的回收箱，客户只需要直接把用餐后的盘子插入架子上即可，回收箱满了服务员就直接将其拉走。整个过程简便、快捷、卫生，既让客户自觉地培养了收拾碗筷的习惯，也保持了餐厅的干净、整洁。

企业可以将技术含量低、难度不大的工作交由客户自我服务，而企业则集中提供技术性高的服务，这样就可以降低服务费用。例如，让客户自己承担一部分填写病历、申诉书、申请书等工作，这样，医生、律师、教授等的人工成本就有可能降低，他们可以集中精力提供更多技术含量高的工作。

此外，自助客服还会使客户感到服务是自己的劳动成果，这样就会增强对服务的责任感，从而提高客户参与的积极性。例如，在“赶鸭子”式的旅游不受欢迎的情况下，旅行社推出了“自助游”；餐饮业推出“我准备原料，您自己下厨”的自助餐厅也颇受客户欢迎；超市的普及表明客户愿意扮演更主动的角色。

## 思考题

1. 什么是特色客服？
2. 什么是定制客服？
3. 什么是分级客服？
4. 什么是自助客服？

# 第五章　客户服务的技术

## 引例：强生公司的网上客户服务

首先，强生公司网站界面设计清新淡雅，明亮简洁，设有“宝宝的书”“宝宝与您及小儿科研究院”“咨询与帮助中心”“母亲交流圈”“意见36反馈”等创新栏目，让年轻的家长有要想去体验的欲望。

其次，强生公司选择婴儿护理品为公司网站的形象产品，将企业网站变成了一部“个性化的、记录孩子出生与成长历程的电子手册”，增强了强生品牌的感召力。由于企业网站变成了一部从孩子出生到成长的电子相册，所以强生这个名字，必然成为最先占据新生儿脑海的第一品牌，该品牌可能将从其记事起，伴随其度过一生。

再次，在网站上，强生时刻提醒着年轻的父母们关注宝宝的睡眠、饮食、体温等，并且有相关的栏目帮助人们解答育儿疑问。随着孩子的日日成长，强生会时时递来“强生沐浴露”“强生安全棉”“强生尿片”“强生围嘴”“强生2合1爽身粉”等孩子所需的公司产品。强生网站这份育儿宝典会告诉父母哪些产品正是孩子现在所必需的。年轻父母们会突然发现，孩子的成长离不开这个育儿宝典。

当今科技发展为客户服务提供了强大的技术支撑，这里重点介绍互联网技术、大数据与人工智能在客户服务中的应用。

# 第一节　互联网技术在客户服务中的应用

## 一、网络服务的特点

互联网能够突破时空限制，让客户随时随地进行信息的发布与获取，是当今最先进的信息载体。互联网技术是建立在计算机技术基础上的信息技术，能够实现信息的存储、处理、传输，互联网技术的数字化、网络化、高速化能够让客户享受方便快捷的服务。

网络环境下，客户可通过互联网向企业定制产品，发送订单，提出服务请求和服务类型、查询常见的问题、检查订单状态，实现网上的人工智能。企业可以利用网络建立属于本企业的站点，将大量的产品信息和与之相关的信息放在网站的主页上，客户可以随时上网了解这些信息。

例如，寿险公司为了吸引和方便客户购买寿险，面对新的市场情况和技术情况，开通了寿险超市、网上寿险、银行寿险、邮政寿险等形式来吸引和方便人们购买寿险。

航空公司可以开通网上机票销售业务。互联网是最经济的分销渠道，不需进行直销点建设，乘客可以通过信用卡来支付票款。例如，美国轻松航(Easy Jet)90%的座位是通过互联网销售出去的——无论何时何地，只要你拥有一台可以上网的电脑、手机，你就能够轻松订购到轻松航的机票。

对于企业而言，通过网络获得潜在的客户也变得更为快捷、简单。当客户在浏览企业产品信息时产生兴趣、想进一步了解更多的信息时，可以要求浏览者注册，填写有关的资料，这些注册的人极有可能成为企业的潜在客户，而他们浏览过的信息也是极有价值的，客服人员可以有目的地向他们宣传和推销这些产品，使得他们最终成为企业的客户。在利用网络发布产品信息的同时，企业还可以在网上开展问卷调查，了解当前客户对产品的意见以及发现客户的诸多个性化需求，从而使产品的设计和服务更接近客户的需求，提高客户的满意度。

雅芳的网站就做得非常人性化，不仅有全球的官方网站，还有针对不同地区设计的有各个地区特色的网站，只要登录雅芳的网站，客户就可以掌握雅芳的任何资讯，从产品信息到加入雅芳事业，从美容技巧到近期活动安排，任何的信息都可以在网站上一目了然。

沃尔玛也开设有沃尔玛(中国)的官方网站，沃尔玛网站是其与客户沟通的重要平台，也是客户了解沃尔玛中国的窗口。网站的主要内容为：关于沃尔玛、沃尔玛购物广场、山姆会员商店、新闻动态(公司新闻，最新统计信息)、客户服务、企业社会责任、招聘信息、联系我们等栏目。客户可以通过沃尔玛的网页，了解他们想要了解的信息。

戴尔直通车是戴尔公司的官方中文博客，博客采取文字、照片、视频等形式，介绍戴尔产品、服务、员工生活等各种信息。客户可以在博客上留言，分享对戴尔的评论、想法和意见，戴尔直通车的站长和其他工作人员代表戴尔在博客上回答大家的问题。通过戴尔博客，客户可以和戴尔员工进行信息交流，一起讨论 IT 技术、戴尔文化、戴尔产品、客户体验、公司战略、企业社会责任、戴尔人的生活等。博客开通的第一个月内，客户讨论最热的话题是希望戴尔预装 Linux 操作系统，在客户投票后，戴尔迅速响应客户需要，很快就在产品中增加了这一项。

目前供电企业主要通过供电营业厅、95598 服务热线、电力社区、微信平台、支付宝等渠道为客户提供办电、缴费、抢修、咨询等服务，并且已形成了一系列服务规范和服务标准。

## 二、适合通过互联网提供的服务

### (一) 信息服务

网络最基本的功能就是迅捷提供各种信息。网络新闻平台正成为网民获取新闻资讯的主要渠道之一，我国网民网络新闻使用率为 82%，客户规模达 4 亿人。

### (二) 沟通服务

互联网作为一种沟通媒介，为网民提供了相互沟通和联系的应用服务。最为大众所熟知和使用的包括即时通信——一种可以让使用者在网络上建立某种私人聊天室的实时通讯服务，时至今日它已不再是一个单纯的聊天工具，而是发展成集交流、资讯、娱乐、搜索、电子商务等为一体的综合化信息平台，如 QQ、MSN、SNS、博客、微信等。

例如，SNS 将真实的人际关系渗入虚拟的网络世界，开创了一种全新的口碑传播模式，Facebook 被《时代》杂志认为完成了一件此前人类从未尝试过的任务——将全球 5 亿多人口联系在一起，并建立起社交关系，这种 SNS 服务正成为吸引营销者最具有商业价值的网络模式。

博客、微信被称为继电子邮箱、留言板、即时通信之后出现的互联网的“第四块里程碑”，它为每一个人提供了一个自由发布信息、交流知识的传播平台，使用者可以很方便地用文字、链接、影音、图片建立起自己个性化的网络世界。

### 案例：专为异地恋设计的餐厅

大概是认为在圣诞节仍要分隔两地的情人太过可怜，日本电信公司AU在大阪、东京的Hotel New Otani举行了名为“Sync Dinner”的未来创意餐厅活动——官方在大阪及东京分别设立两部高清摄像头，让分隔两地的恋人可以通过巨大高清晰屏幕，与对方进行即时的互动晚餐。

异地恋人的手机收到邀请函后，到指定的餐厅空间并进行餐厅连线，通过大屏幕不只是视频聊天而已，还能吹蛋糕与特效合成互动，在最后还能拍下纪念照片，就像是两人真的在此餐厅用餐。

虽然现实中的对象在遥远的另一端，但眼前的一切就像是出现在面前一样，聊天、互动、拍照这些都可以做，就像真的约会一样。

### （三）移动服务

随着移动运营商的介入，现在发展最为活跃的是移动通信服务，手机成为即时通讯发展的新终端。移动通信服务是指通过移动网络提供的数据服务、信息服务和广告服务。数据服务包括短信、彩信等通信服务和互联网接入服务；信息服务包括信息内容服务、商务服务和娱乐服务，如天气预报或者手机报订阅等；广告服务包括文字、图形、分类等手机广告服务。

### （四）交易服务

从互联网上诞生的亚马逊开创了B2C的交易服务形式，产品可以通过网络来进行渠道。此后，B2C的电子商务形式获得极大发展，诞生了许多网络零售商店，如当当网、亚马逊等。

### （五）平台服务

相对于B2C的交易服务，许多互联网公司提供了供买卖双方交易的第三方平台，根据买卖双方的不同性质又可分为B2B、C2C等形式。

### （六）娱乐服务

网上娱乐服务很好地满足了客户的娱乐需求。例如，以盛大、第九城、网易等为代表的网络游戏商，以大榕树论坛、起点、潇湘书院、幻剑书盟等为代表的文学网站，此外，还有以爱奇艺、优酷等为代表的视频网站，目前国内网络视频服务客户规模达到了7亿多。

总之，一般来说，针对人脑的服务(教育、信息服务、音乐下载、数据库、图书资料、音乐会和心理治疗等)和无形资产的服务(证券咨询、数据处理、金融服务等)，较容易通过网络来提供，而针对人体的服务(理发、健身、美容、医疗手术等)和实体的服务(加油、修车、除草等)通过网络渠道的难度就大些。

随着信息技术和自动化技术的不断普及，网络技术在服务渠道中的运用越来越广泛，大大提高了服务的可获得性，但是在引进互联网技术时也要十分慎重，因为有些客户也许愿意接受新的技术，而另一些客户则可能喜欢传统的服务渠道。

## 三、“互联网+”服务

“互联网+”就是利用信息通信技术以及互联网平台，让互联网与传统行业进行深度融合，创造新的发展生态。

### (一)“互联网+交通”

“互联网+交通”已经在交通运输领域产生了“化学效应”，网上购买火车票和飞机票、出行导航系统、实时在线地图、实时公交查询等，不仅可以缓解道路交通拥堵，还可以为人们出行提供便利。从国外的 uber、lyft 到国内的滴滴打车、快的打车，移动互联网催生了一批打车、拼车、专车软件，它们通过把移动互联网和传统的交通出行相结合，改善了人们的出行方式，增加了车辆的使用率，提高了效率、减少了废气排放，对环境保护也做出了贡献。

### (二)“互联网+医疗”

现实中存在看病难、看病贵等难题，患者普遍存在事前缺乏预防、事中体验差、事后无服务的现象。“互联网+医疗”优化了传统的诊疗模式，为患者提供一条龙的健康管理服务。患者有望从移动医疗数据端监测自身健康数据，做好事前防范；在诊疗服务中，依靠移动医疗实现网上挂号、询诊、购买、支付，节约时间和经济成本，提升事中体验；并依靠互联网在事后与医生沟通。

### (三)“互联网+金融”

网上银行完全改变了传统银行柜台交易办理业务的模式，客户可以不受地点、时间的限制，在家中、办公室或任何地方办理相关业务。银行通过互联网为客户提供方便、快捷、安全的结算等金融服务，同时也降低了银行的经营成本，提高了经济效益。

例如，手机银行，又称为“移动银行”，作为一种结合了货币电子化与移动通信的崭新服务，手机银行不仅能使人们在任何时间、任何地点处理多种金融业务，而且丰富了银行服务的内涵，使银行以便利、高效又较为安全的方式为客户提供服务。

从余额宝、微信钱包再到网络银行，传统金融向互联网转型成为大势所趋。互联网金融，包括第三方支付、P2P 小额信贷、众筹融资、新型电子货币以及其他网络金融服务平台都将迎来全新发展机遇。

## （四）“互联网+教育”

互联网的产生和发展是在线教育的前提。互联网使得传统的师生面对面教学的课堂模式不再是一种必然，课堂的规模不再受到课室大小的限制，课堂的时间和长度也不再受上下课铃声控制，老师和学生都有了更大的自由。同时，SNS 社交网络技术的发展和完善，也解决了在线教育师生之间难以交流、教学效果差的难题。大数据、云技术等也为在线教育在挖掘客户需求、特供个性服务等方面的创新提供了很大的可能性。通过大数据技术，可以实现个性化推荐，而基于移动终端的特性，客户可以利用碎片化时间进行沉浸式学习，让在线教育切中了传统教育的痛点和盲区。

例如，MOOC(massive open online course)，即大规模开放在线课程，这种课程主要是通过与各种名校的顶级教授合作，专门针对网络学习者开发设计出一套包含教学视频、练习、测验、讨论、答疑在内的教学系统，且大多能在课程结束之后有偿颁发一张学习证书。MOOC 的内容由顶尖的学者提供，有更多的优质资源，且在产品设计上力图通过将传统教学的一些有价值的东西搬到线上，提高学习者的学习效果。

美国硅谷有一所广受关注的创新学校，它没有豪华校舍，只是在社区租有几间房，有一百多名学生，一个班配有两名教师。根据每个儿童的情况，教师每天给他们不同的学习任务卡片，指导他们自主学习。这所学校的核心理念是：教育+设计+程序+创业家精神。学校还有一个由两百多名网络工程师组成的强大幕后团队。

互联网时代的大学也已经出现，如美国的密涅瓦大学，同样是没有教室，没有围墙，没有图书馆，没有游泳池。它是由哈佛大学前校长等教育名流创办的，目标是为全球化时代培养未来的社会领袖。校方在旧金山租了一栋宿舍楼作为他们的总部，在全世界招收优秀的学生。除了第一年在旧金山学习基础课程、方法论以外，其他的三年六个学期分别在全世界六个不同的城市学习，在每个城市待一个学期。他们不需要图书馆、体育馆、计算机中心，因为他们以整个城市为教育资源、以社会为课堂。

## （五）“互联网+旅游”

互联网背景下旅游服务在线化、去中介化也越来越明显，自助游正成为主流。第一代在线旅游企业，以携程、艺龙等企业为代表，极大地促进了中国在线旅游以“机票酒店”商旅为主的市场的发展。这类网站搭建了客户与航空公司、酒店之间的桥梁，提供中介服务，为客户提供机票、酒店预订平台，其利润主要来源于航空公司、酒店在交易完成后返还的佣金。

第二代在线旅游企业，以去哪儿、酷讯等企业为代表，以更低的价格促进了休闲为代表的在线机票、在线酒店市场的发展。这类企业也是垂直搜索网站，以提供信息搜索服务为主营业务，向客户提供包括实时价格和产品信息在内的搜索结果，其盈利模式以点击收费为主。

第三代在线旅游企业是旅游信息提供者，包括具有特色的单一主题旅游网站(如中国古镇网、中国景点网)、旅游点评类网站(如到到网、驴评网)，以及以旅游攻略为主的网站(如马蜂窝和穷游网)等，这类网站的收入主要来源于网络广告和撮合交易等。

## 四、移动互联网

### (一) 移动互联网的特点

中国互联网络信息中心(CNNIC)的数据显示，我国全体网民规模总计达到9.04亿，通过手机接入互联网的网民比例达到99.3%，手机早已经成为我国网民的第一大上网终端。无论是移动互联网的终端的数量、移动互联网的应用数量，还是移动互联网的市场规模，都说明我们正处于移动互联网高速发展的阶段。

移动互联网是利用移动设备接入互联网络的方式，将移动通信与互联网进行融合。移动互联网既可以“随时、随地、随身”，又可以“分享、开放、互动”，从而降低了人们在查找信息和进行信息交流时所付出的代价，这些代价包括时间、精力和金钱等各方面，提高了客户的让渡价值。

移动互联网的特点主要体现在以下几个方面。

首先，移动互联网具有可识别性。移动互联设备是和某个客户强关联的，一台移动互联设备就代表着一个客户，这一特征将极大地简化互联网应用中识别不同客户身份的复杂过程，此外，移动互联网不仅为客户提供价值，同时还能让客户与客户之间相互提供价值。正是基于以上原因，移动互联网不仅产生了包括移动社交在内的、众多基于客户信息识别和交互类的应用，而且提供了通过识别客户而进行精准营销的完美解决方案。

其次，移动互联网具有可定位性。移动网络可以随时随地获得终端的位置信息，而位置信息几乎可以和互联网的任何领域结合，从而为移动互联网带来了丰富多彩的创新性应用。例如，酒店可以通过微信“查看附近的人”的功能，查找到酒店附近的客户，并向他们推送促销信息或优惠活动。

最后，移动互联网具有可移动性。由于移动互联设备的便携性，移动互联网具备天生的可移动性的特点。目前的移动互联设备主要是指手机、平板电脑、电子阅读器、车载导航等设备。同原有的个人电脑相比，具有终端屏幕更小、更加便于随身携带，更加具有个性化，以及操作更加简便、灵活等特点。

### （二）移动互联网在客户服务中的应用

移动互联网技术在客户服务中的应用就是通过移动互联网的终端以在线营销的手段服务于客户，可以使客户享受到更加便利、快捷的服务。通过移动社交化的信息分享，位置信息服务的应用，以及移动支付的便利，能够有效提高企业营销绩效和服务客户的水准。

例如，客户想吃涮羊肉时，他打开手机里团购类的手机应用“美团”，搜索“涮羊肉”便可以直接看到有哪些火锅店提供这种服务，价格分别是多少，已经有多少人购买了，他们购买后的评价如何，推荐的菜品都有哪些，有的客户还上传了菜品、用餐环境的照片或者视频供参考，还有这家店的信誉情况都可以一目了然。当然，如果客户吃完后感觉很好，也可以直接利用移动互联网分享给自己的好友。

**案例：移动互联网在商业银行客户服务中的应用**

商业银行可通过微信公众号、手机银行、网上银行客户端来进行信息推送软文、优惠信息、积分、新产品以及产品的使用方式等信息——一是向潜在客户进行信息推送来吸引新客户，二是向老客户推送信息以维护老客户的关系。

软文方面，商业银行可根据最新发生的新鲜事、节日等热点来撰写软文，借助这些热点来推销产品，促进客户了解甚至购买和使用产品。

优惠信息主要是信用卡使用时的优惠、商业银行网上商城的折扣商品，提醒客户使用信用卡或购买优惠产品，以提高客户的满意度和黏度。

手机银行是商业银行线上的主要流量入口，商业银行根据客户需求在手机银行设置支付、交易、理财融资、消费四大功能，结合营销活动来引导客户使用移动端渠道。

随着互联网技术的发展和社交网络的兴起，移动互联网的应用层出不穷，如移动搜索、手机支付、手机阅读、手机游戏等。例如，“支付宝钱包”与银行卡绑定，便可以随时将卡中的钱任意转进转出。在现实中转账如此烦琐的事情，由于支付宝公司的服务创新，客户通过手机操作就能全部完成，完全摆脱了空间距离。

此外还可以直接将钱转移到支付宝中的“余额宝”里，这是支付宝公司和天弘基金合作的一款金融理财产品，收益率大大超过了活期存款。

**案例：华住酒店通过互联网管理服务质量**

华住酒店集团推出的“华住酒店”的移动应用，使得自己品牌下的“汉庭”“全季”“海友”等连锁加盟酒店都可以通过这款应用进行酒店的预订和服务的点评，客户可以针对客房环境、人员服务、硬件设施、餐饮质量几个方面进行点评，管理人员可以通过横向比较各门店的评价内容对服务质量进行监控和整改。

如今，通过移动互联网，越来越多的企业可以方便地设置调查页面并可随时随地调整调查的内容，让客户通过手机就可以提交调查。这样企业就可以立刻获得关于服务质量的反馈，清楚地了解服务的哪个环节存在问题，哪些客服人员存在问题，便于及时纠正。

## 五、新媒体

新媒体最早出现在美国，这一概念是一个相对动态的概念，是和传统报纸、广播、电视等传统媒体相区别的，主要依赖现代化的数学及网络技术和通信技术，如通过无线通信网、宽带网络、互联网、卫星等方式，借助电脑、手机、Ipad 等客户终端，实现实时、快速、便捷的视频、文字、图片、语音等多种数字化信息的传输及娱乐功能，是一种全新的传播方式和手段。

新媒体时代，信息传播速度更快，发布范围更广。2003 年 7 月，美国媒体人谢因·波曼和克晨·斯威理首次对自媒体进行了定义，认为自媒体是普通大众经由数字科技强化与全球知识体系相连之后，形成的一种普通大众提供与分享他们自身事实、新闻的途径。自媒体平台包括微信、博客、微博、论坛等，微信公众号(以下简称“公号”)就是最典型的自媒体形态。进入自媒体时代后，人和人之间的交流、沟通更加快捷和方便，人们更习惯使用手机来进行网上购物、网上付款等，而商家可以利用网络平台来及时地发布相关的信息，通过自媒体平台提高销售的针对性，建立其自己的消费群体，从而更好地进行客户服务活动。

新媒体时代，信息内容不仅有媒体方面的参与，同时还有受众方面的信息参与，受众既是信息的接受者同时也是信息的创造者，可随时随地地将自己看到的内容通过视频、图片等方式，借助网站、论坛、微信、微博、QQ 等这些新的传播方式进行迅速的发布和传播甚至评价及建议，而不受制于传统的制度、格式及内容方面的要求，体现出更强的自主性。受众还能够根据自己需求自由创建网站、论坛、

微信、微博、QQ 群等，实现充分的、个性化的交流，范围更广，互动加深。

新媒体时代，信息传播更加碎片化，一些手机视频等能够迅速地将一些新闻媒体事件借助新的传播平台迅速传播，引起广泛关注，体现出的传播性、宣传性、针对性更强，而且这些信息的发布者会根据受众及自己的喜好和需求，提供具有较强针对性的信息内容，打破了传统媒体在信息传播方面的滞后性等缺点。

随着网络的普及，智能手机及智能电视等被广泛应用，使得企业借助新媒体提供客户服务有了更加广泛的群众基础。新媒体为企业开展客户服务提供新的传播平台，企业可以对客户信息开展分类汇总，根据客户的需求和消费喜好开发潜在客户，针对产品进行文字描述并配备相应的图片以及视频，更好地实施网络推广、广告植入等，从而扩大产品宣传的范围，促进产品宣传的有效性和时效性。基于新媒体平台的客户较为广泛，借助一些门户网站及搜索引擎能够进行广告的定制，同时根据客户的消费习惯等定制所需的关键词，还可以提高产品被检索的针对性，从而有效地促进产品的销售。

### （一）微博

微博，也就是微型博客，是一种通过关注机制分享简短实时信息的广播式的社交网络平台，最初也是最有名的微博要数美国的 twitter。客户能够利用 Web、Wap 等多种类的客户端注册个人社区，以 140 字以内的文字更新信息，同时完成实时分享。一般的公众都非常喜欢充当“报道者”，喜欢在传统媒体播报与政府新闻公布之前，先在微博上公布出最新的消息或者对突发事件进行“现场直播”。所以，微博被评价为是“杀伤力最强的舆论载体”。因为它吸收了手机短信、社交网站、博客与 IM 四项平台的优势。

由于微博目前大部分都是要实名制的，因此多数网民对微博非常信任，有调查表明，近乎 80%的网民会信任微博上发布的内容。所以，企业利用微博发布产品资料，受众对它的信任要比广告等传统媒体更深，并且因为微博能够和使用者交流互动，有助于客户知道有关产品的信息，这些都是广告之类的传统媒体难以做到的。

此外，由于微博信息更新速度快，并且内容传播很广，所以大部分网民都会把微博当作知晓重大事件的消息获得通道，而且它的评论功能也可以是很多网民对事件表达意见的平台，这便让微博变成了重大事件的舆论中心，而对企业而言这也是一种非常好的及时解决危机的手段。

总之，微博具有广泛的受众，是一种有效的营销方式，热门微博、微博头条具有较大的影响力。通过微博营销，可以利用感兴趣的话题、内容吸引受众，企业不必浪费大量人力、物力进行传播，节约资源。另外，微博还具有较强的煽动性，可以相对容易地将消费群体与品牌相结合，为品牌传播贡献力量。

### （二）微信

微信，英文名为“WeChat”，是由腾讯公司推出的一款手机免费应用程序，它不仅能够快速地发送文字、图片、表情、语音、视频，还能多人语音对讲和位置共享等，可以跨通信运营商、跨操作系统平台，具有零话费、跨平台沟通、显示实时输入状态等特点。与传统的短信沟通方式相比更灵活、更智能，且节省资费。微信自问世以来，紧紧围绕即时通信的核心功能，通过不断地丰富和完善，发展成为集沟通、社交、媒体、营销、工具五大功能于一身的平台化产品。

微信服务是网络经济时代下的一种新的服务方式，客户注册微信后可以订阅自己需要的信息，商家通过提供客户所需要的信息来推广自己的产品，宣传自己的品牌，从而实现点对点的服务。微信服务主要体现在针对移动客户端，商家通过微信公众平台，展示商家微官网、微会员、微推送、微活动，形成一种线上线下的服务方式。

#### 案例：微信上的用友服务

用友微信服务中心在确认客户求助后，会将派往现场的客服人员的相关照片等信息发给客户，使得客户可以对现场客服人员的身份进行核实，防止其他假冒的企业或客服人员对客户造成的损失。用友的现场客服人员到达客户约定的地点时，必须要通过微信进行位置签到。签到的时间、地点也都被记录在了系统中，这就意味着客服人员对服务的响应时间也同样被记录了下来。客服人员同样要通过微信签离才能最终确认本次服务的交付完成。客户在客服人员交付完成之后会收到用友微信服务中心发来的客户满意度评价表，客户可以通过微信直接评价此次的服务情况。

另外，有些经常发生的客户问题，如公司报表系统出了状况，客户可以直接通过用友微信服务中心的常见问题提交服务预约。用友客服人员收到预约后，会根据客户所属的服务商将相关服务请求信息用微信发送至具体的客服人员。该客服人员会通过微信直接和客户约定现场服务的时间、内容等。在之后的现场服务过程之中，客服人员同样会利用微信进行现场实时的签到与签离，这使得整个服务从开始到交付的每一个过程节点都是实时和透明的。

总之，用友将客户发来求助、服务现场的签到与签离、记录签到和签离时间、客户提交满意度评价、再次回访等一整套流程拓展至微信公众平台，使得现场服务做到了移动化、实时化、可监控、可协同。

### 1. 微信服务的优势

(1) 客户群庞大。目前微信的客户群已经突破 12 亿，并且仍在逐步上升，微信添加好友的功能不受地域和时间限制，而且添加的方式和渠道也得到了有效地扩大，手机通讯录、QQ 好友以及摇一摇、查找附近的人、扫一扫等功能都能添加好友。

(2) 受众精准。相对于微博这类的开放式网络社交平台来说，微信账号只有客户自己搜索并关注了才会收到信息。他们对群发信息通常没有抵触情绪，而且往往关注的都是自己感兴趣的内容，所以微信的信息展示具备了亲和力。

(3) 客户体验性强。微信支持的传播材料形式不仅局限于文字，还有视频、图片、名片、位置、表情、视频聊天和实时对讲等功能，另外，微信还有朋友圈、公众号、微信群等功能模块能够吸引客户参与其中，极大地增强了客户体验。

(4) 服务成本低。微信从推出之日起就强调它的免费，微信上的大部分功能是免费的，如发送即时消息、申请个人或企业微信公众号、发布朋友圈等；另外一些附加功能也是收费很低的，相对于电视广告每秒几万到几百万的花费，微信服务的运营成本极低。

(5) 服务精准、方式多。传统媒介是以“一对多”的形式广而告之，信息的传播与扩散是单方面的，客户很难第一时间接收到有效信息。利用微信可以对某一客户进行一对一、有针对性的消息推送。摇一摇、漂流瓶、附近的人、朋友圈等微信功能都能成为新的服务方式。

(6) 没有时间和空间的限制。在互联网平台下，利用网络的便利性，微信服务不仅仅局限于每周 5 天每天 8 小时，而是在一天 24 小时内都能够进行营销。互联网平台的存在极大缩短了企业与客户之间的距离，企业和客户之间在沟通上没有了时间和空间的限制，通过微信平台，客户能够快速地搜索到企业的产品信息，而企业也能够根据微信客户的使用习惯来针对性地提供服务。

#### 案例：良品铺子的微信服务

在没开展微信服务之前，最让良品铺子头痛的是，有限的线下实体店完全无法容纳品种丰富的产品，很多情况下由于储藏位置有限，爆款产品常常断货。

微信服务很好地解决了这一问题。良品铺子先将线下忠实客户聚集在微信公众号，之后只在实体店中展示零食样品，客户可以在实体店中体验产品。若决定购买，则由店员指导其在微店中下单，已购产品会从仓库直接邮寄至客户指定的地点。

紧接着，良品铺子开始运用微信服务优化物流链条，原本良品铺子得先向供货商拿货储存在库房，再从库房调货至每个门店，根据每家店的销售情况定时补货。但预售的方式将销售环节提到首位，良品铺子可依据销售的情况向供应商按量拿货，且产品可从供应商那里直接到客户手中，此举为良品铺子大大节省了物流成本。

2. 微信服务的功能

(1) 查看附近的人功能。查看附近的人是基于位置的社交技术功能插件，使用该功能能够使微信客户在一定范围内搜索到其他客户。企业要完善企业的名称和标识以及签名设计，从而在企业被附近的微信客户搜索到时，可以把企业和产品的相关信息传播出去。

这种功能还可以让企业添加微信好友时更加精准，企业拥有自己的微信号，并且进行头像和个性签名的合理设置，然后通过两种方式来添加好友——第一种就是通过客户使用查找附近的人这项功能，找到他感兴趣的企业并添加好友进行关注，这样双方可以进行下一步的沟通；第二种就是企业专门去到潜在客户多的区域利用查找附近的人这项功能来添加客户，就如同活的广告牌，吸引他人添加好友并关注。添加完好友后就可以适时推送一些和商家或产品有关的图片或信息。该模式适用于餐饮等具有较强零售能力的服务行业，面向的受众是周围现有或潜在客户，便于获得客户反馈信息。

微信的头像和名称很重要，有个好看的头像能意外增加一些粉丝，但不要去轻易改动头像和名称，而真实的头像能够在添加陌生人时加大通过率，理想的方式就是大方地将企业或个人的本名设为微信名。

(2) 扫一扫功能。扫一扫是通过二维码扫描的一种模式，当微信客户将取景框打开对准企业二维码进行扫描，就能关注该企业公众号或者获取一张该企业的电子会员卡，以此来促进客户长期购买。

**知识扩展：“二维码技术”在客户服务的应用**

企业首先生成自己的二维码，将优惠信息、宣传信息等想要传递给客户的信息存入其中，在客户使用扫一扫功能后便能获取这些信息，从而了解企业动态。该模式面对客户可以实现精准的定位，适用于能够满足大多客户日常生活需求的企业，尤其是很多企业通过扫描二维码进行折扣优惠，以此吸引更多的客户，从而实现自己的宣传推广目的。

二维码在客户服务场景中，其应用本质就是一种“代号”或者“凭证”，用来标识其内容数据及内容数据背后的服务。比如，健身会所的会员卡、餐饮

店的积分卡、SAP 养生美容等，扫一扫即可识别客户身份。同时能够根据客户视图内记录的以往的消费习惯、房间偏好、兴趣爱好，做出更好的安排或者人员配置。

(3) 漂流瓶功能。使用漂流瓶功能，企业可以将信息以文字或语音形式装进漂流瓶中，并将其投放到微信大海中，而捡到该漂流瓶的客户便可以获取相关的信息。因此，企业可以利用漂流瓶开发潜在客户、开展公益宣传与活动，以此来扩大品牌影响力。例如，在 2013 年，星巴克通过结合“温暖春日”的主题，用漂流瓶方式传播“恋上焦糖玛奇朵”等主题故事，并将其做成漂流瓶，通过不断地抛出捞起，实现口碑传播。

(4) 朋友圈功能。朋友圈是微信用户常用的一种功能，企业和客户可以构建自己的圈子，通过文字与图片等多种形式实现分享互动，同时，微信还允许企业在开放平台上对自己的应用进行接入。这样，通过开放的平台与朋友圈的社会化媒体，客户对发布信息的内容进行评论和推荐，实现了信息的分享与推广。微信朋友圈功能可以实现图片、文字、链接、视频在朋友圈内的传播，客户直接查看自己的朋友圈便可以了解到相关产品营销的信息。

朋友圈发什么？生活、娱乐方面的内容可让对方多了解你，并让对方真切地感受到你不是一个销售机器；产品常识方面的内容可给对方带来一种专业形象的感觉；销售业绩或荣誉方面的内容可以营造一种生意红火、专业可信，从而易被客户认可的感觉；服务经历，如帮客户处理问题的经过以及结果，最好配上图片，可以塑造出自己很有服务精神的形象；客户的感谢短信，将客户的感谢短信截屏在朋友圈，打造自己的形象；活动促销类信息可引起客户兴趣，带来沟通的可能，创造销售机会；最新新闻、热点话题以及其他信息可增加微信的趣味度，吸引对方的关注。

由于朋友圈传播信息的直观性、易查看性，如果发布的信息量过大、不真实等会引起客户反感甚至直接被屏蔽掉。因此朋友圈推送营销信息时需要注意发送信息的质量、频率、时间等。一般来说，朋友圈每天发 3～5 条比较适中，生活和产品推广穿插发，文案要短而精，要有底蕴，不要刷屏让客户反感。此外，多用提问的方式发朋友圈，如床垫买硬的还是软的好呢？另外，要结合热点事件去发朋友圈，内容要多样化，不能太单一。

微信还有分组功能，可以利用分组功能去添加标签，设置意向客户组/ 成交客户组/待跟进客户组等，合理管理朋友圈，方便后期有目的性地跟进。

(5) 微信公众平台功能。微信公众平台的主要功能是：互动沟通、客户管理和定制客服。

互动沟通就是信息的彼此交流，微信公众平台可以向关注它的客户发送信息，这种信息可以是服务资讯、产品促销，也可以是热点新闻、天气预报等，甚至可以与客户在平台进行互动，完成包括咨询、客服等相关功能。通过微信公众平台，企业可以方便地设置调查页面并且随时调整调查内容，客户则可以随时通过手机对服务进行评价，企业就可以在第一时间获得关于服务质量的反馈，清楚地了解服务的哪个环节存在问题，哪些客服人员存在问题，以便于及时纠正。一些餐厅通过在菜单上标注官方微信二维码，客户关注之后，可以对餐厅菜品进行评价，餐厅也可以向这些客户推送促销信息，为客户提供就餐指导。这样长期的线上与线下交流，可使经营者与客户建立良好的关系。

客户管理是指微信公众平台可以根据关注客户的一些特征，比如客户查询过哪些产品信息，接受过哪类服务，参加过哪些调查，参与过哪些促销活动等，对这些特征进行智能分析，将客户进行不同的分类，并存入客户服务数据库，作为后续宣传推广的基础和依据。

定制客服主要是通过“自定义菜单”功能来完成的，通过“自定义菜单”开发出不同的服务功能。

另外，微信公众平台还可以对客户投诉进行处理，企业可以在微信公众平台设立投诉、意见箱，并要求相关负责人对所有投诉内容给予足够重视，以及要求相关部门进行事后跟踪。

如今，微信公众平台已经成为极佳的客户服务平台。一个企业的微信公众号，不仅代表着企业的形象地位，更能体现出企业的内在文化。因此，在创建企业的微信公众号时，不仅要贴合企业自身的形象气质，更要体现出企业的内涵，使得客户在搜索企业公众号时给人耳目一新的感觉。

### 案例：南方航空通过微信公众平台让客户体验模拟服务

2013 年 1 月底，中国南方航空公司正式在自己的微信公众平台推出了其研发的值机服务功能，客户可以通过南航的微信公众平台按照提示信息自助获得电子登机牌，还可以自主进行选座。选座时，客户可以清楚地看到各个舱位的座位情况。哪个位置挨着过道，哪个位置靠近窗户，一目了然。有人的座位会被涂成灰色，没人的座位可以点击选择，非常方便。南航利用微信公众平台，将很难描述的值机服务进行模拟演示，那些没有享受过这种服务的客户可以通过演示图，马上了解整个值机服务的过程。

除了自助值机服务，南航陆续又推出了其他功能。如客户可以通过南航的微信公众平台预订机票、查询航班的起降情况，还可以查询和兑

换会员里程，了解出行指南、当地城市的天气情况，以及进行货物运输情况查询，甚至连机票的真伪都可以查询。另外，南航的微信公众平台还支持语音服务，如直接说“北京飞上海”，所有相关航班和价格信息都会显示出来。这些功能都是基于微信公众平台所开发的，方便实用。截止到2013年8月，关注南航微信公众平台的客户数量已经接近了60万。这一切都说明南航的微信公众平台得到了客户的认可和接受。

(6) 聊天群功能。客服人员可以利用聊天群这一功能创建或加入聊天微信群，当然，客服人员创建或加入微信群之后，不能立即发送产品相关内容广告，而应与群里的人员进行积极的交流，良性互动，与群里的人拉近关系后方可进行产品推荐。

# 第二节　大数据与人工智能在客户服务中的应用

## 一、大数据技术

### (一) 数据挖掘技术的应用

数据挖掘是从大型数据库中提取人们感兴趣的知识，这些知识是隐含的、未知的、有用的信息，提取的知识表示为概念、规则、规律、模式等。

首先，客户画像。交互设计之父 Alan Cooper 最早提出了客户画像(persona)的概念，客户画像又称人群画像，是根据客户人口统计学信息、社交关系、偏好习惯和消费行为等信息而抽象出来的标签化画像，包括客户基本属性、购买能力、行为特征、兴趣爱好、心理特征、社交网络等信息的画像。企业可以基于客户终端信息、位置信息、消费等丰富的数据，为每个客户打上人口统计学特征、消费行为和兴趣爱好标签，并借助数据挖掘技术(如分类、聚类、RFM 等)进行客户分群，完善客户的360度画像，深入了解客户的行为偏好和需求特征。

其次，精准服务和个性化推荐。企业在客户画像的基础上对客户特征的深入理解，可以为客户提供定制化的服务，优化产品和定价机制，实现个性化营销和服务，提升客户体验与感知。

最后，客户生命周期管理。客户生命周期管理包括新客户获取、客户成长、客户成熟、客户衰退和客户离开五个阶段的管理。在客户获取阶段，可以通过算法挖掘和发现高潜客户；在客户成长阶段，通过关联规则等算法进行交叉销售，提升客户人均消费额；在客户成熟期，可以通过大数据方法进行客户分群(RFM、聚类等)并进行精准推荐，同时对不同客户实施忠诚计划；在客户衰退期，需要进行流失预警，提前发现高流失风险客户，并做相应的客户关怀；在客户离开阶段，可以通过大数据挖掘高潜回流客户。

### （二）大数据技术在客户服务中的应用

大数据具有5V特点：volume(大量)、velocity(高速)、variety(多样)、value(价值密度)、veracity(真实性)。大数据分析指的是在数据密集型环境下，对数据科学的再思考和进行新模式探索的产物。随着大数据技术的发展，企业可以得到关于客户的各种数据，如年龄、性别、住址、收入、购物习惯……甚至可从众多的数据中勾勒出客户的虚拟画像。

大数据的计算和运用，可以帮助企业收集并对消费数据进行分析，可推断出客户的个人偏好、需求等，进一步预测客户将来的购物行为和需求，从而将相对应的产品信息精准地推送到客户面前，最大程度挖掘市场机会。例如，美国的一个经典案例讲的是一个16岁女孩因收到商场孕妇用品的促销券，使她的父亲愤怒地找到商场讨公道，却没想到女儿是真的怀孕了。原因是这家商场基于大数据分析，在很小的误差范围内预测到了女孩怀孕的可能性，从而及早抢占了市场先机。

#### 案例：大数据技术在商业银行客户服务的应用

商业银行通过对大企业的经营管理状况、资金周转周期、竞争对手经营状况等数据进行分析，可以对大企业客户提供系统、及时的服务，满足大企业客户在资金使用上的及时性需求，从而增加客户对商业银行的黏性，增强满意度、忠诚度。

同样，商业银行大数据技术对中小企业的风险状况、信用进行评估，能够迅速对中小企业客户融资问题做出决策。同时，商业银行通过大数据可以帮助中小企业提高闲置资金的利用率，提高中小企业的还款能力，降低商业银行的风险。

对于个人客户，商业银行可以通过个人客户的账户数据、交易消费数据、电子平台操作记录数据分析出个人客户对风险的偏好、消费习惯、消费能力等信息，从中识别出商业银行所需要的优质客户，并采取个性化的服务来满足不同客户的需求。

此外，商业银行通过大数据对已流失客户群体的业务、行为习惯等因素进行分析，可以清楚流失的客户群体的特点、出现流失的原因，根据实际情况采取相应的策略进行挽回。

在大数据时代下，基于大数据分析提取出背后的数据逻辑，从而准确地预测、分析市场，在此基础上制定出相应的服务策略将更准确、更有针对性，也更实用。基于大数据分析平台，还可通过购买集中度分析等，集中更多的促销资源回馈高价值、高贡献的客户。

大数据、云计算等不仅是技术的变革，也改变了人们的思维方式，即从以前的因果关系的挖掘转变为如今对相关关系的挖掘。因此，管理者通过对客户的所有数据进行相关性分析、聚类分析，可对客户群体进行偏好分类、年龄层分类、消费习惯分类等，根据类别做出相应的销售策略、服务策略以期满足客户的个性化需求。

以马蜂窝提供的旅游服务为例，客户通过马蜂窝的网站、应用软件进行在线搜索、购买旅行服务的同时，线上相关的浏览数据如目的地、旅游时间段、机票航班、酒店住宿、游玩项目等数据会传到云端，结合其他客户的个人数据，马蜂窝可对该客户的行为偏好进行聚类分析，从而为该客户推荐相应的旅游服务项目，贴合其旅游服务需求。

### （三）运用数据库可以实现客户服务及管理的自动化

客户数据库还能强化企业跟踪服务和自动服务的能力，使客户得到更快捷和更周到的服务，从而有利于企业更好地保持客户。通过对客户历史交易行为的监控、分析，当某一客户购买价值累计达到一定金额后，可以提示企业向该客户提供优惠或个性化服务。

另外，企业建立客户数据库后，任何业务员都能在其他业务员的基础上继续发展与客户的亲密关系，而不会出现由于某一业务员的离开造成业务中断的情况。

#### 案例：澳大利亚国民银行运用客户数据库实现对客户的自动管理

澳大利亚国民银行是一家全球性的大银行，它每天都会将所收集到的客户信息放在数据库中，并且设定了一些智能分析机制，对客户交易状态进行管理。例如，对一些非正常的交易金额，即大额的提款和大额的存款进行专门的处理，一旦有异常客户状态发生，客户数据库就会自动做出相关统计，并将统计的结果提交给营销部门的人员，由营销人员及时与客户进行沟通，找出客户状态异常的原因。

一次，银行发现一位77岁的老人取了很多钱，细问后才知道老人提款是为了给女儿买房子，于是银行立即与其女儿联系，表示愿意为其提供买房贷款。结果，老人又将从银行提的款项全部存回银行，而且银行为其女儿提供了一笔贷款，老人的女儿也将自己在其他银行的存款转存到这家银行——一举三得，银行和客户共同受益。

## 二、人工智能技术

人工智能是一种便利且有效的服务形式，客户通过服务企业提供的技术界面，按照服务规范与标准化流程，在没有客服人员直接参与的情境下，自行生产并消费服务。

随着电子计算机技术和自动化技术的发展，人工智能也逐渐发展了起来，越来越多的企业积极提供电子自助设备、电话语音系统等人工智能技术来降低运营成本并且同时又能满足客户对服务的需求。如自动取款机、自助售货机、航空公司的自助订票系统、电信企业的自助充值系统、旅馆的自助结账系统、金融系统的网上银行等都属于人工智能。

目前以网络为基础的人工智能已成为电子商务的重要组成部分。由订单发放、存货管理，以至实时技术支持及客户指令修订，互联网人工智能方案都可让客户、业务伙伴及员工随时随地获取所需信息。

### （一）人工智能的特点

#### 1. 技术依赖性

在人工智能中，技术发挥着重要作用，人工智能的平台、流程都是以技术为基础，可以说服务机构与客户是在以技术为媒介完成服务的生产和消费，人工智能高度依赖技术。

#### 2. 便利性

传统的人工服务需要客服人员与客户同时在场，这就对服务接受的时间、地点等方面有诸多限制。人工智能则打破了时空和人际接触的限制，基本提供全天候服务，网络平台、移动客户端等渠道更是可以足不出户，客户就可以自由选择技术界面来接受服务，为客户带来了极大的便利。

#### 3. 流程性

人工智能采取的是标准化服务模式，服务企业预先设定好服务规则和服务流程，然后客户在使用时选择自己需要的功能和模块，按照预设流程来进行操作。

### （二）人工智能服务的优点

#### 1. 智慧化地与客户沟通并提供服务

人工智能可以智慧化地与客户沟通。智能语音客服主要运用了语音识别功能和语音数据挖掘功能，当客户提问的问题简单的时候，语音客服可以直接回答客

户的问题。如果问题比较复杂则会转接人工服务来为客户进行解答。智能文字客服会记录客户在网上银行和电子银行上的操作，通过后台系统智能分析客户可能遇到的问题。当客户点击客服的按钮时，文字客服会智能地为客户提供问题以及最近客户提问到的热点问题。只要客户点击问题或者提问其他内容，智能客户就会迅速对其进行解答。

人工智能的语音识别技术、人脸识别技术、情感感知技术，能够识别客户并且在和客户交流过程中熟悉客户，回答客户提问的问题、介绍产品、语音引导客户办理业务，在客户输入数据办理业务的时候，人工智能可以将数据输入后台进行分析，了解客户的需求，智能地向客户进行产品推荐。

**案例：马云的“智能加油站”**

马云的“智能加油站”与现在的加油站有天壤之别：进入、加油、支付、离场，没有一个服务员、收银员。这种情况下，还不需要车主下车，连油箱盖都不需要自己去拧……

从此以后，我们加油的过程，将变成这样：

第一步，汽车进场，自动识别车牌。你开的什么车、淘宝账户是哪个、应该加什么油，全自动读取识别(事先需要在支付宝或者淘宝里绑定车辆和车牌)。

第二步，到画线框里完成停车，摄像头精确锁定汽车位置。

第三步，搭载红外摄像头的“机器人”(一支机械臂)自动帮你打开油箱盖。

第四步，自动选择汽油——加油——油满拧上油塞——关上油箱盖。

第五步，直接开走，将从支付宝或者淘宝账户中自动扣款。

这个加油站不用排队、不用动手、不用结账，没有收银员，更没有现金交易。这一次加油站真的被颠覆了，意味着加油站可能彻底不需要人工。有了这样的加油站，会减少大量人力成本，让加油的效率更高。另外，今天来加油的什么车最多、今天 92 号汽油加得多还是 95 号加得多、平均加油时间是多少，甚至可以分析出车辆的真实油耗……掌握了这些数据，加油站将可能比车管所、交通局在某些方面对车辆更加了如指掌。

**2. 确保客户服务的稳定性**

我们知道，造成服务差异性的主要原因是不同的客服人员提供的服务往往不同，另外，同一个客服人员在不同的状态下，提供同样一项服务也会不一样。因此，为了降低和减少服务的差异、确保服务质量，除了对客服人员进行管理外，企业还可以让机器代替部分客服人员。在机器代替客服人员的情况下，可以克服由于不同的时间、不同的地点、不同的状态、不同的客服人员等方面造成不同的服务水平。这是因为与人相比，机器所提供的服务要稳定得多，用机器代替人可以以“绝对标准”的服务为客户提供无差异的服务。

例如，现在很多的餐馆都已经使用 iPad 进行自助点菜，客户自己通过 iPad 点菜品，先选择哪种肉类和素菜拼成一锅，选择不同口味的酱汁，再从不辣、微微辣、微辣、辣、非常辣中选择辣的程度，然后选择其他的菜品或酒水饮料，最终确认菜单。这时后厨便自动收到客户刚才所点的相应菜单及桌号。在这个过程中，各种菜品、酱汁等的特点都有清楚的文字、图片描述，还有厨师制作的工艺流程的视频都可以观看到。不会因为服务员介绍得不仔细而使客户没有了解清楚某些菜品，更不会因为服务员的疏忽而上错了菜品或酱汁。通过这种方式，消除了在这一系列复杂过程中由于服务员个人的过失所引起的服务质量差异。

### 3. 提高客户服务的效率

例如，零售商店使用条形码扫描机查阅产品价格，加快了结账收款速度，提高了结账的工作效率和精确性，也缩短了客户的排队时间。

商业银行采用机器人服务的方式可以减轻大堂经理的工作压力，缩短业务办理和排队的时间，提高业务办理的速度。

自动售货是通过自动售货机或其他自助售货设备来销售商品的一种形式，如自动售报、机场的自助办理登机卡、地铁的自助售票等，都是典型的自动售货方式。自动售货机一般被摆放在商店、医院、机场、地铁和其他一些公共场所内，以便于客户购买，同时提高渠道覆盖率和销售效率。自动售货主要用于饮料、休闲食品等包装比较标准的商品销售，随着信息化水平的提高，这种渠道模式越发普遍。

例如，零售商在机场的电话亭设立自动购物点，客户能够看到在电视屏幕上介绍的各种产品，如玩具、箱包、图书等，客户可以触碰屏幕，点击感兴趣的产品，屏幕上的视频就会自动介绍此种产品的优点。如果客户想订购，可以再点击屏幕，指明对包装、送货、签收的要求。最后客户将信用卡插入机器的收银口，整个交易即完成了，所购的商品会很快送到指定地点。

又如，阿里巴巴推出的移动互联网应用“手机淘宝”，客户通过手机搜索相关信息，确定要购买的商品，自己选择型号、大小、颜色等个性化的信息。然后通过手机支付付款，卖方收到订单后要做的只是将货物通过物流公司发出即可。有的淘宝卖家一天可以完成上万份的订单，这是在商店里摆摊、一手交钱一手交货的卖家所难以想象的。

## 案例：南航e行

南航e行是中国南方航空股份有限公司通过移动端官方平台，将移动互联网和航空出行的全流程服务结合起来，整合航空旅行上下游行业资源，为旅客及合作伙伴提供全流程一站式电子化服务的总称，包括南航App、南航微信公众号、南航e行小程序等，帮助旅客及合作伙伴实现“一机在手，全程无忧”的目标。

南航e行围绕旅客出行的6个节点——出行前、去机场、在机场、飞行中、到达目的地、出行后，根据场景划分在线上提供一站式服务。旅客可使用手机通过南航e行了解机票价格、行李限额、预订机票和机上餐食等服务，并可提前办理选座和值机，了解目的地信息等，还可以一眼阅知出发地、目的地、航班时刻等重要信息。如果是国际航班，还能切换显示当地时间和北京时间。旅客还可拿着预先打印好的登机牌或者通过手机二维码，便捷地完成安检和登机等流程；通过南航App查询行李托运状态以及机场值机、安检、登机、餐饮娱乐等区域位置信息；若遇到航班延误，还可通过App进行航班延误证明自助打印及退改签办理。旅客可以在航班起飞前通过南航官方电子渠道获取电子登机牌，无须再排队打印纸质登机牌，大大节省了旅客在值机柜台的等候时间。凭借一部手机，就能办理订票、支付、值机、安检、登机全流程服务，极大地提高了出行效率，也能极大地节省纸张资源，保护环境生态。

智能客服“小南”是南航目前最年轻的智能客服人员，是南航智能化、信息化手段引入客户服务的最新成果。目前它可以提供全国天气、目的地查询、航班动态、航班时刻等信息查询功能，同时它也可以进行语音影像识别，通过识别旅客的声音后和旅客进行对话。

### 4. 降低企业的成本

例如，银行通过安装自动存取款终端、部署人工智能机而减少了人力；航空公司通过在线人工智能减少了客服电子邮件流量，旅客在机场的自助终端办理登机、选位而减少了人力。

又如，企业通过设置电话语音及客服人员指引流程等方式，对习惯使用电话呼入的客户，引导其将来使用网站上的自助查询工具、自助下单平台、网上付款方式等，即把一些常规内容转移到网上，就可以有效减轻一线客服、客服人员的压力和成本，让这些资源高效地投入其他特殊操作的服务上。

吴国平在“外婆家“用了一招干掉了不少大厨，就是引入了一个叫蒸烤箱的新技术，可以同时做多种菜品，减少大厨的参与。除了标准化和流程化，工业思维还教会了吴国平一件事，那就是极端的“抠门”。在很多饭店门口排队的时候，是人工写号码，人工叫号，而“外婆家”则有个“外婆喊你吃饭啦”的叫号系统，这样一来，就把迎宾员工的工钱省下了。

## 延伸阅读

### 半数职位可能在未来被机器人或人工智能取代

日本智库野村综合研究所与英国牛津大学合作，调查计算机应用对日本国内601种职业的潜在影响，这些职业的从业人数总计达4280万。根据研究人员设定的标准，如果一项职业66%以上的工作内容可由人工智能或机器人完成，即被视作“可被取代的工作”。研究人员计算后发现，日本劳动者中，49%的人可由电脑代替。牛津大学研究人员之前在美国和英国进行的类似研究显示，美国可能被机器人取代的职位比例为47%，英国为35%。

按照研究人员的推测，容易被电脑取代的职业包括普通文员、出租车司机、收银员、保安、大楼清洁工、酒店客房服务员等。研究人员认为，这些职业“不需要特殊知识和技能”。相对而言，被取代可能性较低的职业包括医生、教师、学术研究人员，以及导游、美容师等需要人际沟通的职业。不过，野村综合研究所指出，这项研究只表明电脑取代人工“技术上的可能性”，没有考虑各种职业牵涉的劳动力供需平衡等社会因素。

由于劳动力短缺的压力，日本在机器人研究和应用方面处于全球领先地位。英国广播公司报道，日本企业使用工业机器人的数量已经超过25万，居全球首位。此外，日本拥有全球第一家机器人酒店，研发出一系列可用于抢险救灾的机器人，还有外形“高度仿真”、定位为“专业演员”且已经担任过电影女主角的情感机器人等。

专家指出，机器人代替人类完成诸如数据录入、驾驶汽车、酒店前台服务员等工作，并不意味着人类将“无所事事”。由机器人承担“服务性工作”的目的在于把人类从体力劳动中解放出来，从事更多需要创造力、同情心等“人类特质”的“更有趣的工作”。

### （三）通过人工智能提供服务的注意点

对于技术控制能力强、对新鲜事物充满好奇的客户来说，他们很愿意去感受人工智能，因为节省了包括时间、金钱、精力等在内的成本，接受服务更加方便、

灵活，对服务过程有更多的控制权，并且能够享受人工智能技术的乐趣。然而，对于性格急躁且不具备基本操作技能、对新事物会有距离感的客户来说，通常不愿意使用人工智能，更有甚者会避而远之。因此，企业提供人工智能服务要注意以下几个方面。

1. 要给客户带来更好的体验

人工智能所带来的体验价值应高于原有的服务或至少保持同等水平，例如，能够节省时间、人力、成本或带来更高的便利性，否则客户可能还是偏好传统的服务方式。

2. 消除技术障碍

人工智能的界面必须很友善，能够让客户容易使用。例如，人工智能的成功率在银行及零售领域高是因为网上银行技术与电子商务已具备了一定的成熟度，而这两个领域的客户对自动系统和电子信息交换系统也有了相当的适应度。

3. 消除风险顾虑

要不断提高人工智能设施、设备的性能，确保人工智能提供的服务是可靠、稳定的。要在人工智能终端旁边配备专门的客服人员，且对客服人员进行专业培训，随时示意会给予客户使用帮助，消除客户的心理压力以及技术焦虑感，并使操作更加顺畅。

4. 培训客户

例如，对客户进行相关技术的培训，使他们掌握使用人工智能的操作技能，这样不仅使客户免去操作烦恼，还能增进企业与客户之间的关系，形成良好客户口碑。

5. 适当奖励客户

企业可妥善地鼓励和引导客户参与人工智能提供的服务，能够不在前台办理的业务尽量不到前台，自助系统能够解决的问题尽量使用自助系统，并且给予接受人工智能服务的客户以适当的奖励和回报。

总的来说，实施人工智能服务在文化和技术上不可避免地会面对一些障碍，但是，只要企业真正做到倾听客户，注重客户体验，那么人工智能一定能够变为一种客户喜爱的选择。

# 第三节 呼叫中心技术在客户服务中的应用

在日常生活中，我们常常可以足不出户，通过电话就能购买到所需的产品、享受到所需的服务——不知道如何使用刚刚买来的笔记本？打个电话给厂家或商家问题就解决了；电脑出了故障？打个电话就有人迅速上门来检修；没有时间到商场？打个电话就有人送货上门；想旅游吗？打个电话就能订下航班，还能预定到达目的地后的住宿和餐饮；想支付或转账吗？打个电话给银行立马就搞定。

这些就是我们在充分享受着通信技术的发展带来的舒适与方便，之所以能够这样，都是因为在一个个电话号码背后运行着采用先进的通信技术、计算机技术及二者集成技术的称之为呼叫中心的服务系统。

呼叫中心技术在客户服务中的应用主要体现在以下几个方面。

### （一）协调内部管理，为客户提供一站式服务

通过呼叫中心，可将企业内分属各职能部门的客户服务集中在一个统一的对外联系“窗口”，采用统一的标准服务界面，最终实现一个电话解决客户所有问题的目标，有助于进一步协调企业的内部管理，避免了企业内部门之间相互扯皮、推诿的现象，有效地为客户提供高质量、高效率、全方位、“一站式”服务。

### （二）提高企业运作效率，降低服务成本

由于高新技术的采用，呼叫中心有效地减少了通话时间，降低了网络费用，提高了员工及业务代表的业务量，特别是自动语音应答系统可以将企业员工从繁杂的工作中解放出来，去管理更复杂、需直接和客户打交道的业务，提高了工作效率和服务质量。无须增加客服人员，企业便可以提高服务的等级，同时提高业务代表的利用率。在提供新产品、新业务或增加新系统、新设备时，也能够减少业务代表的培训时间。此外，呼叫中心统一完成语音与数据的传输，客户通过语音提示即可轻易地获取数据库中的数据，有效地减少每个电话的时长，每位座席工作人员在有限的时间内可以处理更多电话，大大提高电话处理的效率及电话系统的利用率，降低企业成本。

### （三）提高客户满意度，强化客户忠诚

呼叫中心可为客户提供一些普通营业网点提供不了的服务。例如，自动语音

设备可不间断地提供礼貌而热情的服务，即使在晚上客户也可以利用自动语音设备提取所需的信息，而且由于电话处理速度的提高，大大减少了客户在线等候的时间。呼叫中心的座席代表可以在接听电话时从计算机屏幕上了解有关来电客户的基本信息，如客户的姓名、住址、个人爱好等。根据这些资料，座席代表就能为客户提供更加亲切的“个性化”服务。这就可以减少向客户提供所需信息的查询与响应的时间，因此服务质量得到提高，增加了客户价值，提升了客户满意度。另外，不少呼叫中心在接受客户呼叫的同时，也能主动向客户进行产品宣传，实现客户重复购买，在扩大市场份额的同时也强化了客户忠诚。

### （四）提升企业商机，优化资源配置

呼叫中心集中了企业所有的客户信息资料，并进行完善的客户信息管理、客户分析、业务分析等，从而帮助企业判断最有价值客户，留住企业的老客户，找出客户的需求并满足，在挖掘商机的同时，为企业的发展、决策提供事实依据。呼叫中心也为企业提供了更好地了解客户、与客户保持联系的机会，使企业能从每次呼叫中捕捉到新的商机。呼叫中心的建立还有助于企业充分掌握客户的情况，使企业能在自身资源和能力范围内，合理分配企业有限的人力、物力、财力，按业务重要性程度达到资源的最优化利用，实现资源优化配置。此外，呼叫中心同互联网结合起来，就形成了互联网呼叫中心，它能够通过互联网实现语音呼叫、文本交谈、电子邮件和回呼等功能，给客户提供方便、快捷的个性化服务，从而增强业务代表为客户提供帮助的能力。互联网呼叫中心可在庞大的数据库基础上实现个性化服务。互联网呼叫中心还为网站的访问者提供了多种选择，以适应客户的不同需求、喜好及系统配置。例如，客户可利用“PC机-互联网-呼叫中心语音”的连接方式同业务代表交谈；可以通过互联网呼叫中心和业务代表进行文字“交谈”；可以通过网站界面要求业务代表电话回呼；还可以发送电子邮件，传递给具有相关知识的业务代表进行处理。

**知识扩展：**座席代表服务过程的几个关键点

1. 快速理解客户问题

在呼入型呼叫中心，客户主动拨打电话过来，是有明确的服务需求的，但每个人的教育程度、表达方式、表达习惯和生活环境不一样，导致每个人表达出来的效果不一样，座席代表只有快速理解客户的问题和需求，才能有针对性地提出解决方案。座席代表除了应具备基本的理解能力外，还要在日积月累中，积累客户不同的提问方法，掌握客户询问的一般规律，学会在交谈中找准客户的需求。另外，呼叫中心也应该在培训中增加案例教学，把日

常收集的一些应对场景通过案例教学或制作应答口径的方式告知座席代表。

2. 快速找到解决办法

理解了客户的问题和需求后，应针对这些问题进行剖析和解答，这个过程要求座席代表业务熟练，答案是准确的、指引是清晰的。为此，座席代表要经常进行业务培训，同时，后台要在业务讲解、知识库架构清晰、及时更新方面做好充分的支撑。座席代表向客户回答问题时，需要以知识库作为依据，如果知识库混乱，不易查找，或者业务未能及时更新都会影响座席代表快速解决问题的效果。

3. 简单明白告诉客户

“沟通不在于你说了什么，而在于对方听到了什么”，所以员工理解了客户的问题并找到解决方法后，要简单明白地告诉客户。这要求员工要不断提升自己的沟通处理能力，不断总结各种问题出现的解决办法；要求培训管理部门经常总结沟通技巧的案例和方法，及时对座席代表开展话术培训和案例教学。

## 思考题

1. 哪些服务适合通过互联网提供？
2. 微信服务有哪些优势？微信服务有哪些功能？
3. 大数据技术在客户服务中应怎样应用？
4. 人工智能服务的优点是什么？通过人工智能提供服务的注意点有哪些？
5. 呼叫中心技术在客户服务中应怎样应用？

# 第六章　客户服务的时空管理

## 引例：第三生活空间

英国学者布西蒙说，星巴克和其他咖啡馆一样，都是填补了“人们与他人建立联系的内心渴望”，但与18世纪伦敦的咖啡馆和20世纪50年代纽约的咖啡屋不同的是，“星巴克让你感觉同样可以在公共空间里享有独立”，即第三生活空间——家和办公室之外的第三个地方，一个可以休息、阅读、思考、写作，甚至发呆的地方。星巴克也愿意将自己称为“家以外的另一个家”。据调查，美国人光顾星巴克的前三大原因中，第一是“第三生活空间”，第二是会面地点，第三是因其饮品。

在星巴克店里，精湛的钢琴演奏、经典的欧美音乐背景、流行时尚的报纸杂志、精美的欧式饰品等配套设施，营造出一种高贵、时尚、浪漫的氛围，这种独特的“星巴克体验”，让全球各地的星巴克店成为人们除了工作场所和生活居所之外温馨舒适的“第三生活空间”。柔和的灯光、软软的大沙发与木质桌椅，随便挑一张椅子坐下，就可以把自己放松在音乐混着纯净咖啡香的氛围中。如果你是常客，不用开口，店员就会送来常点的饮料，在陌生的人群中，享受一点熟悉的礼遇。让客户感到放松、安全的地方，也是有归属感的地方，在这里，客户们心情放松，并享受交际的乐趣。

客户服务需要一定的时间，也需要一定的环境，因而做好客户服务需要注意对客户服务的时间及环境的管理。

# 第一节 客户服务的时间

时间是宝贵的资源，企业为了方便客户及更好地服务客户，一方面应当尽力延长为客户服务的时间，另一方面应当尽力减少客户等待服务的时间。

## 一、延长为客户服务的时间

例如，医院为方便上班族和学生看病，将服务时间延长到晚上 8 点，甚至有的医院推出“24 小时接收住院病人”的服务；银行为了方便收摊比较晚的小业主而提供 24 小时营业。

又如，汇丰银行把有些分支银行改为昼夜银行业务中心，客户可以在自己方便的时候管理自己的账户。同时，还建立起了电话及 e－banking 银行业务，方便客户使用自己的账户及利用电话和互联网随时随地进行交易，节省了客户的时间成本。

此外，超市在春节期间将服务时间延长，会计师事务所在繁忙的旺季晚上和周六也营业，书店每逢周末延长营业时间，公园在节假日延后关门时间……这些都可以在一定程度上增加服务供应，满足客户的需求。

海尔在全国推出“快乐三全服务”——全天候服务，即 24 小时电话咨询服务、24 小时服务到位、365 天服务等；全方位登门服务，即售前详尽咨询服务，售中送货上门，售后建档回访、上门调试、解决各类问题；全免费义务服务，即保修期内维修、服务、材料免费，保修期外也免收维修费。

摩托罗拉公司有句话值得深思：我们不关照客户，那么别人是会代劳的！

## 二、减少客户等待服务的时间

等待是每个人生活中的一部分，等公交车、等绿灯、等电梯、等上菜、等结账……美国人对自己的一生进行过调查，用在吃上的时间是 6 年，名列第一，等待服务的时间是 5 年，名列第二。尽管等待是日常生活中常见的现象之一，但对客户来说，等待时间长毕竟不是什么愉快的事情，会极大地影响他们的满意度。国外的研究成果就表明，83%的女性和 91%的男性会因为结账需要排队而停止购物。除非客户认为获得了物超所值的服务，否则很难抹去等候在客户心中的阴影。

如今，对客户反应时间的长短已经成为某些行业，如快餐业、快递业、资讯业成功的关键因素。因此，在保证产品与服务质量的前提下，企业应高度重视服务速度，减少客户等待服务的时间。那么如何才能减少客户等待服务的时间呢？

## (一) 增加人手、交叉培训“多面手”

### 1. 增加人手

企业可采取在需求高峰期间增加人手，雇用全日制或非全日制的雇员等方法。

例如，麦当劳的雇员中很大一部分员工属于非固定员工；欧美国家的邮局在每年圣诞节期间都特别繁忙，为此要雇用许多临时人员。

### 2. 交叉培训“多面手”

企业还要加强职工的交叉培训，让员工掌握多项服务技能，成为一专多能的多面手，并且在员工职务设计工作中强调工作任务的灵活性。那么，在需求高峰时期企业就能抽调空闲的员工去紧张的第一线，从而减少客户等待服务的时间。

例如，麦当劳的员工经过多面手培训，使得前台不同岗位的员工可以互相补充替换、互相增援。在超级市场中，当收银机前排了很长的队，看守货架的储货员可以临时充当收银员，以减少客户的等待时间；当结账的客户不多时，一些收银员也可以帮忙去整理货架，为客户做导购。这样不仅可以减少客户等待服务的时间，而且有利于培养团队精神，也可以将员工从单调乏味的工作中解脱出来。

总之，企业要对职工在知识、技能、态度和行为方面进行交叉培训，并增强员工之间的合作，同时进行适当的授权和必要的激励，从而增加服务供应，满足客户的需求。此外，客服人员应加强内部沟通，如果接待人员了解了客户的具体要求，就应该及时通知其他员工做好准备，共同为客户提供优质服务，从而缩短客户在各个服务环节的等待时间。

## (二) 采用现代化的工具、设备、系统和流程来提高服务效率

### 1. 采用现代化的工具、设备来提高服务效率

例如，自选商场使用自动扫描设备，可加快结账服务速度；铁路部门提速以适应不断增加的客流；银行设置了自动柜员机、存折自动打印机、自动点钞机以提高服务效率，使客户存取款的时间大大缩短。

又如，必胜客的服务员把订单的编号输入一个如计算器一般大小的手掌装置，然后把信息迅速传递给天花板上的小型接收器，由这个接收器把订单的信息下载给厨房。有的餐厅还安装了触感式的台面菜单，由客户自己完成点菜的工作。

### 2. 采用现代化的系统来提高服务效率

例如，世界著名的花王公司在销售其产品的商场中安装摄像头，以此来记录每位客户在决定购买“花王产品”时所用的时间。“花王公司”根据这些信息改进

了产品的包装和说明，对产品摆设进行重新布置以及调整产品品种的搭配，让客户可以在最短时间内完成消费行为。经过产品摆设的重新布置和品种调整后，客户决定购买花王产品所用的时间比过去少了 40 秒。

上海强生出租汽车公司已将原来的电话叫车的时间从 15 分钟缩短到 5 分钟。叫车的乘客不管在上海市区的哪个角落，只要拨通电话，“强生”车在 5 分钟内均会到达乘客的面前。而且，不管车从多远的地方开来，车费与扬手叫车都是一样的。该公司推出“电话叫车 5 分钟到达”措施以来，出租车准时到达率为 99.8%，乘客投诉率为零，而每天叫车量超过 5000 人次。

#### 3. 采用现代化的流程来提高服务效率

麦当劳的整个系统是工程式的，并依照严格的技术原则作业：每个汉堡的包装纸以颜色来暗示汉堡的佐料，汉堡放置于加热的容器中，可供应急切的需求。麦当劳通过制定汉堡制作的工艺标准，不但缩短了烤制时间，且保证了质量，确保服务的迅速、清洁和可靠。此外，当客户排队等候人数较多时，麦当劳会派出客服人员给排队客户预点食品，这样，当该客户到达收银台前时，只要将点菜单提供给收银员即可，提高了点餐的速度，同时，实施预点食品还能降低排队客户的“不耐烦”心理，可谓一举两得。

如果你是美国租车公司 Avis 的老客户，当乘飞机到达目的地后，可以直接到 Avis 在机场的停车场，这时钥匙已经插在车里面，发动汽车就可以把它开走。只要在停车场门口把证件给工作人员看一眼，没有任何多余的手续。这样周到的服务节省了客户的宝贵时间，提升了客户的感知价值，也提高了客户的满意度。

### （三）适当简化或降低服务标准

企业可以检查现有服务工作程序和方式，将不必要的部分剔除，将烦琐的予以简化，在保证服务质量的前提下，只提供主要的服务项目，或执行基本性的服务工作，而把次要的服务内容略去，以提高服务的供给速度，减少客户等待服务的时间。

例如，有家来自新加坡的公司便看准我国香港地区人们生活的快节奏，将“10 分钟快速剪发”概念带来香港。剪发服务一律收费 50 港元，不设洗发、吹发、染发服务。这一发型屋在香港一家大型商场试营业，每天至少吸引 100 人光顾。该公司之前曾对香港人做了问卷调查，大部分受访者表示，最不满的是在发型屋理发花太多的时间等候，另外还觉得在发型屋洗发不干净。一般发型师会将客户的头发划分为 16 个部分，“10 分钟快速剪发”则分为 8 个部分。由于发型师每剪一个部分的头发需要花数分钟，甚至十多分钟，因此，划分的部分越少，就越能节省时间。剪发后，他们会用“吸碎发机”吸走客户身上的碎发，也就不用洗头了。

但是，需要指出的是，企业在提高服务效率的同时，不能降低服务质量，否则会得不偿失。

## （四）采取预约制度减少客户等待服务的时间

预约是企业管理需求常用的方法，预约之后，额外的服务需求就会被分配到同一组织内的服务时间或服务设施上，这种方法相当于分散需求。在服务对客户具有高价值、稀缺性的情况下，这种策略用得最多。

例如，航空、医疗保健、法律咨询、餐饮等都可以通过预约来提供服务——举办婚宴要事先向酒楼预约，繁忙的律师事务所也要预约才能提供服务，而没有预约的、随机而来的则得不到服务保证。

### 1. 预约制度的作用

第一，预约能够使企业及时了解市场需求状况，可以大致把握需求的总量，预先安排服务能力，提高了服务的计划性，有利于企业合理地调配、安排服务资源，提高服务资源的利用效率，扩大服务能力。

第二，通过预约系统，企业还可以调节需求的到来模式，通过将高峰期的需求分散到低谷期来获得潜在利润，从而保证服务能力的最佳利用。比如，在航空服务中，旅客在预订机票时，会得到航空公司不同时段的不同价格，这种定价对客户具有引导性，从而做到淡季不淡、旺季不紧张，平滑需求，使企业不失盈利的机会。

第三，预约还可以将需求分类，并且可以从需要更好的座位，更好的房间，或者其他更好、更快服务的客户那里得到更多的收入。

第四，预约留下了众多客户的信息和资料，积累到数据库能够帮助企业了解常客的消费习惯与偏好，为企业提供个性化服务的依据。

第五，预约能够使客户明确具体的服务时间，可以节省时间，避免等候的烦恼，可以有效地安排和利用时间，让客户满意。

例如，2008 年 8 月 8 号是百年不遇的好日子，奥运会在北京召开——众多新人希望在这一天登记结婚。可是，如果这一天新人一窝蜂地涌入婚姻登记部门，将人满为患。因此，北京的相关民政部门从 6 月 20 日起至 8 月 5 日推出了“预约登记”“网上登记”的服务，让新人可以提前到婚姻登记机关办理好相关的事项。这样，到了 8 月 8 号那一天，新人只需到婚姻登记机关签个字，几分钟就可以领取到结婚证。

当然，也有一些客户拒绝使用预订，还有一些客户预订了却没有按时到达或者突然取消预订，这可能会导致预订系统效率的下降，增加企业的运营成本，减少企业的收入，这也是一些企业拒绝采用预订制度的原因。

2. 实施预约制度的注意要点

(1) 要有一个性能良好的预约系统。

(2) 预约要言而有信，公平公正，确保先预约者优先选择服务时间、服务项目。

(3) 要在保证正常的预约状态下，优先满足大客户、老客户的需求。

(4) 对预约的客户适当给予优惠。

(5) 必须保证预约客户到来时可以获得及时的服务。

(6) 可通过交付预付款或保证金，来防止预约可能造成的损失。

### (五) 缩短客户排队时间

缩短客户排队的时间可以从两方面着手，一方面是缩短客户实际排队时间，另一方面是缩短客户心理排队时间。

1. 缩短客户实际排队时间

当排队变得不可避免时，企业应该争取缩短客户实际等待的时间，正确合理设计排队方式。一般来说，排队方式有单列排队、多列排队、叫号排队、分类排队。

(1) 单列排队。单列排队就是等待的客户排成一列长队，其合理性是排在前面的先接受服务，但这种排队方式下，客户可能会感觉到排队时间长——“一眼望不到头”。

(2) 多列排队。多列排队就是等待的客户可以排成几列队伍接受服务，其合理性是比单列排队让客户等待的时间短，因为有几个窗口同时、平行服务。

多列排队的缺点是客户必须选择排哪个队等待，站错队意味着要耗费较多的等待时间，另外，如果其他队的等待时间变短，客户要决定是否要换队等待。

例如，到银行办理存取款业务，若按照多队多服务台方式安排排队系统，当两个同时到来的客户分别进入不同的队列，一个“不幸”排在业务量大的客户身后等待了较长的时间，另一个排在业务量小的客户后边等待的时间较短——因为排“错”了队，所付出的排队时间却相差很大，会让客户在心理上产生不平衡感，从而降低满意度。

(3) 叫号排队。目前，多数企业已使用了排队叫号系统，即按照客户到达的先后顺序领取排队等候的号码，这样就可以较好地解决排队的公平性问题，而且客户也可以知道大约还要多长时间轮到他，因此他在等待期间可以到处转转、浏览、看报或与他人交谈。

例如，客户在商店购买裤子后往往需要根据自己的身高到服务台进行再加工，包括测量裤长、裁减、锁边和缝制。当服务台为客户测量裤长后，立即发给客户一个领取裤子的号码牌，客户领取号码后还可以继续逛商场或做其他事情，过一段时间后再来取。这样不仅会使客户感到公平，而且还有利于增加商场的销售收入。

对于一些营业面积较小的企业来说，也可以不使用排队叫号系统。比如，如果有几个服务窗口，可以让客户排成一队，几个服务窗口轮流接待客户。

(4) 分类排队。如果企业提供服务的类型较多，不同类型服务项目的办理时间差异性比较大的话，企业应尽可能采用分类排队、分别服务的队列方式，这样能够提高排队系统的效率。管理人员可根据各类客户所需的服务时间，为各类客户分别设置服务台，安排一部分员工从事费时的服务工作，另一部分员工从事简便的服务工作，各类客户按指示牌分别排队。这样，需较长服务时间的客户会比较耐心地等待，只需短暂服务时间的客户也可获得快速的服务。

分类排队可考虑如下标准来划分：

一是接受服务的紧急程度。以到医院就诊为例，急诊病人的服务需求是无法控制的，应提供专门的快捷通道，不用排队；而慢性疑难病症的医疗需要进行全面的检查和专家会诊，耗费时间比较长，因此，对此类患者进行预约服务是可行的。

二是服务交易时间的长短难易。即服务交易时间短的采用快速通道，服务交易时间长的则采取一般通道。

三是客户的重要性。在供不应求、排大队时，可能多少会有客户选择离开，但重要客户的离开比其他客户的离开会给企业带来更大的损失，因此，企业应该优先满足重要客户的需求。例如，银行单独开设大宗业务窗口，其重要客户可以直接来窗口办理业务；机场为头等舱和经济舱的乘客提供不同的通道，头等舱的客户可以比经济舱的客户早一点登机。

四是购买价格的高低。有些客户为了节省时间和得到优先服务，常常愿意支付较高的价格。这样，企业就可以对支付不同价格的客户提供不同的队列，使支付较高价格的客户比支付较低价格的客户优先接受服务。

### 2. 缩短客户心理排队时间

客户在排队过程中对时间长短的感觉很大程度上是一种心理感受。所以，在排队不可避免的情况下，企业要关注客户的心理特征，采取一系列的措施，满足客户的心理需要和期望，减少客户的抱怨，降低客户在等待过程中的厌烦情绪，以此来缩短客户感觉中的等待时间。

近年来人们开始关注客户排队心理，分析排队过程中客户的心理活动。目前，对于客户感觉中的等待时间管理已经有了相对比较成熟的体系，而且也在实际的工作也得到了较广泛的应用。

美国专门研究排队管理的专家 David H. Maister 认为，当客户认为等待符合他们的预期时，客户会忍受等待，同时企业也能从这种情形中获得好处。他还将客户在排队过程中的心理感受进行了总结归纳，并提出了相应的措施。

(1) 充实的排队感觉比无聊的排队时间短。对于客户来说，排队的成本是放弃了在这段时间里可以做其他事情。

在排队的过程中，如果客户没有事情可以做，或者无法做自己喜欢的事或有目的的事情，客户会感觉排队相对变得漫长。对于这一点，我们都有所体会。比如在长途火车上，如果我们无事可做，那我们可能会觉得时间过得非常慢。但是，如果我们看看书，吃点东西，那可能觉得时间并没有那么长。

可见，在排队不可避免时，企业要努力填充客户的排队时间，为客户提供相关的服务，消除排队时空洞无聊的感觉，其目的是把客户的注意力从排队这件事转移到其他事情上去。如果“填空服务”越有价值，那么客户心理排队的时间就会越短。

例如，在大厦的电梯旁镶嵌一面镜子供客户整理衣冠，电话呼叫排队的时候放音乐，餐馆利用透明的玻璃让排队的客户欣赏厨师烹饪过程而忘记了自己是在排队……这些都是一些转移客户注意力的简单方法。

另外，在客户排队服务期间，客服人员可为客户做一些辅助性服务工作，让客户感觉服务已经开始，并不是在空等。

例如，医院护士为候诊病人量体温，向客户收集信息，介绍医院的有关服务；机场客服人员不时提醒乘客手续是否齐备、管好物品等，都是在寒暄中转移人们对排队的注意力。

在餐馆比较繁忙的时段，一旦客户就座，服务人员立即送上茶水和毛巾，这样尽管上菜时间迟一些也不会对客户的满意造成太大的影响，或者递上一份精美的菜单，让客户点菜，就会使客户感觉就餐服务已经开始。

许多酒店已经意识到增加一个酒吧、咖啡屋、茶馆来提供互补性服务的好处了，在酒店的客人处于高峰期时，把排队进餐的客户引进酒吧、咖啡屋、茶馆既可以为酒店带来效益，还可以有效缓解客户焦急排队的心情。

(2) 轻松愉快的排队感觉比焦虑痛苦的排队时间短。客户在排队中首先感到的是焦虑、厌烦，不知道自己是否是被遗忘了？不知道什么时候能轮到？不知道能否被公平地对待……无论这些担心是否合乎逻辑，都会影响客户排队的心理。另外，恶劣环境下的排队比在良好环境下的排队显得长，不舒适的排队感觉起来要比舒适的排队时间长。而且，通常排队时只能任凭服务员摆布，这也令人感觉不舒服。总之，客户的精神状态会影响客户感觉中排队时间的长短，客户焦虑和恐惧会使排队变得不可忍受，而轻松、舒适的环境则可以使得排队时间变得短了一些。

为此，企业可在客户等候区安装空调，提供舒适的座椅、报刊或播放财经新闻，提供免费的饮料，播放轻松、舒缓的背景音乐，使排队变得有趣。此外，企业还可以提供一些娱乐设施或者让客户观看娱乐节目。同时，将等候区与服务区隔开，避免排队的客户受到刺激，也都会缩短客户感觉中的排队时间，而使客户耐心地排队。最后，企业还可以采用关怀服务，因为良好的服务态度可消除或减轻客户厌烦、焦虑的情绪。因此，企业应鼓励客服人员为排队等候的客户提供热情、友好、礼貌的服务。

例如，到“海底捞”就餐时，如果没有事先预订很可能会面对漫长的排队，不过排队过程也许不像你想象得那么糟糕。“海底捞”由于生意太好，没有座位时就专门在入口处开辟一处候餐处，摆放有整齐的椅子，并有服务员的热情接待，客户坐下后立即递上应季的饮品，客户快喝完时及时添上。等有空位时，根据客户的候餐牌号码区别先后顺序，及时引导客户就座，男服务员表演式地给客户擦干净桌子，并摆好餐具，一切动作优美标准，每个服务员都笑容满面，充满激情。晚饭时间，北京任何一家海底捞的等候区里都可以看到如下的景象：大屏幕上不断打出最新的座位信息，几十位排号的客户吃着水果，喝着饮料，享受店内提供的免费上网、擦皮鞋和美甲服务。如果是几个朋友在排队，服务员还会拿出扑克牌和跳棋供客户打发时间，减轻客户排队时的焦躁。大堂里，女服务员会为长发的女士扎起头发，并提供小发夹夹住前面的刘海，防止头发垂到食物里；戴眼镜的客户则可以得到擦镜布；放在桌上的手机会被小塑料袋装起以防油腻；每隔15分钟，就会有服务员主动更换你面前的热毛巾；如果带了小孩子，服务员还会帮客户喂孩子吃饭，陪他/她在儿童天地做游戏……整个消费过程让客户感到十分地温馨、愉快，难怪海底捞生意好得没有位子，客户也愿意排队，而且是那么的有耐心。[1]

(3) 能够确定长度的排队感觉比不能确定长度的排队时间短。比如，在排队一个不知将要晚点多长时间的航班或者火车时，由于不能随便离开候机室或候车室，会使旅客感到枯燥和焦虑，无法分散旅客对飞机或火车晚点的注意力，客户会感到排队时间很长。

当客户不了解服务流程和排队规则的时候，当客户不知道排队将在什么时候结束，也会感到排队时间长。生活中，有时在路上遇到堵车情况，汽车排起了长龙，没有任何消息告之将要排队多长时间，此时就会感到非常的漫长。

因此，企业在出现意外情况时应及时通报，消除客户的焦虑感。而现在许多城市开播的无线广播交通台提供路况信息服务，以及机场及时提供延误航班的信

1 周洁如.客户关系管理经典案例及精解[M]. 上海：上海交通大学出版社，2011.

息，这些做法就值得推广。

总之，如果客服人员无法按时服务，就应向客户表示歉意，并向客户讲明还需排队多少时间。虽然这并不能消除客户的不满情绪，却至少可使客户形成正确的期望。相反，如果客服人员一再要求客户再排队，客户不知道还需等多久而不敢离开，就必然会更加不满。

一些主题公园会持续地提供相关信息告知客户需要排队的时间，而客户实际排队的时间往往要比告知的排队时间短一些。之所以这样，是因为对于客户来说，一旦实际排队的时间超过了企业告知的时间，便有可能变得烦躁和不愉快。

(4) 了解原因的排队感觉比不了解原因的排队时间短。对于飞机的晚点、火车的晚点，或者一些突发事件而导致的排队，如果客户不知道需要排队的原因，就会觉得排队是不可接受的。相反，如果客户知道排队的原因，则将可能降低客户的焦虑情绪。

对于客户来说，如果他不知道排队的原因，就会有可能进行多方面的设想，而有些设想可能是最坏的情形。因此，企业要加强沟通，讲明原因。

(5) 合理的排队感觉比不合理的排队时间短。合理的排队可取得客户的谅解，不合理的排队会激怒客户。

高效率的服务使排队容易被接受——客户一旦看到工作人员紧张忙碌，就会对排队有信心——很快就轮到我了。相反，松松垮垮的低效率会被认为排队将是无休止的，另外，在收银台前排着长队的客户一定对关闭着的收银台深恶痛绝。对绝大多数客户来说，客服人员无所事事或需完成其他工作任务而无法为其提供服务是不能接受的。因此，企业要树立高效率的服务形象，营造紧张忙碌的气氛和景象。

例如，把不能用的设备移出视线；把与客户无关的工作安排到视线之外，客户会认为正是这些无关紧要的事才让他们排上长队；把没活干的人员抽调到人手紧张的服务台，或者规定轮休的人员宁可在后台休息，也不应在前台从事其他工作，以避开客户的视线。

(6) 集体排队感觉比单独排队时间短。与单独排队相比较，集体排队时间过得较快。

因此，在设计排队环境时，应该给客户创造便于相互进行沟通交流的条件，将在排队的客户安排在一起，把集体排队服务时间变成集体娱乐活动时间或社交活动时间，这样就可以缩短客户心理排队时间。

(7) 公平的排队感觉比不公平的排队时间短。如果遇到排队秩序混乱，出现有人插队的现象，排在后边的客户会产生极大的不公平感，因而会感到排队时间很长。

如果那些比他们晚来的客户反而更早地接受服务的话，他们会认为自己受到了不公平待遇，不满意度将会提高。所以，排队要公平，要保证排在前面的先得到服务。

在实际工作中，很多企业都对某些客户有着优先政策，对此，企业应该尽可能地使这种优先权准则透明、公道、合理。比如，对军人、对学生的优先权便容易被其他客户认同和理解。

### 案例：为什么星巴克横着排队？麦当劳竖着排队？

绝大多数的星巴克都是横向排队的，就连1971年全球成立的第一家星巴克，客户也是横着排队的，这是为什么呢？因为，一方面横着排队是出于星巴克理念中社交属性方面的考虑，使客户与客户之间产生交流，可能是直接的搭讪，也可能是隐性的交流；另一方面就是优化购物体验。

首先，缓解焦虑感。当客户站在柜台前面，能够清楚地看到墙上的商品价目单，并且视线不会被排在前面的客户阻挡。挑选的时候能打发时间(或者看到柜台里忙碌的工作人员)，就会有效减少排队等候的烦躁，从而缓解客户的焦虑感。

其次，仪式化观感。横着的吧台相当于一个完整的制作流程展示，你可以看到咖啡师操作的全过程，通过饮品制作仪式化的过程让客户提升这杯饮品的价值：“嗯，这杯饮料做起来很麻烦，确实值这个价格。”

最后，避免制造拥挤感。员工的作业吧台是横向的流水线，所以客户在面对吧台左侧排队，而在右边取咖啡，形成秩序可以避免走道拥堵。

那么，为什么麦当劳是竖着排队？

首先，营造快节奏环境心理。竖着排队，会让大家产生焦虑感——在后面排队的时候会想前面怎么这么慢，轮到自己点餐时便会担心后面排队的人会不耐烦，所以大家点餐时都是火急火燎的。

其次，提醒客户尽早做出决策，麦当劳店面往往在门口就贴出了当日推荐的套餐组合，并把主推产品贴在室内(现在很多地方还有屏幕点单，以加快点餐效率)。

最后，减少服务员移动，工作人员基本上回个头就能把炸鸡、汉堡放在餐盘里。

总的来说，要做好排队管理，需要企业在最初的服务设计中，也就是在最开始的服务流程设计、服务区域的设计、客服人员的配备等就把排队因素考虑进去。只有这样，后期的排队管理才会容易开展，较易取得成效。否则，很难在后期进

行有效的排队管理。

另外，排队原则，也就是队列中决定客户接受服务次序的规则，要遵循先到先服务原则、预订优先原则、紧急优先原则、最大盈利客户优先原则、最大订单优先原则、最优客户原则等。

# 第二节　客户服务的环境

虽然服务是非实体的，但客户在购买和享用服务前，还是能看到服务地段、场所、设施、装修质量与风格、陈设布置、标识等，这些都直接影响客户对服务的第一印象。

例如，零售机构处在繁华的地段暗示零售服务档次不会太低，整洁的环境暗示认真和严谨的服务态度；医院雪白的床单、明亮的窗户、先进的设备暗示医疗服务水平；面包房的清新而芳香的空气暗示所出售面包的新鲜程度高；柔和的灯光和音乐能够暗示西餐厅温情、细腻的服务；强烈的音乐能够暗示酒吧热情、豪爽的服务……

一位初次光顾某家餐馆的客户，在走进餐馆之前，餐馆的外表、门口的招牌等已经使他对餐馆有了一个初步的印象。如果印象好的话，他会径直走进去，而这时餐馆内部的装修装饰、桌面的干净程度以及服务员的礼仪形象等也将影响他是否会真的在此用餐。如果餐厅环境污浊、客服人员穿着邋遢，不修边幅的话，显然会令客户望而止步，至少客户会将其定位为低档消费场所，认为其根本不可能提供好的服务。

服务环境主要包括服务位置、建筑物、服务设施、服务用品、内部装饰、场地布局、陈列设计、氛围、其他客户等。

一般来说，每个客户都希望接受的服务环境尽可能的好，如干净、卫生、整洁，场所够宽敞，用品齐全好用。一个舒适并令人赏心悦目的服务环境会让人感到服务身价倍增，而“脏、乱、差”的环境在客户心目中必然会贬值。因此，企业应尽力为客户创造一个优雅、舒适的服务环境。

例如，天气很热的时候，客户希望一个凉爽的环境；如果需要排队或等候，客户希望有椅子，还可能要求有一些轻松的读物以消遣时间；如果客户带着孩子，则会希望能提供一个可以暂时托管孩子的场所，或者能提供玩乐的设施；如果客户需要电话进行沟通或者办事，则希望有一个安静的环境或者能有隔音的装置。

## 一、服务位置

### （一）服务位置的重要性

由于服务的过程性，企业需要直接面对客户，而服务的位置是否便利客户，是否有足够的停车场所，是否有便利的公共交通路线……这些因素决定了客户获得服务的时间成本、体力成本以及货币成本等。

例如，商店、餐馆等地段的好坏、便利程度就是客户光顾与否的重要因素。

沃尔玛在美国选址于郊区，符合美国人民居住分散，普遍以车代步的国情。但在我国，城市人口居住集中，汽车还未进入大多数家庭，人们的购物消费多数还集中在步行范围内或公共交通便利的地方。可沃尔玛最初在我国开店也多选择的城郊接合部，这些地方往往不靠近大的居民区，公共交通还不够方便，限制了来店的客流量。相比之下，家乐福在我国的开店选址较适应当前我国城市居民的购物活动规律，它一进入我国就首先抢占了市中心的繁华商圈布点，也许是巧合，法文“Carrefour”的意思就是十字路口。

古语“一步差三市”，说的是开店地址差一步就有可能差三成的买卖，还有人说，正确的选址是成功的一半。如果客户不能便捷地得到服务，那么再好的服务对不方便的客户来说都毫无意义，也不会产生任何价值。因此，麦当劳、肯德基每开设一家分店都要事先进行深入的调查研究和论证，并逐步形成一套科学化的选址程序，其对店址潜在商业价值的判断力，是保证开连锁店成功率较高的重要原因。

此外，位置、地段不但关系客流量，而且会影响企业的形象。例如，坐落在繁华闹市区与坐落在偏僻小巷的企业在客户心目中自然会有不同。所以说，企业的地理位置不仅影响客户接受服务的便利程度，还可以表现出企业的市场定位和形象，因而选址对企业来说尤为重要。

**案例：如家酒店的布局**

当国际和国内连锁酒店把发展的重点放在一级城市的时候，如家酒店发现在一些地级市的商务区、写字楼、市中心、交通枢纽、地铁、车站等配套设施完善的地方，经济型连锁酒店具有良好的市场潜力。于是，如家除继续加强在北京、上海、广州和成都四大中心布局的同时，把开店的增长潜力放在了地级市。如家酒店在城市中的选址也讲究交通的便利性，如靠近地铁站、公交车站的商务、贸易、居住区以及成本相对较低的商圈边缘等，为客人出门办事提供方便。

传统的酒店都采取自建物业的形式，从买地到投入运营的时间周期非常长，一般需要2~3年。而如家采取了租赁的形式。在选定店址时，开发部把论证的项目直接汇报给CEO，CEO到现场判断之后，将项目输入一整套投资分析的测算模板，直接上报给投资委员会，一两天通过之后，就可以立项签约。这种通过租赁和系统建设的方式，使如家酒店的建设周期大大缩短。

### （二）服务位置选择的原则

(1) 符合客户需要。当地客户需要什么就开什么店，如果目标客户都是普通住户，店铺要能满足其基本生活需要，比如饭店、超市、特色小吃；如果目标客户住在高档小区，那可以开一些上档次的茶社、酒吧。学生多，就开小食、动漫类的店；住户多，可以经营一些生活用品；外来工多，可以开小吃店、简餐店。

(2) 方便客户。服务网点位置要考虑客户进入的便利程度，要以方便客户接受服务为原则。例如，我们国家都是靠右行走或行驶，所以人流在右侧尤其是在上游的店铺，往往能优先接触到客户。

(3) 在聚客点附近开店。聚客点就是能够把人集中在一起的商业地点，如商贸中心、大超市、商店、邮局、电影院、餐厅等能够位于人口密集、人均收入高、交通便利、客流量大、目标客户集中的地段，营业收入和利润可能就较高。星巴克在选址上非常注重靠近所定位的目标群体，因为人们不会为喝一杯咖啡而跑得很远，一般都是就近就便，所以，星巴克的选点一般在写字楼集中的商务区域、休闲娱乐场、繁华的商业区等地方。

(4) 在路人易停留的地方开店。有的地方虽然人流量比较大，比如在一些快速通道边上，但少有人停留，大多数只是匆匆赶路，所以不适合开店。如果是广场附近，有艺人表演节目，引起行人饶有兴致地观看，汇集人气，就适合开店。

(5) 在消费环境浓厚的地方开店。在没有消费氛围的环境里往往缺乏消费动力，反之，消费环境浓厚的环境里很多人就容易被感染。

(6) 由于各个城市的规划处于动态调整过程中，因此，选择店址要有前瞻性，要考虑到今后的城市规划，如街道开发计划、道路拓宽计划、高速公路建设计划、区域开发规划等，应该及时捕捉、准确把握其发展动态。

### （三）服务网点布局的思路

首先是抢先占位。抢先占位指优先将网点开设在对手较少的区域。抢先占位

的优点是：抢先进入竞争阻力小的地方，容易建立优势；满足当地客户的需求，可避免过度竞争；先入为主，锁定客户偏好，增大后来者进入成本。

其次是集中性布局。集中性布局是指同一家企业在一定区域内相对集中地成立足够多的网点，待这一区域的网点达到一定数量后，再逐步扩展到其他地区。集中性布局的优点是：方便客户购买；利于提高知名度，提高宣传效果，增加客户的亲切感；节省人力、物力、财力，降低物流成本，降低管理成本，提高效率。

再次是聚集性布局。聚集性布局是指企业之间相互依托、共同在同一区域布点。聚集性布局的优点是：相互陪衬、互相烘托，可以共同打造出一个成熟的专业市场，如上海的金融业都向黄浦区和浦东陆家嘴聚集，零售业向南京路、淮海路聚集；通过聚集性布局获取聚集效益，方便客户选购——可以“货比三家”，也正因为如此，越来越多地出现了金融街、小食街、建材街、数码城、家具城……

最后是竞争性布局。即哪里的市场成熟，哪里的竞争激烈，就往哪里布点，与竞争对手相邻、相伴。这种网点布局方式是实力较强的企业采取针锋相对的网点布局策略。竞争性布局的优点是：企业给自己压力，可以保持斗志、不松懈、不落伍；企业相互烘托，相互吸引对方的客户；信息灵通、相互借鉴、相互促进。竞争性布局的条件是企业要有实力、有竞争力、有信心。最典型的例子就是“肯德基”和“麦当劳”的对峙性布局，基本上在有麦当劳的地方，不远处或者对面就会有一家肯德基，反之亦然。又如，上海最大也是全国“领头”的两家百货商店，即市百一店与华联商厦，在上海南京路、淮海路、浦东新区，乃至江苏、浙江等地进行了对峙性的网点布局。

## 二、建筑物

有人说“建筑是空心的雕塑、建筑是凝固的音乐”。建筑物的规模、造型、使用的材料以及与邻近建筑物的对比，都是塑造客户观感的因素，因为它们往往能附联牢靠、永固、保守、进步或其他各种印象。建筑物对塑造企业形象起着重要的作用，在不同情况下，可传达威严、安全感、老练沉稳、效率、现代精神或传统等风貌。

此外，建筑物也承载着企业的历史。例如，著名大学都保留历史悠久的建筑物，其带有强烈的历史文化色彩，可令人联想学校的历史声威和治学传统，以致成为莘莘学子向往和魂牵梦绕的地方。

**案例：星巴克的建筑设计**

位于西雅图的星巴克的总部有一个设计室，拥有一批专业的设计师和艺术家，专门设计全世界所开出来的星巴克店铺。在风格上，主要突出美式风格。每个新店的地点定下来之后，都要及时将店面形状绘成图纸发往美国，由星巴克总部统一设计，然后再发回国内进行装修。

星巴克一方面费尽心思去找寻具有特色的店址，另一方面，每次要增加一家新店时，他们就用相机把店址内景和周围环境拍下来传到美国总部，设计师在设计时会尽量依据当地商圈的特色并结合当地景观进行设计，因地制宜，不断创造新鲜感。

星巴克在中国的一些门店就融入了许多本土的元素，如北京的前门店、上海豫园店、成都的宽窄巷子店等，既透着浓厚的中国传统文化，又保持着原汁原味的美式风情，二者并行不悖，结合得天衣无缝。位于城隍庙的星巴克，外观就像座现代的庙。而濒临黄浦江的滨江分店，则表现出花园玻璃帷幕和宫殿般的华丽。

## 三、服务设施

企业可以利用服务设施为客户提供优质服务的条件。

例如，上海公交车向“四化”发展，即大容量化、舒适化、环保化、高科技化。大容量化：上海公交服务业在内环线内强制淘汰 6 米长的小巴车，逐步淘汰传统公交车，普遍采用 11～12 米长，载客人数近百人的大型公交车和大功率双层公交车；舒适化：公交车普遍采用低踏板，还增加车门的宽度，方便老人、儿童等上下车，此外大量采用空调车，部分车辆配有高档音响设备，可以播放音乐和新闻；环保化：采用“绿色能源”，禁止排放不达标的公交车行驶，减少废气的排放，电车采用辅助电源，确保在停电的情况下还能行驶；高科技化：全市公交车普遍采用自动电子报站器、电子路牌显示，有的还配有电子监视系统、IC 卡收费系统等。

又如，德士高为女性购物者和对健康很在意的客户特别推出了“瘦身购物车”。这种推车装有设定阻力的装置，客户可自主决定推车时的吃力程度，阻力越大消耗的卡路里就越多。推车购物过程中，客户的手臂、腿部和腹部肌肉都会得到锻炼，运动量相当于进行一定时间的慢跑或游泳。手推车上还装有仪器，用来测量使用者的脉搏、推车速度与时间，并显示出推车者消耗的热量。这种“瘦身购物车”造价是普通推车的 7 倍，但它的使用受到了广大女性购物者和对健康很在意的客户的热烈欢迎，因为她们得到了其他商场没有提供的“健身服务”。

**案例：麦当劳的设施**

许多中资企业不设洗手间，有些把洗手间放在厨房或者餐厅旁，有些则男女不分、又脏又乱，有些则干脆不对外开放，这些都不能为客户提供好的服务条件。而麦当劳、肯德基等都有清洁、明亮的洗手间，为客人甚至为行人提供了方便，受到了称赞。

为了适应一些青年人在餐厅里谈恋爱的需求，北京麦当劳特地开辟了一些较为私密的空间，提供两人座位，称为恋爱角。与美国的快餐厅不同，也迥异于传统的中国茶馆，麦当劳清洁、明亮的消费环境吸引了许多人，人们在这里聊天、看报甚至开会。

在麦当劳的儿童天地里有各种儿童设施和玩具，在专门的服务员阿姨的带领下，孩子们快乐地做着各种游戏，为年轻的父母解除了后顾之忧。此外，有专门为婴儿准备的餐椅，在洗手间有高矮两种不同的洗手池。

## 四、服务用品

服务用品是企业为客户服务的媒介、载体或客户自助工具，如零售商场的手推车、饭店的菜单等，它们也是影响客户感受的因素。

例如，麦当劳餐厅使用的桌椅款式通常比较简洁、时尚，设计尺寸舒适，符合人体工程学。麦当劳餐桌椅主要是钢木材质，有的桌椅采用了防火板的桌面，桌子腿采用单柱固定，椅子采用了曲木多层板，椅面加了固定软包面增加舒适度。还有，麦当劳的桌椅全部采用圆弧设计，因为麦当劳是儿童欢乐的天堂，好动活泼的孩子们喜欢到处玩跑，圆弧的设计就为保护孩子们提供了保障，家长们也会更加放心，更加愿意带着小孩子来麦当劳享受服务。店内多备婴儿椅和小推车，以方便那些带着还不会走路的孩子的家庭前来麦当劳就餐。

## 五、内部装饰

恰到好处的内部装饰可以加强客户对企业的印象和好感。

例如，美国维多利亚饭店是一个主题餐厅，餐厅通过老式火车、瓦斯灯、行李袋、站牌等设计，为客户提供一种全新的用餐体验，使客户感受到别样的怀旧氛围，得到客户的追捧。

在美国俄勒冈州纽波特海滨有一家不起眼的酒店，它占地面积小，整个酒店仅 20 间客房。不少客人从远处赶来海滨，就是为了想在这家名叫希尔维亚贝奇的袖珍酒店里住几天，领略这儿别样的风情。因为它的每间客房都有自己的特色，布置格局均不一样，而且设计思路都是以著名作家为主题的。例如一间叫“福尔摩斯”的客房，客人坐在房里便仿佛感到自己就是那位享誉全球的神探在推理、分析，还有间叫“海明威”的房间，住店的客人可以在房内找到《老人与海》《战地钟声》等名著中描述的某些典型场面。由于这家饭店提供了不同于普通酒店的服务，把大文豪刻画的人物情境融入客房设计中，让客户体验各种文学氛围，因而获得了客户的好感。

随着生活水平的提高，患者越来越重视医疗企业的环境，一个干净、温馨的医疗环境会引起人们的舒适感、安全感，因此医院的诊疗环境应力求舒适怡人。为此，有的医院将传统的白色病房改为暖色调，可以使病人住进病房犹如住在家中一般，有一种亲切、温馨的感觉。有的医院在急诊室地板上，贴上不同颜色的细条，每一种颜色的贴条可以将病人及其家属引往不同的科室。如黄色的贴条引往打针室，红色的贴条引往“X”光室，蓝色贴条引往药房，绿色贴条引往电梯等。这样，病人被诊断完毕后，医生或其助手护士可告诉病人沿黄色贴条走，往打针室打针，或沿蓝色的贴条去药房取药等，极大程度方便了病人及其家属。

又如，经济型酒店“如家”剔除了传统星级酒店过多的豪华装饰及娱乐设施，不设豪华气派的大堂，也舍弃投资巨大、利用率低的康乐中心、KTV、酒吧等娱乐设施。但空调、电视、电话、磁卡门锁、标准席梦思床具、配套家具、独立卫生间、24 小时热水等设施一应俱全。“一星的墙、二星的堂、三星的房、四星的床”，满足了其所定位的经济型商务客人的需求。凭借标准化、干净、温馨、舒适、贴心的酒店服务，“如家”为海内外八方来客提供安心、便捷的旅行住宿服务，传递着“适度生活，自然自在”的简约生活理念。

长城饭店的“丝绸之路”已作为一个非常有特色的主题宴会，多次服务于来自世界各地的客户。宴会厅宛然一幅中国西部风景图：从宴会厅的三个入口处至宴会的三个主桌，用黄色丝绸装饰成蜿蜒的丝绸之路；宽大的宴会厅背板上，蓝天白云下一望无际的草原点缀着可爱的羊群；背板前两个高大的骆驼昂首迎候来宾；宴会厅的东侧，巍然屹立的长城碉堡象征着中国五千年文化的沧桑；西侧另一幅天山图的背板下，宽大的舞台上载歌载舞，16 张宴会餐台错落有序地散立于三条丝绸之路左右，金黄色的座位与丝绸颜色一致，高脚水晶杯和银质餐具整齐地摆放在白色的台布上，每个餐台上的艺术型的插花又令人感到了宴会设计的高雅。

## 六、场地布局与陈列设计

通过精心严谨的场地布局与陈列设计可以突出企业的服务特色，为客户提供良好的服务环境。

### 案例：医疗场所的布局

首先，医院在门诊大厅设立“大堂主管”，专门负责解答患者的各种问题，并且推行“首问负责制”和“首访负责制”，问到哪个人，访到哪个科室，都有义务为患者解答。

其次，传统的医院封闭式门窗口给双方带来不便，如药房收费窗口太小，病人想问一句话不得不紧凑上去，收款人也很困难与病人交流。如果将所有窗口都改为无屏障开放式服务台，就可以全面贴近病人、方便病人。针对收费处排队时“人盯人”易泄密的状况，采用银行“一米线”的办法，保护病人的隐私。

最后，医院可将“精神科”门诊，改称为“情绪门诊”或“快乐门诊”，一定可以帮助许多人愿意提早接受诊治。

例如，商店拆除了三尺柜台，消除了人为障碍，有利于与客户沟通，同时注意营造明亮、宽敞、舒适的购物环境，把更多的空间让给客户。以女性为目标客户的屈臣氏，非常注意货架设计的人性化——货架的高度从1.65米降低到1.40米，并且主销产品在货架的陈列高度一般在1.30～1.50米。在产品的陈列方面，屈臣氏注重其内在的联系和逻辑性，按化妆品—护肤品—美容用品—护发用品—时尚用品—药品—美妆工具—女性日用品的分类顺序摆放，从而激发客户的购买兴趣。

### 案例：屈臣氏的收银台

即使面对网络购物的冲击，屈臣氏门店业绩依然坚挺中稳步上升。仅于细微处探因果便会发现让你出乎意料的用心之处——收银台。

1. 位置：放在店铺的中间是最合理的

收银台俗称付款处，是客户付款交易的地方，也是客户在门店最后停留的地方，这里给客户留下的印象好坏，决定客户是否会第二次光临。屈臣氏的管理者发现，收银台放在店铺的中间是最合理的。屈臣氏的收银台除了付款功能，还有服务台功能，包含广播中心、客户投诉接待、商品退换，还是一个商品促销中心、宣传中心。这样一个多功能的枢纽之地，屈臣氏有一套完整的独特操作方案。

2. 设计：一切都非常人性化

大家在店铺中会发现，屈臣氏的收银台很特别。屈臣氏的收银台高度为1.2米，据说这是客户在付款时感觉最舒适的高度，不会因太高而显得压抑。在每个收银窗口处有个凹槽，这个设计是专门方便客户在买单时放置购物篮的。在收银台上装置有小货架，摆放一些轻便货品，如糖果、电池等可以刺激客户即时购买意欲的商品。

3. 服务：与客户眼神接触，减少排队时间

屈臣氏研究发现，在收银服务中收银台的员工必须做到两点最重要的方面：第一就是与客户打招呼时一定要做到眼神接触。在零售工作中，很多员工只顾着忙，虽然口中说着欢迎光临，但是眼睛却看着别处，给客户一种漫不经心的感觉，所以要求必须做到打招呼时与对方眼神接触；第二是尽量减少客户付款排队的时间。屈臣氏调查显示，客户购物中最怕的是排长队等待付款，由于都市白领更是讲究效率，所以规定收银员与付款客户数量比例是1∶4。在收银台前，出现超过5个客户排队买单，就必须马上呼叫其他员工帮忙，其他员工无论在忙什么，都会第一时间赶到收银台，解决收银排队问题。为了满足这种要求，屈臣氏店铺的所有员工都能熟悉操作收银机。

又如，麦当劳和肯德基对空间的利用也颇具匠心，它们在过道旁、走廊的尽头、楼梯的拐角等通常不被人注意的地方都设置了桌椅，这样一方面极大地提高了空间的利用率，另一方面也最大限度地满足了人们在高峰时用餐的需要。

招商银行投入了大量资源进行营业厅环境改造，设置了服务标识、报纸、杂志，配备饮料，安装壁挂电视；当其他银行的客户在柜台前排起长龙等待办理金融业务的时候，招商银行率先推出叫号机，后来又在叫号机界面上设立不同业务种类，客户按照银行卡的种类取号，分别在不同的区域排队等候，减少了相互干扰，保证营业厅秩序，营造了舒适的氛围。

## 延伸阅读

### 营业厅的服务功能分区

营业厅的服务对象为用户，在进行功能区划分的时候，主要包括业务受理区、客户休息区、业务宣传区、自助服务区、便民服务区、客户接待区，以及厅外停车区、员工更衣区、资料储存区、卫生间、会议室。具体分区规范如表6-1所示。

表6-1 客户服务功能分区规范

| 功能区名称 | 说明 |
| --- | --- |
| 业务受理区 | 设立开放式营业服务柜台，受理各种服务 |
| 客户洽谈室(区) | 为大客户、重要客户及投诉客户或特殊客户提供差异化服务 |
| 客户休息区 | 即客户办理业务等候、休息的区域，为客户提供报刊、宣传资料、电视观看和休息等候等服务 |

(续表)

| 功能区名称 | 说明 |
| --- | --- |
| 自助服务区 | 即为客户提供宣传资料、自助查询和自助服务的区域 |
| 业务宣传区 | 在营业厅内以上墙悬挂形式宣传服务承诺、价费公示牌、服务人员监督牌、营业厅荣誉等；以宣传单形式宣传业务办理流程等，可根据各营业厅厅内空间结构布置于不同区域 |
| 便民服务区 | 即为客户提供便民服务的功能区域 |
| 客户接待区 | 营业厅接待和引导客户服务的区域，包括营业厅大门外的残疾人通道和营业厅大门入口处的引导(咨询台)、排队叫号机等 |
| 厅外停车区 | 营业厅外为客户准备的停车区域 |
| 员工更衣区 | 营业厅员工的更衣区域，通常设置男、女各一间 |
| 资料储存区 | 营业厅业务工作需要的各类工作表单、宣传资料的储存区 |
| 卫生间 | 即为方便客户的公用卫生间 |
| 会议室 | 营业厅召集班务会、来宾参观交流说明会议场所 |

## 案例：宜家家居构造温馨的购物环境

世界四大家具品牌的宜家家居(IKEA)是创立于 1943 年的一家瑞典家居用品机构，其“创造温馨舒适的家”经营理念融入整个集团的运作并在其逐步的扩张中将自己的触角伸及世界各地。

卖场人性化布局的设计也从一个侧面体现了宜家家居的人文关怀，一个好的卖场布局能够促使客户走遍每个角落，并能够激发客户的购买欲望和购买冲动。北京宜家家居北四环店 15 000 平方米的卖场共有三层，各层的功能区分十分醒目，流动的路线设计让逛卖场变得轻松便捷，一层提货，二、三层是商品展示区，宜家的商场布置更是显示着其对客户的重视。

进入卖场后，地板上有箭头指引客户按最佳顺序逛完整个卖场。主通道旁边为展示区，展示区的深度不会超过 4 米，以保证客户不会走太长的距离。展示区按照客厅、饭厅、工作室、卧室、厨房、儿童用品和餐厅的顺序排列。这种顺序是从客户习惯出发制定的，客厅最为重要、饭厅是人们处理日常事务的地方，家庭工作室紧随其后，卧室是最后一个大型家具区。这种展示有利于给客户一个装饰效果的整体展示，同时还能够带动客户的联想空间，关联性的陈列往往能够激发连带购买，这样不仅使客户得到了超需求的满足，也使宜家赚得钵满盆足。

宜家的许多空间都被分割成小块，每一处都展现一个家庭的不同角落，而且都拥有自己的数据系统。在宜家家居的三层商品展示厅，他们设计了58个家居室的“样板间”，将相关的产品按照功能区分进行有效的组合，并结合整体的色彩、结构、形状以及配饰等细节，为客户创造不同视觉效果的时尚搭配，且展示了一种平民化又不失本土特色的欧式文化。

立体式的逼真展示，无人打扰的购物空间，自由自在的随心体验，还有体贴入微的配套服务都让人感觉在宜家就像在家里一样放松、惬意。客户在逛宜家时，累了可以在床或者沙发上休息，饿了可以去宜家餐厅品尝美味实惠的瑞典食品和适合本地客户口味的中国食品，在北欧淳朴浪漫的音乐环境中，客户心情渐归平静……这些美好的环境叫人不忍离去，宜家就这样用“春风化雨”的方式俘获了每位光顾者的心，为客户创造温馨、有趣的购物体验。

## 七、服务场所的氛围

影响服务场所氛围的因素除设计、装饰、布局外，还包括气味、声音、色调、灯光、温度、湿度等。企业要善于通过它们为客户营造一个温馨、舒适的氛围。

### （一）气味

气味会影响服务场所的氛围。例如，新鲜而芳香的店堂空气使客户感到产品更新程度较高。零售商店，如咖啡店、面包店、餐馆、花店和香水店，都可用香味来吸引客户接受其服务。

### （二）声音

声音往往是营造氛围的背景，音响效果也会影响客户的感受。

例如，凤凰卫视有一档“军情观察室”节目，其音乐、语速无不渲染出紧张的氛围，战争气息仿佛就在眼前。

最近对于零售店播放音乐的一项研究指出，店里的人潮往来流量，会受到播放音乐的影响而有所改变。播放舒缓的音乐时，营业额度往往会比较高。不同的餐厅亦要选择不同风格的音乐，在快餐厅可能适合于播放节奏感较强的流行音乐，而格调高雅的餐厅则更适合旋律优美、舒缓的古典音乐等。

此外，音量适中的音乐能使客户赏心、悦耳，增加食欲；反之，音量过大则可能影响客户的交谈，使人感到厌烦。

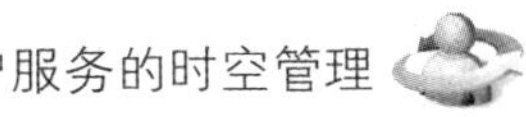

## 案例：星巴克的音乐

星巴克店内经常播放一些爵士乐、美国乡村音乐以及钢琴独奏等。这些正好迎合了那些时尚、新潮、追求前卫的白领阶层。他们天天面临着强大的生存压力，十分需要精神慰藉，这时的音乐正好起到了这种作用，催醒内心某种也许已经消失的怀旧情感。

### （三）色调

任何色彩都会影响人的感觉、注意、记忆、情绪和联想等心理活动，不同的色调也会给服务场所带来不同的氛围。色彩运用得好，不仅可以带给人们美感，还能刺激消费。

例如，如家酒店的客房装潢十分讲究色彩和空间的运用：墙面以淡粉色、淡黄色为主，挂着法国风格的艺术画；地毯的色彩与墙面协调，小巧的高圆桌代替了写字台和茶几，木质的床头柜简洁到极点。简洁、温馨、方便是客人最直接、最深刻的印象，在这里每一个人会感受到家的温暖。

## 延伸阅读

#### 色调对服务场所氛围的影响[1]

1. 红色

红色是最容易引人注意的颜色。红色是中国传统喜庆色，它具有刺激交感神经，使人的肌肉机能和血液循环加快的生理作用和使人兴奋、冲动的心理作用。在零售业，红色常用于店内 POP、价签和降价海报的设计以及传统节日的促销宣传。但应该注意的是，如果店内 POP 或促销装饰中，红色使用过多，往往会给客户留下廉价店或折扣店的印象。另外，红色是兴奋色，店内过多地使用，会使客户感到店内的拥挤和喧闹，购物的疲劳感和烦躁，缩短客户的店内滞留时间。红色不仅代表热情和活力，同时还代表危险和恐怖。在医院和药店，红色可能会给客户留下血、疼痛的印象。

2. 橙色

橙色是暖色系中最温暖和明亮的颜色。橙色不仅具有刺激人的内分泌，增进食欲的生理作用，同时给人以健康、温暖、富足、幸福的心理作用。橙色广泛应用于超市的食品卖场、滋补品卖场和体育用品卖场。特别是水果卖场，为了吸引

1 陈立平. 卖场拼色相[J]. 销售与市场，2007(1).

客户注意，橙子总陈列在入口处最显眼的位置，或者主通道最外侧，以诱导客户深入。橙色明示度较高，在店内过多使用，会给人廉价、低档、不可信、易疲劳的感觉。快餐店经常用一些橙色来装点氛围，而世界巨型家居连锁家得宝和百安居都以橙色为主色，以凸显其幸福感和平价特征。

3. 黄色

黄色刺激人的大脑，促使人发挥注意力和想象力。黄色代表希望、喜悦、成就感、未来感、明亮、快乐，象征着财富和权利。但是黄色也常用来警告危险或提醒注意。折扣店、超市等业态诉求价格或特卖时，常用黄色为底色制作POP或价签，以吸引客户注意。以青少年为目标客户的卖场和产品常使用黄色，但对于中年女性来说，黄色有时意味着轻浮。在欧洲，黄色常常与死神联系在一起。

4. 绿色

绿色象征着平衡。它拥有清爽、理想、希望、生长的意象，符合医疗卫生服务业的诉求，很多医疗性终端把绿色作为空间色彩规划和医疗用品的标识。绿色在生理上可以缓解人的紧张和眼睛的疲劳。绿色贴近自然、植物等，目前国外许多家居中心都把外墙壁涂成绿色。在美国许多连锁药店的维生素柜台，为了诉求自然的活力，往往使用绿色的陈列器具。

5. 蓝色

有人把蓝色看作梦想与现实分界线上的颜色。蓝色是永恒的象征，同时也是最冷的色彩。纯净的蓝色代表内省、沉着、理智、安详、洁净等，也是现代人最喜爱的颜色之一。但是，蓝色代表沉稳的同时，也代表忧郁和寒冷。由于冷色调往往抑制人的食欲，所以非常不适合用于饮食店和超市中的生鲜食品卖场。由于在生理上蓝色通过刺激人的副交感神经，会使人的脉搏、呼吸、血压、体温下降，具有安定精神、使人镇静的作用，因此，很多卫生类终端及夏日消费品终端多采用蓝色。在食品卖场中，蓝色经常用于夏季清凉饮料或夏季产品销售区的装饰，另外，在有金属感的体育用品区，以及面向男性客户的卖场，也经常以蓝色为主基调。

6. 紫色

紫色是波长最短的可见光波。紫色是非知觉的颜色，它既美丽又神秘，既富有威胁性又富有鼓舞性，既高贵又恶俗，是给人以深刻印象的具有矛盾性和两面性的颜色。紫色处于冷暖之间游离不定的状态，加上它的低明度性质，构成了这一色彩心理上的消极感。紫色具有高贵的性质，往往适用于高价格的化妆品、流行产品、珠宝饰品、芳香品等卖场的装饰，以及高级感的产品展示。但紫色是使人食欲减退以及可能有毒的颜色，一般不适合用作食品包装和食品卖场的装饰。

7. 白色

白色是所有颜色中明度最高的，具有纯粹、清洁、正直、明亮、高级的意象，但也给人以寒冷、严峻、哀愁、不安、孤独、死亡的感觉。所以在使用白色时，都会掺入一些其他的颜色，形成象牙白、米白、乳白、苹果白等。

8. 黑色

黑色吸收全部可视光线，是最暗的颜色。黑色具有威严、高贵、稳重、科技之感，许多科技产品的用色大多采用黑色。另外黑色的威严、庄重、高质量的意象，也常用于高级化妆品、服饰和其他流行产品陈列的设计。但是黑色常使人联想到不吉利，使人脏器活动低下，因此要避免在健康产品区、饮料和食品卖场使用。在餐饮店，可以用光线营造私密氛围，但要避免直接用黑色涂料。

### （四）灯光

灯光明暗度对客户的体验很重要，适当的照明会令人深感愉快，反之则不快。

例如，科特勒曾对一家著名的汽车旅馆“联号”进行过调查研究。“联号”对所属的汽车旅馆采用标准化的大堂装修布置，唯一不同的是一些汽车旅馆的大堂采用较昏暗的灯光，另一些则采用较为明亮的灯光。调查结果表明，旅客明显偏爱后者。原来，经过长时间开车旅行后，旅馆昏暗的灯会让人感到沮丧，旅客会认为这间旅馆毫无生气，不愿停留。相反，如果旅馆透出的是明亮的灯光，则让他们感到振奋、愉快，愿意在此停车留宿。

一般来说，强烈的灯光能够使客户感知到热情、豪爽的服务态度，柔和的灯光使客户感到温情。例如，高级西餐厅需要制造柔和的氛围，所以灯光在60～80瓦之间；日本料理店为了使生鱼片显得更新鲜，灯光在130～160瓦之间；咖啡店的灯光在40～60瓦之间。肯德基使用的灯是节能灯，发出的光是暖白色的，店内柔和的灯光、缤纷的装扮、美味的食物都形成了令人愉悦的氛围，给人暖洋洋的感觉。

### （五）温度、湿度

室内温度、湿度也会影响客户对服务的感受。例如，超市冬天温暖宜人的温度使客户感到温暖，夏天凉爽的温度又使人感到舒畅。

#### 案例：星巴克的氛围

星巴克尤其擅长营造氛围，为客户提供咖啡之外的“体验”。

重烘焙极品咖啡豆是星巴克店内味道的来源，加上“四禁”政策——禁烟、禁止员工用香水、禁用化学香精的调味咖啡豆、禁售其他食品和羹汤，力保店内充满咖啡自然醇正的浓香。在柔和的、暖暖的灯光下，恣意流淌在星巴克的是一种悠闲和自在，人们尽情地享受在糟杂和忙乱的工作和生活的节奏中偷得片刻的闲暇。

星巴克在色调上一般用的是暗红与橘黄色，加上各种柔和略带暖色的灯光以及体现西方抽象派风格的一幅幅艺术作品，再摆放一些流行时尚的报刊、精美的欧式饰品等，亦真亦幻的氛围就出来了，人们在这里交往就会觉得非常富有亲和力。

此外，合伙人之间对话的悦耳腔调，吧台师傅煮咖啡时的嘶嘶声，将咖啡粉末从过滤器敲击下来时发出的啪啪声，用金属勺子铲出咖啡豆时发出的沙沙声，以及打奶泡的滋滋声都让客户备感亲切舒服。

为了使星巴克的咖啡文化更深入影响客户，他们在墙上运用了古色古香的壁画、演绎咖啡历史的图片、咖啡器皿的陈列、大吧台上摆满了供客户 DIY 的工具……这一切的一切都在默默地、持续地、无形地植入客户的心田。

## 八、其他客户的形象

对客户来说，服务场所中出现的人，除客服人员外还有其他客户，这些其他客户的表现都会对客户的预期及体验造成影响。

由于出入同一服务场所的其他客户，其身份、素质、地位、数量、外表、行为都会影响客户对服务的期望和判断：有时候是正面的激励——“哇！高朋满座！服务太好了！”有时候却是负面的激励——“怎么跟这种人在一起，这里的服务肯定不上档次！”

例如，学校、饭店、剧院、医院等的服务都是在其他客户也在现场的情况下发生的，在这些多客户并存的服务中，其他客户的身份、素质、地位、数量、外表、行为也会影响客户的认知和感受。如在大学的选修课，学生通常不止考虑听哪位教师的课，还会考虑与哪些同学同窗，就是这个原因。

所以，酒店在开业时要优惠大酬宾——可以吸引大量客户，制造“人气”，如果能够请到明星之类的标志性人物出席就更有号召力了；而谢绝“衣冠不整”的客户可以避免“体面”客户的负面感受。

此外，当客户之间是志趣相投、和谐共处的，就会对客户产生积极的影响；相反，客户之间相互的破坏行为、过度拥挤、彼此冲突，则会产生消极影响。

为此，有些俱乐部为确保会员的素质，规定申请人须由会员推荐，再由会籍审查委员会决定是否接纳；对会员的仪表、行为也有一定的要求，如在餐厅用餐

时关掉手机，穿戴要讲究正式。

有些企业善于利用自身的平台，也重视客户与客户之间的互动，在帮助客户扩充人脉的同时，也为争取到更多优质客户做了铺垫。例如，现在一些教育培训机构就以能够为学员提供扩大社会关系的平台，帮助学员广交朋友、建立人脉为卖点，从而吸引学员参加学习和培训。

## 思考题

1. 如何减少客户等待服务的时间？
2. 如何缩短客户实际排队的时间？
3. 如何缩短客户心理排队时间？
4. 分类排队划分的标准是什么？
5. 服务环境主要包括哪些方面？

# 第七章　客户服务的人员管理

## 引例：星巴克对客服人员的激励

由于认识到客服人员是向客户推广品牌的关键，星巴克将在其他公司可能用于广告的费用投资于客服人员的福利和培训，而且每周工作时间超过 20 小时的全职或兼职员工，都有权获得公司的期权和医疗保障。

客服人员持股计划的特点是既侧重对客服人员福利刺激，同时也将企业的收益与客服人员的利益连在一起。根据国外人力资源管理的经验，股权激励模式除了能起到激励客服人员、提高客服人员绩效、留住优秀人才方面的作用之外，还能为公司减轻日常支付现金的负担，有利于公司的财务运作。

例如，1991 年，星巴克成为第一家为兼职客服人员提供股票期权的公司，星巴克的股票期权被称为“豆股票”。在舒尔茨的自传《星巴克咖啡王国传奇》中，他写道：“‘豆股票’及信任感使得职员自动、自发地以最大热忱对待客人，这就是星巴克的竞争优势。”星巴克的所有客服人员，不论职位高低，都被称为“合伙人”，因为他们都拥有公司的股份。

当然，物质激励方式要注意适度性，因为奖励过重会使客服人员产生骄傲和满足的情绪，失去进一步提高自己的欲望；奖励过轻则起不到激励效果，或者让客服人员产生不被重视的感觉。

造成服务差异性的主要原因是客服人员的态度、修养与技术水平等方面存在差异，不同客服人员提供的服务往往产生不同的内容、形式、质量、效果，另外，即使同一客服人员在不同的状态下提供同一服务，其效果也是不一样的。

因此，为了降低和减少服务的差异，首先，企业应该做好客服人员的招聘，其次，企业应该加强对客服人员的培训，最后，企业应该激励客服人员。

# 第一节　客服人员的作用与招聘

## 一、客服人员的作用

### （一）一流的客服人员才能提供一流的服务

一个高素质的客服人员，能够弥补由于物质条件的不足给客户带来的缺憾，而素质较差的客服人员则不仅不能充分发挥企业拥有的物质设施优势，还可能成为客户拒绝再次消费的重要因素。名牌客服人员在客户中享有声望，对提高企业的知名度和美誉度有重要的意义。

例如，北京市王府井百货大楼优秀营业员张秉贵以“一团火”精神热心为服务，创立了闻名全国的“张秉贵品牌”。张秉贵大大提高了王府井百货大楼的知名度和美誉度，给百货大楼创造了巨大的经济效益和社会效益。张秉贵在企业内部也起到了很好的模范带头作用，推动了整体服务水平的提高。

上海华联商厦的“照相机状元”王震以“知识服务”著称，可以“百问不倒”，当客户有疑问时，还可让客户查阅历史资料、图片资料、技术资料，获得他们所需要的信息。在照相机柜台的另一边，他开设了一个经典相机收藏阁。无论价格再昂贵的照相机，无论购买与否，当客户提出要求，王震就会从口袋里掏出白手套。客户戴上后便可自由地操作那些昂贵的相机，白手套缩短了营业员与客户之间的距离。

### （二）客服人员代表企业的形象

一方面，企业通过客服人员向客户提供服务，通过他们把服务理念生动、形象地传递给客户，客服人员实际就是企业的化身，其行为、素质、形象代表着企业，肩负着给客户留下良好印象的重任。

另一方面，客服人员是客户感知服务质量的关键因素，其在服务传递过程中的态度、行为和专业技能等是客户关注的焦点所在。客服人员是否愿意帮助客户、理解客户，以及个人的敬业精神、响应时间和沟通能力等因素都会影响客户的感知价值，当客户同一位友好、和善且技能娴熟的客服人员打交道时，他会获得信心和安全感。

医护人员的言行举止、行为规范都会给患者留下深刻的印象，在某种程度上也展示了医疗企业的水平，影响患者对医疗企业的信任度。因此，医疗企业要加强医护人员行为规范的培训及个人形象的设计。此外，医院的品牌有名院、名科、名医三个层次。名医具有个人魅力，即专家效应，病人往往是冲着专家到医院的。在树名医的基础上，由名医带领一批医生形成名科。在多个名科的基础上形成团队优势，打造名院。名医(名护)、名科、名院三者相互联系，互为依托，共同聚合成吸引病人前来就诊的磁石。

### (三) 客服人员的意见建议有助于提高服务质量

客服人员最直接地接触客户，他们了解客户愿望和需求信息，当服务质量发生问题时，也只有他们才能及时采取纠正措施。此外，客服人员又是最频繁使用服务系统的人员，他们对服务系统提出的各种建议很有价值，鼓励他们反馈信息是提高服务质量的最有效途径之一。

总之，客服人员的重要性是显而易见的，尽管有些服务可由机器设备代替人来提供服务，如自动售货机、自动柜员机等，但客服人员在这些人工智能的提供过程中仍起着十分重要的作用。因此，企业必须重视客服人员的作用，重视客服人员的招聘、培训、激励。

## 延伸阅读

#### 客服代表

1. 客服代表制

客服代表制是企业为了方便客户而提供的一系列套餐式服务的一项制度，它打破了传统的以产品为导向、业务部门各自为政的组织形式，变“等客服务”为“上门服务”，体现了“以市场为导向，以客户为中心”的服务理念，是一种科学的服务创新模式。

2. 客服代表的职责与作用

一是开发、发展和巩固客户关系，推广企业的产品或服务，销售谈判，把握合同要点，为客户提供优质的服务。

二是采集市场、客户、竞争对手的信息，及时反馈市场需求，帮助企业以最快的速度捕捉商机，并抓紧新产品的研制、开发和推出。

三是利用客户数据库分析客户的交易历史，了解客户的需求和采购情况，关注客户的动态并强化跟踪管理，对已发生风险的客户实施保全措施，化解经营风险。

四是整合企业对客户服务的各种资源，根据客户的不同要求设计不同的产品和服务方案，为客户提供全方位、方便快捷的服务，使客户的所有需求只要找到

了客服代表，即可得到一揽子服务及解决方案。

五是客服代表集“推销员”“采购员”和“服务员”于一身，“出门一把抓，回来再分家”，即先把客户的所有需求采购回来，并且通过后台的协同工作，再把企业的所有产品推广出去，这样既发挥了企业的整体优势，节约了经营成本，又提高了工作效率，从而增强了企业的盈利能力。

例如，在汇丰银行，客服代表的任务是联系银行与客户之间的各种关系并作为客户策略及财务参谋；研究分析客户的需要并提出解决的办法，协调和争取银行的各项资源，及时解决客户的需要；了解竞争银行的客户策略，及时提出对策、建议；通过管理、服务客户为银行赚取合理的回报；通过分析客户需求，努力从各个角度、各个层面为客户提供全方位服务。

花旗银行分支企业也普遍设有公关部并实行客服代表制。公关部是银行专门负责联系客户的部门，每个重要客户在公关部都有专职的客服代表，客户有任何产品和服务需求只需与客服代表联系，如有必要，再由客服代表与银行有关部门联系处理。客服代表负责与客户的联系，跟踪客户的生产、经营、财务、发展等情况，协调和争取银行的各项资源(产品)，及时了解并受理客户的服务需求，负责银行业务拓展、宣传以及信息收集。相当一部分花旗银行分行把原在一层的营业厅改为公关部，以方便客户咨询与联系，更好地为客户服务。

又如，利乐公司以客服代表为核心，为每一个客户都提供了全面的服务。利乐的大客服代表以每一个业务为单元，整合、调度和协调利乐相关人员服务、研发、技术、加工、营销等相应资源，按照规范的作业流程与方式，让其与对方每一个相对应的部门或个人直接接触，相互学习，相互交流，发现问题，解决问题，从而保证产品供给和服务的准确性、及时性。同时，双方的接触也由“点”转换为“面”，既保证了服务的深度，更使彼此合作关系由个人转为团队，关系更加牢固和紧密，即便单个接触点上有所偏差，也不会影响全局。利乐的大客服代表在帮助合作伙伴开拓市场的过程中，会调动自己企业的资源，快速帮助合作伙伴成长。

3. 客服代表的能力与职业化行为建设

(1) 要建立基于客服代表绩效特点的业绩评估体系。

首先，业绩评估指标的设计要反映企业获取客户长期价值的需求，要建立一套有效的基于流程和团队的业绩评估体系。

其次，按照责权利匹配原则，通过科学考核客服代表的工作量及工作难度大小、个人贡献度，客观公正地衡量出客服代表的个人业绩，由此评定出不同等级的客服代表。

最后，推行绩效工资，将客服代表个人业绩与其经济收入、职务升降联系在一起，实现多劳多得和奖优罚劣的效果。

(2) 要对客服代表进行持续有效的激励。

目前，企业对客服代表的激励存在两个缺陷：一是短期的奖金激励导致客服代表忽视对客户关系的提升；二是重视个体激励而忽视对团队的奖励，导致客服代表无法从企业其他部门获得更多的支持。所以，要建立长期的激励制度，要承认客服代表以外的其他相关部门和人员所做的贡献。

(3) 要提升客服代表在组织中的地位。

客服代表在组织中要有一定的权威，否则他将无法调动企业资源去满足客户需求。如果客户认为企业客服代表在组织中没有话语权，就很难与客服代表建立一种信任关系。因此，要不断完善客服代表制度，要把客服代表从“救火队长”“大业务员”转化为团队的领导者与管理者。

## 二、客服人员的素质要求

由于客服人员的素质、业务水平及工作能力、工作态度都影响企业的形象，服务的质量和绩效水平也取决于客服人员的操作技巧、态度和才能。所以，企业应该注意招聘和培养高素质的客服人员，从而为客户提供专业化的、体贴入微的服务。

### （一）客服人员的心理素质要求

(1) 严格遵守企业的各项规章制度。

(2) 文明礼貌，谈吐文雅，口齿清楚，对客户提出的疑问做好细致、明确的回答。

(3) 热爱工作，任劳任怨、不辞劳苦，有高度的责任感和使命感，具有良好的职业道德，真心实意为客户提供服务。

(4) 温暖、友爱、诚实、可靠，能够与客户建立和发展良好的个人关系，

(5) 有健全的心智、整齐的仪表和良好的习惯，有强烈的责任心、进取心和积极的态度。

### （二）客服人员的技能素质要求

(1) 对服务项目有深入的了解和认识。

(2) 掌握为客户提供优质服务的技巧。

(3) 灵活运用沟通技巧与客户进行有效沟通。

(4) 掌握使客户信服的实用技巧。

(5) 把握客户心理与性格的技巧。

(6) 把握异议处理技巧，提高客户满意度。

(7) 见多识广，具有丰富的专业知识及熟练的操作技术。

## 三、客服人员的招聘

客户服务是项与人打交道的工作，要使服务获得成功，找到能够胜任的人选十分重要。

企业在招聘客服人员时，除了要考查其教育背景、技术技能等常规项目之外，还应考查应聘人员的内在素质和客户导向的意识，要选择有意愿、有能力为客户服务的人，并且保证吸收的客服人员易于同企业的核心价值观相融合，从而降低新客服人员与组织的磨合成本。

例如，希尔顿酒店有一套人才选拔的标准，包括基层客服人员和管理层客服人员的选拔标准。其对基层客服人员有三个要求：首先是注重人际沟通，因为酒店是服务性行业，人际沟通能力显得尤为重要；其次是注重服务业绩、产出业绩，包括通过有效工作控制浪费、不影响服务质量的前提下降低成本、在可接受的成本许可下增加更多收入等；再次是注重客户和服务质量。希尔顿酒店对管理层客服人员的核心能力要求包括人员管理能力、影响力、沟通能力、发展关系能力、计划能力、信息分析能力、决策能力、商业意识及推动力和顺应力。严格的招聘、选拔体系既可以选择到高质量和适合希尔顿酒店的人才，同时又能为其酒店的服务质量管理提供坚实的基础。

由于并不是所有的人都适合从事服务工作，因此，如今越来越多的公司开始倾向于根据一个人的价值观、生活风格来选择客服人员。例如，海航选择空服人员的标准是“慈善”。这样做的道理是：你可以改变一个人外在的一切，但改变一个人的价值观是极为困难的。

### 案例：新东方客服人员的招聘

新东方教育科技集团经过几十年的发展已成为一家以外语培训和基础教育为核心，拥有短期语言培训系统、基础教育系统、职业教育系统、教育研发系统、出国咨询系统、文化产业系统、科技产业系统等多个发展平台，集教育培训、教育研发、图书杂志音像出版、出国留学服务、职业教育、在线教育、教育软件研发等于一体的大型综合性教育科技集团。

作为教育培训企业的新东方，其主要产品就是课程，雄厚的师资成为新东方成功营销的关键，在学员中一度传播着“新东方的老师是牛人！”

能够走上新东方讲台的人，不是英语过专业八级，就是高分通过GRE、GMAT、托福、雅思等高难度英语水平考试。他们或者拥有传奇性的成长经历，或者有过留学经历。新东方有着一大批对英语、出国留学以及人生规划的研究专家，他们时刻关注这些信息并通过各种渠道，如免费讲座、新东方酷学网站、《新东方英语》杂志等把最新的资讯信息传递给客户。

据说每一个新东方老师都是经过严格的招聘与面试，要通过号称“过五关斩六将”的面试后，还要经过近 3 个月的培训才能获得上岗资格，正式上讲台前都要经过 30 次培训。他们热情奔放、对人生理想有着独到的见解并擅长在课堂教学中融入这些思想来影响新东方的学员。新东方在外籍教师的引进方面也有严格的要求：必须具有本科以上学历，拥有相关教学工作经验，此外，最重要的是外籍教师必须融入新东方的文化中。

# 第二节　客服人员的培训

客服人员的培训是指企业采用各种方式对客服人员进行有目的、有计划的培养和训练的管理活动，其目的是使客服人员不断地更新知识，提高技能，从而促进服务的稳定和提高。

## 一、培训的意义

企业通过培训，可以使客服人员形成先进的服务理念，帮助客服人员了解自己工作的意义和价值以及自己努力的方向，使客服人员的态度、行为趋于规范，从而提高客服人员的素质，提高客服人员的专业技术水平，确保服务的质量。

例如，联邦快递公司为保证与客户接触的运务员符合要求，在招收新客服人员时要进行心理和性格测验；新进客服人员在入门培训中要先接受两周的课堂训练，接着是服务站的训练，然后让正式的老运务员带半个月，最后才独立作业。

对于如何看待客服人员的培训和发展，麦当劳创始人雷·克罗克先生说过两句话，第一句是：“if we’re going to go to anywhere, we’re got to have some talent. And going to put my money into talent.”意思即“不管我们走到哪里，我们都应该带上我们的智慧，并且不断地进行智慧投资”。另一句话是：“Cash，you can get；talent，you have to develop.”这句话的意思是“钱，你可以赚到；但是，对于智慧，必须花心思去培养”。所以，早在 1976 年，麦当劳就在人员的发展上做出很大的投资。

**案例：麦当劳的培训**

麦当劳公司晋升制度中非常有特点的是，如果人们没有预先培养自己的接班人，那么他们自己在公司里的升迁将不被考虑。因此在麦当劳，无论职位高低，给客服人员的训练永远是现在进行式，客服人员的成长也因而持续不断。在迈向个人成功之路上，客服人员参与麦当劳独特、完整的训练课程，体验成为麦当劳经理人的特殊荣耀。

麦当劳自1955年创建开始就非常重视人员培训，一旦客服人员加入管理组，麦当劳就会给他一套结合国内外资源训练计划，除了在麦当劳训练中心接受营运及管理方面的教育外，当他晋升至餐厅经理时，还能到“汉堡包大学”深造，接受更专业、更全面的训练。

1961年开办的“汉堡包大学”有6个剧场式的教室、17间会议室、22种语言同声传译和先进的声像教学设备。汉堡包大学现在每期培训6天，学员为来自世界各地的麦当劳分店经理和重要职员，学员都以能够被送到汉堡包大学这个大本营里接受培训为骄傲。“汉堡包大学”提供三种课程的培训。第一种是基本操作讲座课程，目的是教授学员制作产品的方法、生产以及质量管理、营销管理、作业与资料管理和利润管理等；第二种是高级操作讲习课程，主要内容包括获得高利润的方法，房地产、法律、财务分析和人际关系等；第三种是高级训练顾问。所有课程都以提升麦当劳的营运绩效为目标。

## 二、培训的机制与方法

### （一）培训的机制

企业应建立起完善的服务培训机制，从而对客服人员开展系统性、及时性和针对性的培训。

所谓系统性，主要是指对培训进行统一的规划设计，持续、有规律地开展培训工作。

所谓及时性，主要是指培训应与市场环境、竞争形势和公司策略的要求同步。

所谓针对性，主要是指培训工作应根据客服人员岗位、业务水平，提供不同的内容和方式。

例如，可以建立多层次的培训——让高层管理人员不但熟悉服务策略，还会根据企业的实际情况制定和修改服务策略，并指导、控制它的实施；让中层管理人员熟知服务策略，并且能够将书面的策略同实际工作联系起来，使自己所管辖

的部门能服从企业的整体利益；让一线客服人员理解服务策略，贯彻执行服务策略，真正向客户提供超值服务。

### 案例：肯德基的多层次培训

肯德基的培训分多个层次，从餐厅服务员、餐厅经理到公司职能部门的管理人员，公司都按其工作性质安排严格的培训计划。

餐厅服务员刚进公司时，每人平均有200小时的“新客服人员培训计划”，许多餐厅服务员认为，在肯德基的餐厅可以学到十分宝贵的经验，如团队合作精神、勤劳诚实、认真负责、追求完美的品质、注重细节的习惯。

餐厅经理人员不但要学习领导入门的分区管理手册，同时还要接受公司的高级知识技能培训，并会被送往其他国家接受新观念以开拓思路。据透露，每个餐厅经理的培养成本约是20万元人民币，通常培养一名称职的餐厅经理至少需要1～4年。

肯德基为使管理层人员达到专业的快餐经营管理水准，还特别建立适用于餐厅管理的专业训练基地——教育发展中心。这个基地成立于1996年，专为餐厅管理人员设立，每年为来自全国各地的2000多名肯德基的餐厅管理人员提供上千次的培训课程。培训课程包括品质管理、产品品质评估、服务沟通、有效管理时间、领导风格、人力成本管理和团队精神等，并且主要是来自资深管理人员的言传身教及对自身工作经验的总结。中心大约每两年会对旧教材进行重新审定和编写，主要是补充一线人员在实践中获得的新知识、新方法。

## （二）培训的方法

### 1. 讲授培训

这是由专家和优秀推销员讲授推销知识、方法和技巧。

### 案例：迪士尼的培训

在迪士尼大学，最典型的培训新客服人员对话练习如下。

导师：“众所周知，麦当劳生产汉堡包。迪士尼生产什么呢？”

新客服人员：“迪士尼给人们带来欢乐！”

导师：“对极了。我们给人们带来欢乐。不管他们是谁，说什么语言，

干什么工作，从哪里来，什么肤色，都要在此让他们高兴。你们不是被请来做工的，你们每一个都是来我们的节目中扮演一个角色的。”

在这种反复强化的训练中，迪士尼给人们带来欢乐的宗旨已经被灌输进每个被培训者的脑海里。在以后漫长的工作中，其心灵深处总有一个随时提醒自己的预警系统——自己的责任就是给人们带来欢乐。

在迪士尼大学的课本中，客服人员还可以读到这样的训练语言：“在迪士尼我们可能会工作劳累，但是从来都不会厌倦。即使在最辛苦的日子里，我们也要表现得高兴，要露出发自内心的真诚微笑。”

**2. 模拟培训**

这是由受训人员扮演推销人员向由专家和优秀推销员扮演的客户进行推销。

**3. 实践培训**

这是受训人员直接上岗，与有经验的推销人员建立师徒关系，通过传帮带熟悉推销业务。例如，沃尔玛实行轮岗制，要求各级主管经常轮换工作，通过担任不同的工作，接触公司内部的各个层面，相互形成某种竞争，最终能掌握公司的总体业务及各种技能。

**4. 其他方法**

例如，如家是学习型的企业，有自己的“如家培训学院”。如家要求所有的客服人员不断地学习，充实自己，如看书、讨论、写心得、开读书会等。所有的店长和管理人员都要利用业余时间进行培训，大家互相学习，交流经验，讨论“如家”的文化及管理的问题。

**案例：希尔顿的培训**

希尔顿的培训系统非常完善，尤其是对于新客服人员。新客服人员必须在走上工作岗位之前参加一个4小时的优质服务培训课程。入职后14天之内，每一个酒店客服人员都必须参加“希尔顿新客服人员定位培训”，包括如下内容：观看希尔顿集团热情待客视频及希尔顿品牌相关影像记录，发放客服人员手册。

希尔顿酒店为提高酒店的平台管理和服务的水平，建立了自己的在线学习平台“希尔顿大学”。平台提供1000多个网上课程，覆盖人力资源、财务、市场销售营运，包括沟通能力、协调能力、谈判能力、组织发展管理等，客服人员可以根据自己的兴趣爱好、发展要求来选择他们所要学的课程。酒店的培训部门会专门要求客服人员上一些必修课，辅助他们做整体职业规划，并且跟进以确保他们能达到要求。这为大量的新人提供了一个认识和学习希尔顿酒店文化的平台，使得新客服人员能快速融合到酒店文化中，同时又为他们提供了学习和提高管理与服务技能的机会。

“希尔顿大学”网上课程的设计非常精巧，和传统的课堂教学相似，有真人发音、互动提问、游戏环节和考核。在考核结束后会有一个独立的成绩报告，用以检测学员的学习情况和学习成果。如果成绩没有达到要求会督促其重修，如果客服人员一直没能通过考核，将会把他们安排到一个更适合他的岗位。通过培训有利于提高客服人员的服务能力和服务水平，有利于新客服人员传承和发扬希尔顿酒店的高品质服务理念和文化，对希尔顿酒店服务质量的稳定和提高都有很大的帮助。

## 三、培训的内容

客服人员的培训不仅包括对客服人员的专业、沟通及解决问题技能的培训，更要进行服务文化、服务理念的培训，向客服人员灌输企业倡导的核心价值观念、服务理念、职业道德、工作规范等。

一般来说，客服人员的培训内容应当包括观念培训、技能培训、礼仪培训等。

### （一）观念培训

服务好不好，观念、心态很重要。把服务当成一种职业还是一种事业将决定服务工作的出色与否。例如，砌墙工人甲、乙、丙三个人的起点都是一样的——砌墙、盖房子，但甲和乙都没有更多的想法，只是机械、重复地做一个砌墙的工人，而丙心中怀着远大的理想，变“砌墙”为“建一座美丽的城市”。由于他在工作中体会到创造的快乐，而这种积极的精神状态促使他的工作更加出色。可见，客服人员要有一种把服务当成事业的心态，以服务为荣，才能把服务做好。

**案例：海底捞的宣誓词**

我宣誓，我愿意努力地工作，因为我盼望明天会更好；我愿意尊重每一位同事，因为我也需要大家的关心；我愿意诚实，因为我要问心无愧；我愿意接受意见，因为我们太需要成功；我坚信只要付出终有回报。

观念培训要使客服人员充分理解企业的服务策略，理解优质服务和客户忠诚的关系，理解客户忠诚对企业生存的意义，理解服务质量的好坏与自己前途的密切关系，从而规范客服人员的心态和行为。客服人员应当树立以下服务观念。

1. **服务要“以客户为中心”**

客服人员要理解、关心、爱护和尊重客户，形成“以客户为中心”的经营环境。要反对和克服出于利润目标、管理规则、技术手段等因素的影响，而把客户当作盈利的手段或工具的倾向，代之以充满人性的人文关怀，从而使客户感到自己受到礼遇、尊重。

20 世纪 60 年代，菲利普·科特勒确立了“以客户为中心”的营销主旨，自那以后，无论是营销理论还是营销实践都是围绕客户展开的，“以客户为中心”的经营方式得到广泛的认同。

“以客户为中心”就是要求企业以客户及其需求作为行动的导向，想客户之所想，急客户之所急，主动了解客户，预见他们的需要，迅速回应并采取行动满足客户的需求。

“以客户为中心”就是要以人为本，要真诚地面对客户，重视客户的意见，充分考虑客户利益，鼓励客户参与服务的规划与设计，针对不同类型客户量身提供定制化的服务。

“以客户为中心”就是要求企业要真正尊重客户，关怀客户，一切从客户出发，不断完善服务体系，最大限度地使客户满意。

2. **服务应从细节做起、追求完美**

随着经济的发展，人们对生活质量的要求越来越高，对服务质量的要求也越来越高，这种高要求落实到现实中就是对完美细节的追求。

## 延伸阅读

### 服务蓝图

服务蓝图是一种基于流程图的服务设计工具，它将服务过程进行合理分块，再逐一描绘服务系统中的服务过程、接待客户的地点以及客户可见的服务要素。服务蓝图不仅能用来分析和改善现有的服务过程，还可以用来开发新的服务流程。

服务蓝图中的主要因素包括：针对每一项前场活动来界定其标准；与前场活动有关的实体场景与其他场景；主要的客户活动；互动的点；客户接触人员的前场活动；可视线；客户接触人员的后场活动；与其他服务人员有关的支持程序；与信息科技有关的支持程序。

服务蓝图通常会详细指出服务程序应该如何进行，同时可以让管理人员知道操作系统的哪一个部分是客户可见的，而这一可见部分便是服务生产系统的一部分，客户对于服务的知觉便是通过这一部分来形成的。

服务机构可以借助服务蓝图来分析从后勤到直接面对客户的各个环节，寻找与客户接触的各个点。例如，客户在一家宾馆下榻所经历的接触点主要有：入住登记、由服务人员引导至房间、在餐厅就餐、要求提供唤醒服务以及结账等，每个接触点都是客户感受宾馆服务的机会，也是宾馆了解客户需求、改善服务流程的契机，宾馆必须在这些接触点上为客户提供优质的服务。

服务蓝图可协助服务机构找出潜在失误点，这些潜在的失误点可能会影响服务质量。当服务机构知道这些潜在的失误点时，可以采取防范措施并事先准备应变计划。利用服务蓝图，服务机构也可以指出在服务过程中的哪些阶段，客户必须等待。对于每一项活动，服务蓝图必须指出执行标准，包括完成任务的时间、最大客户等待时间、脚本与角色的定义等。

例如，医生嘱咐一位刚拔过牙的病人 4 小时后才能吃东西，4 小时后病人意外地接到主治医师的一条短信——“祝贺你，可以吃东西了”；检查科室实行一对一服务，室内设置床帘及窗帘；心电图、超声检查及内外科做到男女分室检查；体检结果均装在订好的信封内，保护体检人员的隐私；患者在医院输液感到有点冷，护士抱来了热乎乎的毯子——原来是医院把消过毒的毯子放在烘箱里，调节到接近人体的温度保存，以便随时取用……如此细腻体贴的服务一定能够让客户满意。

## 延伸阅读

### 峰终定律

峰终定律就是：人们对一件事的印象，往往只能记住两个部分，一个是过程中的最强体验——峰；一个是最后的体验——终，好的开头不如好的结尾。过程中好与不好的其他体验对记忆基本没有影响。

例如，一些儿科医院会在诊疗结束后，送给小孩子礼物——一块糖果或是一张喜爱的贴纸。这样即便过程很痛苦，但最后有一个甜甜的结果，这样他对这个疾病的痛苦印象就不会那么深刻了。

星巴克的“峰”是友善的店员和咖啡的味道，“终”是店员的注视和微笑。尽管整个服务过程中有排长队、价格贵、长时间等待制作、不易找到座位等很多差的体验，但是客户下次还会再去。

宜家的购物路线也是按照“峰终定律”设计。虽然它有一些不好的体验，如“地形”复杂，哪怕只买一件家具也需要走完整个商场，如店员很少，找不到帮助，还要自己从货架上搬货物，要排长队结账，等等。但是它的峰终体验是好的，它的“峰”就是过程中的小惊喜，如便宜又好用的挂钟，好看的羊毛毯以及著名的

瑞典肉丸；它的“终”是什么呢？就是出口处 1 元钱的冰淇淋！所以，1 元钱的甜筒看似赔本，却为宜家带来了极佳的“终”体验，成为人们记住宜家的一个标记。当人们再回忆起宜家的购物之旅时，会觉得整体行程都非常棒。

### 3. 服务要多走一步

服务做得好不好还取决于自己能否比别人多走一步。多走一步可从两个方面理解：一方面是与竞争对手相比多走一步；另一方面是与客户期望的服务水准做一个对比，多走一步，做到比客户期望的还多一点儿，即超越客户的期望。

例如，美国前总统里根访问上海时下榻锦江饭店，饭店打听到里根夫人喜爱鲜艳的服饰，于是特意定制了一套大红缎子的晨装，里根夫人穿上它竟然很合身，她感到很惊喜，对锦江饭店的细致服务自然非常满意。

又如，斐济总统身材高大，来我国访问期间一直没有穿到合脚的拖鞋，到达上海时也下榻的锦江饭店，出乎他预料的是，锦江饭店为他专门定制了特大号的拖鞋。不用说，总统非常满意，对锦江饭店也留下了深刻的印象。

新加坡东方大酒店实施了一项“超级服务”计划，就是客服人员要尽可能地满足客户的需要，不管是否属于分内的事。有一天，酒店咖啡厅来了四位客人，他们一边喝咖啡，一边拿着文件在认真地商谈问题，但咖啡厅的人越来越多，嘈杂声使得这四位客人只好大声说话。受过“超级服务”训练后的服务员觉察到这一点，马上向客房部打电话，询问是否有空的客房可以借给这四位客人临时一用，客房部立即答应提供一间。当这四位客人被请到这间免费的客房并知道这是为了让他们有一个不受干扰的商谈环境时，他们对这样好的“超级服务”感到难以置信。事后他们在感谢信中写道：“我们除了永远成为您的忠实客户之外，我们所属的公司以及海外的来宾，将永远为您做广告宣传。”

#### 案例：王永庆卖米

我国台湾地区前首富王永庆当年在卖米时做了几件在别人看来离奇并且与挣钱无关的事。他和弟弟一起动手，将夹杂在大米里的糠谷、沙粒统统清理干净(那时候，稻谷加工非常粗糙，大米里有不少糠谷、沙粒等)，这样一来他店里的米质比其他店要高出一个档次。无论晴天下雨，无论路程远近，只要客户有需求，他立马送货上门(当时尚无送货服务，卖米的利润极其微薄，一斗米只能赚一台币，但他坚持免费送货服务)。

给客户送米时，他都会帮忙将米倒进米缸里，减少主人的麻烦。倒米时他总是先把缸内的旧米倒出来，把米缸擦干净后，再倒进新米，最后把旧米放在上层(这样米就不至于因陈放过久而变质)。每次给客户送米，他还默默记下客户家中的人数，大人几个，小孩几个，以此来估计日消耗米量，并详细记录小本上(这样就能在客户家里的米即将吃完的前几天，专程到客户家去提醒要不要送米，不等客户上门，他就已经主动将米送过去了)。

每次送米，他并不急于收钱，他把所有客户按发薪日期分门别类，登记在册，等客户发了薪水，再去一拨一拨地收米款(当时大多数家庭都靠做工谋生，收入微薄，少有闲钱，如果马上收钱，碰上客户手头紧，双方都会很尴尬)……从这些极富人情味、极具爱心的举动来看，王永庆能够成为首富也就不奇怪了。

4. 服务要换位思考

服务意识要求我们考虑问题不能仅仅从自己的角度出发，而是要从他人需要的角度出发，即换位思考。换位思考意味着企业要站在客户的角度去思考问题，理解客户，为客户提供良好的服务。

例如，银行为方便客户，在营业厅里的显著位置摆放了老花镜、便笺、医药箱等便民设施供客户随时使用，为减少客户排队时的焦虑心情，还设置了休闲区，在那里摆放了报纸、杂志、宣传资料等供客户翻阅。能让客户一趟就办完的不要让客户跑两趟；能让客户只填一张单子就办完的，不让客户填第二张。

此外，客户也都有自尊心，害怕“丢面子”，所以，企业应该设身处地地为客户着想，不能让客户感到窘迫或出丑。

例如，美国一家汽车修理厂有一条服务宗旨是“先修理人，后修理车”——一个人的车坏了，心情肯定非常不好，所以，应该先关注人的心情，再关注车的维修。

又如，以往带孩子购物的家长常常感到不方便，因为当客户挑选商品时，这些孩子无人照看，因而会影响家长的购物情绪。现在，不少商场开始重视客户带孩子购物的问题，设置了儿童游乐场所，并且有专人看管，这样就解决了家长的后顾之忧。

北京西单商场在店内开设了一个300平方米的“爱心世界”，与蕾奇玩具公司合作经营。这里有很多儿童娱乐设施，如“生日小屋”“卡通天地”“托婴室”“迷宫”“海洋球池”“小灵通”等。逛商场的家长只要花费少量的费用把孩子送到这里，便可以安心购物，孩子则由客服人员带着尽情地玩耍。有了这样的经历，这些客户再购物时，自然还要到这家商场来。这样，“爱心世界”从客户那里得到了丰厚的回报。

5. 服务要以诚信为本

诚信是企业的无形资产，它有利于企业树立良好的形象，赢得商誉，为企业的长期发展奠定坚实的基础。诚信原则要求客服人员诚恳待人、不做假、不欺骗、有信誉、守承诺、表里如一、遵纪守法。

例如，“湾仔码头手工水饺”的创始人臧健和女士的成功完全是靠踏实的努力换来的。起初摊位上包饺子、煮饺子、卖饺子都是她一个人，其中辛苦可想而知，但臧女士没有因为辛苦而放弃产品品质，一直以味道鲜美、价格低廉吸引着客户。渐渐地，“湾仔码头”租店铺、开分店、建工厂，一步一个脚印地向前发展。在这个过程中，臧女士一直严把配料关和质量关，选料绝不马虎，工艺也严格控制，因此，虽然是机器生产的水饺，但仍保持了手工水饺的鲜美味道，受到广大客户的青睐。臧健和女士的这种踏实敬业的精神无论在哪个时代，在什么背景下都是值得提倡和推崇的。

6. 服务要适度

对客户的服务要适度，即奉行中道原则。所谓中道，“就是人在处理自己的情感和行为时要适度，不要不及，也不要过度”。中道原则指出了每一项美德都是合乎中道的德行，都是处在“过”与“不及”的两种极端之间。

在我国古代，儒家将其称之为中庸之道，并视之为最高的道德标准和思想原则。儒家的中道思想主张待人处世要“不偏不倚”，要“叩两竭中”“执两用中”，反对“过”与“不及”。古人所谓的“物极必反”“欲速则不达”“适可而止”等，都说的是“中道”的意思。不仅我国古代的儒家提出了中道思想，古印度的佛陀，古希腊的亚里士多德、德谟克里特等大哲学家也都提出过中道思想。

在服务中贯彻中道原则，就是要注意服务的适度性，注意避免“服务不够”和“服务过分”两种极端情况——既不能板起脸来冷若冰霜，令客户感到不近人情、不负责任、漫不经心、懒散傲慢、敷衍了事；也不能大献殷勤，对客户阿谀奉承、曲意迎合、卑躬屈膝，这种过于谦卑、不自尊自重的做法，通常不仅难以赢得客户的尊重和信任，反而可能招致客户的轻蔑和厌恶。

一般来说，服务的每一项道德规范都要合乎中道，都要适度、自然，既不能背离要求，也不能勉强遵守。如“微笑服务”所要求的微笑就要适度，是客服人员发自内心真实的笑容。

7. 服务要崇尚团队分工与协作

分工带来的是客服人员的高度责任感和工作的高效率，但是分工又不是绝对的，只分工、不合作，服务肯定要打折扣。只有恰到好处的分工与协作才能确保服务质量。

例如，肯德基的每个客服人员都有不同的分工，从点餐、收银的前台到配餐、制作食品的厨房，再到清洁餐桌、地板、玻璃、卫生间的大厅，每个客服人员都在自己的岗位上尽职尽责，每个客服人员的工作范围、工作要求都是严格细分的。同时，肯德基又崇尚团队精神，在团队精神的指引下，肯德基客服人员形成了良好的分工与协作，从而保证了服务的正确和迅速。肯德基还倡导在有困难的工作任务面前大家共同承担，点餐的客服人员在忙时可以由前台经理帮忙收银，做清洁的客服人员在客流高峰期可以由大厅接待帮忙做清洁。

又如，吉野家是以米饭为主的快餐，为了实现快捷和口味一致，不仅实现了原料的标准化和半成品化，也对操作程序进行了细化和标准化。与此同时，吉野家也有完善的目标管理、项目管理和绩效管理等量化的管理系统，支撑品牌的不断发展壮大而不走样。但是标准化容易导致僵化和各自为政。最初，吉野家将每个岗位的工作职责都进行了细化和标准化规定，后来出现了每个岗位的客服人员"各人自扫门前雪，哪管他人瓦上霜"的局面，工作效率反而降低了，服务质量也大大降低。吉野家意识到了这个为了标准而标准的错误，于是便打破各个岗位职责的限制，推行无边界组织的文化，推崇团队精神，以共同提高工作效率和客户满意度为最终目标，结果服务质量大大提高。

延伸阅读

SERVICE

"服务"一词在英语中为"service"，有仪式的意思，有人将"service"这个单词的每个字母所代表的含义解释如下。

s—smile(微笑，即服务是对每一位宾客提供微笑服务)。

e—excellent(出色，即企业要对每一项微小的工作都做得很出色)。

r—ready(准备好，即企业要随时准备好为宾客服务)。

v—viewing(看待，即企业要把每一位客户都看作需要提供特殊照顾的贵宾)。

i—inviting(邀请，即企业在每一次服务结束时，都要邀请宾客再次光临)。

c—creating(创造，即企业要精心创造出使宾客能享受其热情服务的气氛)。

e—eye(眼光，即企业始终要用热情好客的眼光关注宾客，预测宾客需求，并及时提供服务，使宾客时刻感受到被关心)。

### (二) 技能培训

专业知识和专业技能是提供优质服务的前提，企业通过对客服人员的技能培训，可以提高服务质量，从而提高客户对服务的满意度和忠诚度。

### 案例：星巴克的培训

星巴克所有的新进人员都必须经过四种核心课程，包括星巴克体验、咖啡交流、服务技能、吧台技术。这四项训练是针对员工的工作职责所规划的。

星巴克创始人霍华德·舒尔茨早就已经意识到站在吧台后面直接与客户交流的“咖啡大师傅”决定了咖啡店的氛围，他们在为客户创造舒适、稳定和轻松的环境中起到了关键作用。为此，每个“咖啡大师傅”都要接受培训，培训内容包括服务、零售基本技巧以及咖啡知识等，使之成为咖啡方面的专家。“咖啡大师傅”被教授预测客户的需求，在解释不同的咖啡风味时与客户进行目光交流，被授权可以和客户一起探讨有关咖啡的种植、挑选和品尝，还可以讨论有关咖啡的文化甚至奇闻、轶事，以及回答客户的各种询问。

“咖啡学习护照”就是一本让员工成为咖啡专家的学习手册。员工循着学习途径，每天抽出十分钟，共同品尝、讨论咖啡，从中不断积累咖啡知识，无形中和客户、伙伴、家人讨论咖啡，形成一种星巴克特有的咖啡文化。

例如，由于医护人员与患者对检查、治疗、处方、配药等专业信息掌握的不对称，极易产生医患之间的不信任，因此，医院应加强与患者的沟通。一个平易近人、善于与患者沟通的医护人员，显然会给患者留下好的印象，会得到患者更多、更好的配合与信赖。因此，医院在注重提升医护人员专业知识的同时，也要培训他们的沟通技巧及对患者心理的研究，将使患者的满意度大大提升。

## 延伸阅读

### 拒绝客户的技巧

当客户提出了过分的要求或者当你满足不了时，应该予以拒绝。当然，拒绝也需要一定的技巧。

技巧一，用肯定的口气拒绝。在肯定对方观点和意见的基础上，拒绝对方，例如，“好主意，不过恐怕我们一时还不能实行”。用肯定的态度表示拒绝，可以避免伤害对方的感情。

技巧二，用恭维的口气拒绝。拒绝的最好做法是先恭维对方。例如，“您真有眼光，这是地道的××货，不过由于进价太高，我很遗憾实在没有优惠的空间了”，这样就不会让对方觉得不快。

技巧三，用商量的口气拒绝。例如，“太对不起了，我今天实在太忙了，下次行吗？”这句话要比直接拒绝好得多。

在沃尔玛，每位客服人员都可以得到接受训练和提升的机会。沃尔玛有许多寓教于乐的内部培训项目：公司文化培训，全面灌输沃尔玛的经营理念；在岗技术培训，教授如何使用机器设备、如何调配材料、如何加工面包等；专业知识培训，如电脑培训，语言学习等；领导艺术和管理技巧的培训，主要是针对有不同潜能的管理人员而设。

### （三）礼仪培训

礼仪是礼节和仪式的总称，具体表现为仪表礼仪、举止礼仪、言谈礼仪等。

#### 1. 仪表礼仪

客服人员的衣着、打扮、言谈举止都会直接影响客户对服务和企业的评价。整洁配套的制服、落落大方的仪表、训练有素的举止，会说服客户相信他们能够提供优质的服务。相反，客服人员头发杂乱，不修边幅，客户往往会认为其所提供的服务会同样杂乱。此外，客户还会对某些客服人员的外表有特殊的期望，例如，安保人员的身材高大魁梧，这样能使客户产生安全感，仪容清爽、制服整洁的厨师也一定可以提高客人的食欲。因此，企业必须对客服人员的仪表进行培训。

TPO 原则是目前国际上公认的着装原则。T—time，表示穿衣要根据年代季节，以及一天的早、中、晚等时间的不同而有区别；P—place，表示穿衣要适合于不同的场所、环境、地点；O—object，表示穿衣要考虑此去的目的。遵循 TPO 原则着装，合乎礼仪规范，能够彰显教养和风度。

当然，把握着装的基本准则之后，衣着穿戴还应符合个人的特点，要考虑个人的审美观、体形、年龄、职业、性格、文化素养、经济条件等，不管穿何种服装，均要得体、和谐，令人悦目，感觉自然。客服人员的着装应以整洁、美观、大方、合体为宜，不要过分追新求奇，在款式造型以及色彩搭配上要注意协调性原则。

例如，肯德基要求客服人员在工作时保持清洁整齐的外表，必须穿戴整洁深色的防滑皮鞋，必须穿袜子；女性可化淡妆，男性不可蓄胡须；根据卫生要求，在生产区工作时间不可佩戴任何首饰及手表；女性头发应当梳理整齐，不得遮面；男性前发不过耳，后发不可越领；手指甲应修剪整齐并不可涂抹指甲油；在工作开始前、休息后回到工作区域或任何手可能变脏的时候，必须洗手消毒。

又如，麦当劳的一线客服人员基本都是一些富有青春活力的年轻人，文明礼貌、友好亲切、动作敏捷、反应迅速。客服人员的服装统一，干净又整洁，长裤

衬衫、工牌工帽，简洁明快，看上去很有精神，充满活力。他(她)们穿着标有麦当劳标志的统一制服，体现着团队的理想和态度，可以促进服务的一致性和控制不当的行为。此外，“麦当劳大叔”总是传统小丑打扮，黄色连衫裤，红白条的衬衣和短袜，大红鞋，黄手套，一头红发。一直到现在麦当劳叔叔都是快乐和谐的象征，大嘴巴的笑容给人感觉永远都是愉悦的。于是，“麦当劳叔叔”的形象风靡世界，成了家喻户晓的人物。当人们想起“麦当劳叔叔”的时候，自然地就会想起麦当劳汉堡包、炸薯条……这些美味可口的食物。

迪士尼也十分注重对客服人员的外貌管理，制定了严格的个人着装标准，所有迎接客户的职员每天都穿着洁净的戏服，职员的头发长度、首饰、妆容和其他个人修饰因素都有明确的规定且被严格地执行。迪士尼的大量着装整洁、神采奕奕、训练有素的“舞台成员”对于创造这个梦幻王国至关重要。

希尔顿酒店对客服人员服饰的要求是：工作时间内一律着本岗位规定制服；工作服应干净、平整，无明显污迹、破损；各岗位服装穿着应按照公司内务管理规定执行，不可擅自改变制服的穿着形式，不可私自增减饰物，不得敞开外衣、卷起裤脚或衣袖；工作时间需将工作牌统一佩戴在左胸显眼处；工作服外不得显露个人物品，衣、裤口袋整理平整，勿显鼓起；西装制服第一颗纽扣需扣上，衬衣领口整洁，纽扣扣好，衬衣袖口可长出西装外套袖口0.5～1厘米；领带平整、端正，长度一定要盖过皮带扣。领带夹夹在衬衣自上而下第四个扣子处；裤子要烫直，折痕清晰，长及鞋面；鞋底与鞋面鞋侧同样保持清洁，鞋面要擦亮，以黑色为宜，无破损，勿钉金属掌，禁止着凉鞋上班；男性员工应穿黑色或深蓝色、不透明的中长筒袜；女性员工需着肉色袜，禁止穿着带花边、图案的袜子，无破洞，袜筒根不可露在外等。

**案例：顺丰花 1 亿元订制员工服**

顺丰速运在不久前为员工配置了与耐克“联名”款的工服——左胸前还是顺丰的标识，而右胸则赫然添上了经典的耐克 logo。

这款顺丰工服是 Nike 的 SHIELD 系列，含有不少“黑科技”。制服两肩都配置着类似 3M 的反光贴条，来增强安全性；还具备为恶劣天气打造的防风、防水、透气以及轻量化等系列功能，非常适合顺丰小哥在日晒雨淋的工作环境中穿行。当然，该款式的售价也不便宜，白色款式在 Nike 官网要卖 2099 元。这次采购的工作服，单单配备了华东部分地区，顺丰就已经花费超过 1 亿元。

据了解，顺丰速运总裁王卫对之前的员工工服一直不是很满意。因为透气性不足，特别是天气炎热的时候，出了汗的工服会贴在小哥身上，使客户感觉到比较“邋遢”。而新的工作服不光防雨，透气性还好，不仅能够照顾到快递员的形象，也能提升公司的形象。并且制服两肩都配置着类似 3M 的反光贴条，让大街小巷里穿行的快递员，多了一份安全保障。

顺丰关心员工早有先例。2016 年网上一则快递员被掌掴的新闻引发广泛关注，而随后顺丰集团总裁王卫朋友圈发文称“如果这事不追究到底，我不再配做顺丰总裁”。王卫在接受媒体采访时表示此次高调行为就是为了阐明其态度：绝对不能允许这种粗暴的人员这样对待顺丰快递员，以及快递行业的人。

顺丰上市敲钟，总裁王卫都带着一位普通快递员，而这位快递员就是曾经朋友圈热传被人掌掴的那位。而且在上市当天，心情激动的王卫再次“高调”了一把，他豪掷十多亿元给员工发红包，单个红包金额最高超过万元，王卫发超级红包的行为被外界纷纷点赞。王卫曾在一次演讲中说：“对于管理几十万人的公司，我没有特别独到之处，只是将管理回归到人性的本质上来。”

### 2. 举止礼仪

要塑造良好的交际形象，必须讲礼貌，注意行为举止，做到彬彬有礼、落落大方，遵守一般的进退礼节。

例如，到客户办公室或家中访问，进门之前应先按门铃或轻轻敲门，然后站在门口等候。按门铃或敲门的时间不要过长，无人或未经主人允许，不要擅自进入室内；当看见客户时，应该点头微笑致礼，要不卑不亢、不慌不忙、举止得体、有礼有节。如无事先预约，应先向客户表示歉意，然后再说明来意。同时要主动向所有在场的人表示问候或点头示意；在客户家中，未经邀请，不能参观卧室，也不要任意抚摸或玩弄客户桌上的东西，不要触动室内的书籍、花草及其他陈设物品；站立时，上身要稳，双手安放两侧，不要手背后，也不要双手抱在胸前，身子不要侧歪在一边。

## 延伸阅读

### 打电话的礼仪

(1) 选择打电话的时间。一般的公务电话最好避开临近下班的时间，因为这时打电话，对方往往急于下班。

(2) 迅速准确地接听。电话铃一响，应尽快去接，最好不要让铃声响过3遍。如果电话铃响了3声才拿起话筒，应该先向对方道歉，拿起电话应先自报家门，“您好，我是××”。电话用语应文明、礼貌，态度应热情、谦和、诚恳，语调应平和、音量要适中。

(3) 认真清楚地记录。客户讲话过程中应积极地回应、引导，并且按5W1H原则进行记录，即when(何时)；who(何人)；where(何地)；what(何事)；why(为什么)；how(如何进行)。

(4) 结束电话的礼仪。结束电话时，要向对方表示感谢，说声“再见”后，应等对方放下话筒后，再轻轻地放下电话，以示尊重。

著名人类学家、现代非语言沟通首席研究员雷·伯德威斯特尔指出，在两个人的谈话或交流中，口头传递的信号实际上还不到全部表达意思的35%，而其余65%的信号必须通过非语言信号的沟通来传递。非语言又常常被人们称为“身体语言”“体态语言”或者“动作语言”“肢体语言”等。有了身体语言的配合，整个沟通过程才显得更加充实和活跃。

目光接触是最有效的表情语言之一，它可以让客户感知到你正在饶有兴趣、聚精会神地听他说话，也愿意接受他的看法。眼神的变化尤其能反映人们内心的思想和情绪等，因此，客服人员一定要学会通过眼睛来观察客户的内心世界，同时也要学会利用眼神的交流向客户传递真诚和关心。客服人员要尽量用平和的眼光与客户交流，所谓平和，就是平等的态度、平常的心态、温和的目光、正视而不是侧视或斜视。充满热情的眼神还可以增加客户的信心与好感。真诚的目光还增加了信息的可信度，当客服人员向客户介绍产品时，眼神中投射出的热情、坦诚和执着往往比口头说明更能让客户信服。

人们常常通过面部表情互相传递信息，像眼神和微笑、愤怒、悲伤等表情都可以起到传递信息的作用。微笑是赢得客户良好印象的直接因素，也是拉近彼此间距离的有效手段，在客户服务中，微笑是客服人员必备的一项基本素质，也是赢得客户的前提条件和最好的语言。微笑是不用翻译的世界语言，它传递着亲切、友好、愉快的信息，客户会有如沐春风的感觉，会吸引客户再次光临。客服人员的微笑是一种愉快的心情的反映，也是一种礼貌和涵养的表现。

### 3. 言谈礼仪

俗话说：“良言一句三冬暖，恶语伤人六月寒”“一句话可以把人说笑，一句话也可以把人说跳”，作为客服人员，更要注重言谈的基本技巧和礼仪要求。

第一，交谈要看对象，了解对方的身份、地位、社会背景、文化传统及经历、性格等因素，说话要符合对方的特点，才能营造一种和谐的交谈氛围。

第二，交谈要看场合，如正式和非正式场合、喜庆和悲哀场合、庄重和随便场合、公开和私下场合等，不同场合有不同的说话方式。

第三，交谈要注意气氛调节，尽量谈一些双方都感兴趣的话题，多使用幽默语言，营造愉快而轻松的交谈气氛。

第四，要用积极的态度和温和的语气与客户谈话，客户讲话时要认真听，回答时以“是”为先，眼睛看着对方，不断注意对方的神情，不要轻易打断客户的谈话。

第五，谈话内容不要探寻客户的隐私，不谈论荒诞离奇、令人愧疚的事情，涉及对方反感的内容要善于立即转移话题。

第六，在与客户沟通时，要控制自己的声音，吐字清晰，音量适中。此外，还要注意讲话的速度，根据所说语句的相对重要性来变换速度，即不重要的话说得快，而重要的话说得慢。

**案例：永辉超市对服务人员的要求**

永辉超市对服务人员的个人卫生要求是：外表朴实、干净、整洁，发型要求朴素大方，并保持头发清洁。此外还规定了以下内容。

三不进卖场：不穿工作服不进卖场；不佩戴工号牌不进卖场；仪表不注重，衣帽不整洁不进卖场。

三条铁规矩：商品必须上齐、保证卫生；顾客骂不还口，打不还手，以理服人，理直气和；定位定岗，不扎堆闲聊，不说笑打闹，不抢购打折商品。

三个必须这样做：待客必须有礼貌，有敬语，有五声；诚恳待人，帮助顾客挑选，当好顾客参谋；认真执行便民措施，保证顾客满意。

## 延伸阅读

### 客户服务20句常用语

(1) 欢迎光临。

(2) 我非常理解您的心情。

(3) 如果我碰到您的这么多麻烦，也会是您现在这样的心情。

(4) 给您带来这么多的麻烦实在是非常抱歉，如果我是您的话，我也会很生气，请您先消消气，给我几分钟时间给您说一下这个原因可以吗？

(5) 您对我们业务这么熟，肯定是我们的老客户了，不好意思，我们出现这样的失误，太抱歉了。

(6) 请您不要着急，我们一定会竭尽全力为您解决的。

(7) 非常抱歉给您造成不便，您可以放心，如果是我们公司的问题，我们一定会负责到底，给您一个说法。

(8) 非常感谢您这么好的建议，我们会向上反映，因为有了您的建议，我们才会不断进步。

(9) 请告诉我们您的想法，我们很乐意聆听您的意见。

(10) 我们会将您反映的问题与相关部门联系，请您留下联系电话，我们将在×小时内给您答复。

(11) 谢谢您的理解和支持，我们将不断改进服务，让您满意。

(12) 感谢您的批评指正，我们将及时改正，不断提高服务水平。

(13) 感谢您对我们工作的支持，希望您以后能一如既往地支持我们。

(14) 感谢您对我们的服务监督，这将让我们做得更好。

(15) 请您稍等片刻，马上就好。

(16) 由于查询数据需要一些时间，不好意思要耽误您一点时间。

(17) 感谢您耐心等候。

(18) 祝您生活愉快。

(19) 祝您生意兴隆。

(20) 希望下次有机会再为您服务。

# 第三节 客服人员的激励

## 一、激励客服人员的重要性

服务利润链是表明利润、客户、员工、企业四者之间关系并由若干链环组成的链，是 1994 年由詹姆斯·赫斯克特等 5 位哈佛商学院教授提出的。他们认为，服务利润链可以形象地理解为一条将“盈利能力、客户忠诚度、员工满意度和忠诚度与生产力之间联系起来的纽带”，它是一条循环作用的闭合链，其中每一个环节的实施质量都将直接影响其后的环节。

服务利润链理论告诉我们，利润是由客户的忠诚度决定的，忠诚的客户给企业带来超常的利润；客户忠诚度是靠客户满意度取得的，企业提供的服务价值决定了客户满意度；最后，企业内部员工的满意度和忠诚度决定了服务价值。简言之，客户的满意度最终是由员工的满意度决定的，只有满意的客服人员才能创造出满意的客户。如果客服人员热爱他们的工作，他们就会很好地为客户服务，由此产生更多的回头客。

因此，企业要采用适当的激励措施让客服人员满意以调动客服人员的积极性，从而激励客服人员为客户持续提供优质的服务。

著名的丽嘉连锁酒店使用通俗易懂的语言表达这一原则，即“要照看好那些照看客户的人。”

肯·布兰查德博士在其著作《一分钟老板》中写道，经理人应当“试着发现那些把事情做对的下属，只要发现他们把事情做得更好一点儿就奖励他们，以促使他们继续干下去，去争取更大的成功”。

**案例：联邦快递对客服人员的激励**

联邦快递认为，客户的满意取决于一线客服人员所提供的劳动和服务，只有客服人员满意才能赢得客户的满意。为此，联邦快递公司制定了多项激励制度。比如，合理化建议奖，无论是联邦快递的客服人员还是客户，凡向联邦快递提交合理化建议并被采纳的都能得到不同程度的奖励；“真心大使”奖，其目的是通过客户对客服人员表现的反馈来评选和奖励杰出客服人员，以此激励所有客服人员更加努力，不断提高能力与自我要求，使工作达到更高目标，为客户提供更好的快递服务。

此外，还开展了“每月最佳快递员”计划，这个计划的目标是对杰出的快递员给予肯定，肯定他们为了提高服务质量所付出的额外的努力。同时，联邦快递公司为在职、兼职和长期的客服人员都提供了人身保险、退休金、医疗保险、学费补助等。同时还有一项很特别的福利，最幸运的客服人员可以以他孩子的名字为联邦快递的一架飞机命名——他孩子的名字将会出现在飞机的机头部位。

联邦快递公司也为员工的个人发展提供了广阔的空间，如果公司有职位空缺，会首先在公司内部公开，觉得适合这个职位的人都可以来应聘，管理者当中91%都是从内部选拔的。联邦快递的管理者还真心地、认真地倾听客服人员的心声，努力为大家创造一个宽松、民主、和谐的沟通与交流氛围，使每一个客服人员能开开心心工作，保持愉快的心情，更好地服务于客户。

## 二、激励客服人员的方式

激励，顾名思义就是激发、鼓励的意思。

激励客服人员的主要因素有：企业提供的薪金、提成、福利和舒适的工作环

境等，此外还包括同事之间所持有的态度和感情，如果同事之间能维系一种和谐、平等、融洽、相互尊敬的关系，那么心情就会愉快，在这样的人际关系环境中工作，本身也是一种幸福。

激励客服人员的方式有物质激励、精神激励、晋升激励、授权激励等。

### （一）物质激励

物质激励是根据客服人员对企业做出的贡献，以物质、金钱等形式奖励客服人员。

企业可设计合适的薪酬福利计划，发挥考核与奖励的杠杆作用，使薪酬制度对客服人员更有吸引力和对外的竞争力。优秀的服务公司往往用高薪挽留优秀的客服人员，让对公司贡献大的客服人员成为公司的股东。

例如，在物质待遇上，沃尔玛为全体客服人员提供同样的医疗保障，并享受激励奖金、购买股票、带薪休假以及免费职业咨询热线等服务。另外，商店经理的收入同该店的销售业绩直接挂钩，区域经理以上的管理人员的收入同整个公司的业绩挂钩，工作特别出色的还有奖金和股权奖励。

延伸阅读

#### 小费的激励作用

随着我国社会经济的发展，特别是在我国加入WTO后，小费这种舶来品也随之在我国出现。2004年8月，广东中旅首次在国内公开引入导游小费制：游客在行程结束后，如果对导游服务满意，可以选择奖励性小费；如果对服务不满意，则可以不予支付，完全是自愿的。该企业认为，此举可以规范服务质量，减少导游诱导游客购物从中拿回扣的现象，改变客户长久以来对旅游行业和导游的负面印象。

小费是客户对服务员提供满意服务表示感谢的一种标志，与服务质量之间密切联系。只有客服人员提供了优质服务，客户才有可能对其服务心存感激，产生支付小费的行为。如果客户觉得自己得到了满意的服务，那么他就可能通过给小费来表达对客服人员的感谢。反之，如果服务质量很差，客人不可能对客服人员支付小费。

目前，我国还没有给小费的习惯和意识。在所有服务行业中实行小费制的条件还不成熟，但在客人与客服人员高接触的接待业(包括住宿、餐饮、旅游接待等)中可以尝试实行小费制。如果客户能对提供优质服务的人员给付小费，不仅可以体现客户对服务人员劳动的尊重，也能激励客服人员不断提高自己的服务水平，形成我国接待业的良好形象，促进服务业水平提升。

## （二）精神激励

精神激励是企业通过赞扬、授予荣誉称号、评定职称、表彰奖励以及尊重、关怀等方式来激励客服人员。此外，提高客服人员满意度的前提是了解客服人员的情感和需求，只有真正了解客服人员的情感和需求，关心他们的精神世界才能对客服人员进行有效的激励。精神激励不需要昂贵的花费，却可以明显提升客服人员的士气。

例如，新华人寿保险公司与中南财经政法大学联合成立了新华保险学院，使得一些表现优异的保险业务人员有机会到该学院深造，这成为鼓励其为客户提供优质服务的一种激励措施。

### 案例：沃尔玛对客服人员的激励

在沃尔玛，“我们的客服人员与众不同”不仅是一句口号，更是沃尔玛成功的原因。它的含义是每个客服人员都很重要，无论他在什么岗位都能表现出众，并把这句话印在每个客服人员的工牌上。

沃尔玛认为，善待每一位客服人员就是善待每一位客户。沃尔玛强调，客服人员是创新和变革的最好源泉，公司要靠客服人员团结一致的献身工作才能成功。公司尊重每一位客服人员，公司与客服人员之间不是等级森严的上下级关系，而是利益共享的伙伴关系。沃尔玛对优秀的售货员授予“山姆·沃尔顿企业家”的称号，还会在店内悬挂先进客服人员的照片。

在沃尔玛合伙关系中，最重要一点是让所有客服人员都了解和掌握公司的业务指标，从而使客服人员产生了强烈的责任感与参与感。沃尔玛认为所有的客服人员都是平等的，他们尽可能在公司内部形成上下沟通的开放环境，让每个人为企业的经营动脑筋、出主意，并有机会充分表达出来。在开放式的氛围中，客服人员可以直接向任何一位经理提出改进公司的意见，如被采纳还将得到奖励。没有等级森严的气氛，让沃尔玛的客服人员有一种自发的工作热情、献身精神和团队精神。

另外，山姆认为每个人的工作都非常辛苦，如果整天都绷着脸表情严肃，对工作的完成并没有好处。如果工作时能够采用轻松愉快的方式，在提高工作效率的同时，还能激发客服人员创新的灵感和激情。

因此，“来一个 W！来一个 W！我们就是沃尔玛！来一个 A！来一个 A！客户第一沃尔玛！来一个 L！来一个 M！天天平价沃尔玛！来一

个A！来一个R！我们跺跺脚！来一个T！来一个T！沃尔玛，沃尔玛！”就是沃尔玛中最具号召力的话语，就连布什夫妇亲临沃尔玛本部为山姆颁奖时，沃尔玛的客服人员也是以这种欢呼口号的形式欢迎他们的。

又如，肯德基最重要的文化之一就是“餐厅经理第一”，因为餐厅经理是餐厅的核心人物，是餐厅经营成败的关键，更是品牌成功的根基，为此，对于每年在餐厅销售和管理上出色完成公司“冠军检测”考核要求的餐厅经理，公司都会给予特别礼遇，他们会从世界各地飞到百胜集团总部，由名贵轿车接送与总裁共进晚餐。

**案例：西南航空公司对客服人员的激励**

西南航空公司从创立开始便坚持着一个基本理念，那就是爱！

赫伯·克勒赫是西南航空公司的总裁和首席执行官，他把每个客服人员视为西南航空公司大家庭的一分子。他鼓励大家在工作中寻找乐趣，而且自己带头这样做。比如为推广一个新航线，他会打扮得像猫王埃尔维斯一样，在飞机上分发花生；他还举办客服人员聚会或者在公司的晚会中表演节目。在飞机上，在售票处，他时时刻刻走出来与自己的团体在一起，跟客服人员保持亲密接触，他告诉客服人员，他们是在为谁工作，他们的工作有多重要。

西南航空公司一直都是一家由爱心构筑的公司，其理念是，让客服人员感觉自己很重要，以让客服人员感到尊严和尊重的方式对待他们。公司鼓励客服人员释放自己，保持愉快的心情，因为好心情是有感染力的。爱的氛围使西南航空公司的客服人员乐于到公司来，而且以工作为乐。

赫伯·克勒赫说：“也许有其他公司与我们公司的成本相同，也许有其他公司的服务质量与我们公司相同，但有一件事它们是不可能与我们公司一样的，至少不会很容易，那就是我们的客服人员对待客户的精神状态和态度。”

为了调动一线员工的积极性，迪士尼要求管理人员勤奋、正直、积极地推进工作。在游园旺季，管理人员常常放下手中的书面文件，到餐饮部门、演出后台、游乐服务点等处加班加点。这样，既加强了一线岗位，保证了游客服务质量，又体现了管理人员对一线员工的关怀。

延伸阅读

### 导致客服人员产生压力的因素

客服人员面临的压力主要有五个方面：客户因素、市场因素、公司因素、个人因素、环境因素。

1. 客户因素

(1) 客户期望值的提升。有人形容“现在的客户就像被惯坏的孩子”。其中的原因就是客户对于服务的期望值越来越高了，同时客户的自我保护意识也在加强。客户期望值的提升是与行业竞争的加剧分不开的。客户每天都被优质服务包围着，所以，客户对服务的要求也就越来越高了。

(2) 不合理的客户需求。有时候客户提出的不合理要求也会给客服人员造成很大的压力。公司不允许那么做，客户却偏要那么做，满足了客户，就违反了公司规定；遵守了公司规定，又得罪了客户。所以，如何在遵守公司规定的前提下，让客户接受自己的合理解释，就成了客服人员的一道难题。

2. 市场因素

这是一个鼓励竞争和允许充分竞争的时代，竞争导致的结果就是要企业做得越来越好，越来越优质，所以，企业对客户服务的重视程度提高、客服人员工作压力的增大也是必然的。

3. 公司因素

(1) 不合理的工作目标。对于大多数公司来说，工作目标的完成情况是评估员工工作的一项重要指标。目标分为两种——个人目标和公司目标。员工的个人目标很有可能会使公司目标受到影响。许多公司在制定工作目标时极少或根本不考虑员工的个人目标。如果公司制定了不切实际的业绩目标后，员工不能如期完成，公司则要把全部的责任归咎于员工。而且，有些公司还要将这些资料公布给公司上上下下所有部门。这些不得人心的做法会使员工心生怨恨、士气受挫。

(2) 超负荷的工作。客户需求的变动会给客服人员带来超负荷工作的压力。需求的变动使企业很难按照客户的最高峰的需求来安排自己的服务，所以如何调整心态、提升解决难题的能力，以更好地在超负荷的工作压力下提供好的服务，是客服人员面临的又一个挑战。

(3) 工作不安全感。公司做出一些重大调整时，员工经常会在一段时间内有种不安全感。造成这种情况的原因，大部分是人的本性问题。公司管理层的失职也往往会造成员工的这种不安全感，因为他们没有与员工进行充分而有效的沟通。另外，一些不稳定的行业或人才市场也会造成这种情况。

(4) 权力受限。对客服人员和客户来说，最尴尬的场面莫过于客服人员权力

受限，而导致不能及时做出决策或为客户提供帮助。例如，一位客户打电话或找上门来要求退款，而你身为客服人员却又无权做主。这很容易导致与客户之间发生冲突甚至可能会因此失去一大笔交易。

4. 个人因素

(1) 服务技能不足。客户服务是一个充满压力的职业。它要求客服人员既要具有广博的知识又要掌握灵活处事的技能。如果不能掌握应付各种突发问题的技巧，不能了解客户的多样性，那将给自己和客户增加不同程度的压力。服务技能的不足使客服人员不能从工作中得到满足感，却常常会失望、沮丧，这给客服人员造成了很大的心理压力。

(2) 人际关系。由于人际关系不和谐，工作环境中的人们相互之间缺乏信任、支持和理解，常常导致精神上的压力，而由此产生的矛盾与冲突也会引发工作压力。因此，保持良好的人际关系是减轻工作压力的办法之一。

(3) 疲劳过度。由于工作的竞争、对工作安全感的忧虑、资金过分透支，许多公司的机构精简、裁员以及其他数不尽的各种因素，会使许多员工都把更多的时间投入工作中，这样一来生活的其他方面势必受到影响。

5. 环境因素

(1) 人为因素。周围同事的行为方式、情绪状态、合作态度都可能会在一定程度上给客服人员造成压力。

(2) 客观环境。工作环境中的噪声、气味、灯光的明暗、天气的冷暖都有可能带来较大影响，使客服人员无法高效率地工作。

### (三) 晋升激励

企业应当为客服人员建立公平、公开和公正的晋升机制，以业绩和才干为晋升准则，给客服人员应有的晋升机会，这样才有利于培养客服人员的归属感和对企业的忠诚，才能激励客服人员为客户提供更优秀的服务，为企业树立良好的形象。

例如，肯德基成功的秘诀之一便是永远向充满朝气、勇于挑战自己的年轻人敞开大门，鼓励客服人员和肯德基共同成长，并且采取内部晋升机制。肯德基的阶梯型职业发展通道使每一位具有潜质的客服人员都能看到攀登的希望。

很多企业的人才结构就像金字塔，而麦当劳的人才体系则像棵圣诞树——如果客服人员能力足够大，就会让他升一层，成为一个分枝，再上去又成一个分枝，优秀的客服人员永远有升迁的机会。麦当劳认为要想留住人才，薪酬福利很重要，但发展机会更加重要。

### 案例：希尔顿酒店对客服人员的晋升激励

希尔顿酒店为客服人员提供了一系列的激励措施，主要包括内部应聘和提升、留才计划、劳动合同和客服人员关怀等。希尔顿几乎和所有的客服人员都签订无固定期限的劳动合同，让他们觉得劳动关系是受到保护的，强调酒店不会无故解除客服人员合同。希尔顿注重人的发展，为客服人员提供良好的工作环境和工作发展的机会。只要客服人员工作努力，就有机会获得提升。

希尔顿总部有一个信息不断更新的人才银行，每个酒店部门副经理及以上级别的人员都会被列入人才名单，酒店会一直跟进这些客服人员的发展情况，也会跟名单上的客服人员沟通，让他们清楚自己在酒店将来可能的职业发展。

希尔顿的总经理、高级管理人员都是内部选拔提升的，总监级及以上的管理者都是集团从希尔顿全球人才库中选拔最优秀、最适合的人员调配到相应的酒店。因此，希尔顿内部调职的比例很高，人才流动率非常低，因为他们在酒店内部就能找到自身发展的机会。

## （四）授权激励

授权激励是企业通过赋予客服人员相应的权力和自主性，使其能控制与工作相关的情况和做决定来激励客服人员。

企业对客服人员授权有以下好处。

1. 快速回应客户需求

优质的服务，首先意味着能够快速、容易得到服务，只有赋予客服人员现场做出决定的权力，才能确保服务过程的流畅和服务的质量。被授权的客服人员可以在服务过程中对客户的需求更快速、更直接地予以回应。授权还可以激发客服人员提供优质服务的内在动力，同时增强服务的灵活性，也有利于充分利用蕴藏在客服人员中的资源和智慧，发挥客服人员的主动性和创造性，从而提高客服人员处理应急事件的能力和为客户提供个性化服务的能力。

例如，星巴克鼓励分散化决策，并将大量的决策放到地区层面，这给客服人员很大的激励。许多关键决策都是在地区层面完成的，每个地区的客服人员就新店开发与总部密切合作，帮助识别和选定目标人群，他们与总部一起完成最终的新店计划，保证新店设计能与当地社区文化一致。星巴克公司总部的名字为“星巴克支持中心”，这表示对于那些在星巴克店里工作的“咖啡大师傅”们来说，公

司管理层的角色是为他们提供信息与支持。

2. 提升客户忠诚度

正确运用授权，有助于减少客服人员的角色模糊和角色矛盾，客服人员会对于客户特殊的需求做出快速的反应，因而就有更大的可能性在短暂的“关键时刻”让客户满意，这会让客户感到惊喜，并倾向于重复消费和传播有利于企业的口碑。所以，被授权的客服人员在创造好的口碑和提高客户保持率方面极有价值。

3. 提高客服人员对工作的满意度和忠诚度

由于客服人员有权处理自己的工作，这会增加客服人员的积极性和主动性，减少缺勤和跳槽现象，增强客服人员从工作本身所获得的满足感、成就感和自豪感，从而提升客服人员对企业的满意度和忠诚度。

例如，西南航空授予客服人员有权“放弃无理取闹的客户”，即客服人员可以拒绝为无礼的客户(如喝醉酒闹事的客户)服务。这很好地保护了客服人员的利益，也是对客服人员很大的感情支持，无疑会起到激励客服人员的作用。

**案例：海底捞对员工的激励**

(1) 授权。海底捞的服务员有权给任何一桌客人免单，送菜、送礼物之类的更不必说。这种授权，如何不让员工有主人翁精神?

(2) 待遇。海底捞的员工宿舍配有电脑、无线网。员工不用自己洗衣服，有阿姨洗；吃饭也不在店里，是由阿姨做菜。海底捞的新员工培训，包括如何使用 ATM 机，如何乘坐地铁：买卡、充值等，用心帮助自己的员工去融入一个城市。这种待遇，如何不让员工心存感激?

(3) 真诚。作为餐饮行业最常考核的指标(KPI)，如利润、利润率、单客消费额、营业额、翻台率，海底捞这些都不考核。张勇说，我不想因为考核利润导致给客人吃的西瓜不甜、擦手的毛巾有破洞、卫生间的拖把没毛了还继续用。那么他们考核什么？考核客户满意度、员工积极性、干部培养。

(4) 发展。海底捞给员工创造了职业生涯的发展途径：新员工—合格员工—优秀员工—实习领班—优秀领班—实习大堂经理—优秀大堂经理—实习店经理—优秀店经理—实习大区经理—片区经理—总经理，让员工可以看到个人职业的前途。

(5) 承诺。在海底捞有个说法，叫“嫁妆”。一个店长离职，只要任职超过一年以上都会给 8 万元的嫁妆，就算是这个人被同行挖走了，也会给。张勇解释：因为在海底捞工作太累，能干到店长以上，都对海底捞有贡献，应该补偿。他说，如果是小区经理(大概管5家分店)走，给20万元；大区经理走，送一家火锅店，大概800万元。这种承诺，如何不让员工有忠诚度?

总之，企业可以同时运用多种激励方式来激励客服人员，在进行具体激励时，要因人而异，针对客服人员的不同特点，采取不同的激励方式。企业还要坚持公开、公正、适度的原则，使企业中每个人都有获得激励的机会，让他们感受到自己的努力得到了企业的认同和重视，从而促使客服人员产生奋发向上的进取精神、努力工作的积极性和主动性。

## 延伸阅读

### 企业如何帮助员工减轻压力

健康的心态是成功的基础，客服人员如果不能很好地克服这些压力，就无法提供令客户满意的服务，企业也无法获得服务竞争的优势。因此，企业应当充分关心客服人员的压力状况，从组织层面拟定并实施各种压力减轻措施，有效管理、减轻员工压力。

国际上比较流行的减压原则是“3R原则”：即放松(relaxation)、缩减(reduction)、重整(reorientation)。换句话说，是将减少遭遇压力源的机会、放松自己、重新调整要求或期望值三者结合起来，在已有的正面压力、自发压力与过度的压力之间寻求一个平衡点。

1. 改善工作条件及环境

企业应该力求创造一个良好的工作环境，如关注噪声、光线、舒适、整洁、装饰等方面，给一线客服人员一个赏心悦目的工作空间，这样有利于促进客服人员与环境的适应度，提高客服人员的安全感和舒适感，从而减轻压力。企业还可通过开设员工活动娱乐室，给员工提供健康娱乐场所，也能在一定程度上减缓员工的心理压力。

2. 加强员工心理素质的培养和训练

企业可以开设心理健康的专栏，普及心理健康知识，让员工了解心理变化的规律以及调适方法，在遇到心理压力时就能恰当进行自我调适。企业还可通过建立心理咨询室、开辟心理热线、开设心理信箱等方式加强员工的心理引导，帮助其缓解心理压力。

总之，企业要帮助客服人员通过情绪转移、自我宣泄、改变认识、寻求支持等方式提高心理承受能力。

## 思考题

1. 客户服务人员的作用是什么？
2. 客户服务人员的素质要求是什么？
3. 客服人员应当树立什么样的服务观念？
4. 激励客户服务人员的方式有哪些？

# 第八章　客户服务的质量管理

### 引例：西安拟制定羊肉泡馍制作标准

2015 年 12 月《西安传统小吃制作技术规程牛羊肉泡馍》等五项推荐性西安市地方技术规范(征求意见稿)公开征求意见，规定羊肉泡馍制作中肉要煮十多个小时。这意味着，只要按照规范操作加工，或许以后在西安的任何一家泡馍馆就能吃到老字号标准的优质泡馍。

西安市质监局相关负责人表示："西安的特色小吃全国闻名，但似乎在市场上并没有形成如沙县小吃、兰州牛肉拉面那样的整体品牌效应，我们此次制定这样的标准是希望改变西安小吃过去一直靠大厨掌勺控质量的传统，共同呵护西安小吃的名誉，用质量赢得市场。"

西安一家泡馍馆的老板也表示，这些小吃都是西安美食的代表，制定标准的目的是让小吃从工艺上更加规范化，有利于扩大规模上的生产，更有利于西安小吃走出西安，走得更远。

质量是企业得以生存发展的基础，也是企业在市场竞争中取胜的重要保证。质量还是品牌的生命，是品牌创立与发展的根本保证，企业要创品牌、保品牌，都必须要保证质量。

客户服务质量是企业持续经营的重要基础，是维护客户关系的重要保证，高质量的服务可以获得客户高满意度和高忠诚度。如果没有优质的客户服务做后盾，就会使客户服务品牌成为无本之木、无源之水，只能昙花一现。因此，企业只有不断提高服务质量，并保持客户服务质量的稳定性和持久性，才能保证企业发展的可持续性和品牌的生命力。

客户服务质量的管理包括客户服务的标准化、客户服务质量的监控、客户服务质量的补救等。

# 第一节 客户服务的标准化

客户服务的标准化，或称标准化客户服务，是指“规范客户服务使之达到要求”，是企业制定客户服务标准、发布客户服务标准及全面实施客户服务标准的全部活动过程。企业可以通过实行服务的标准化来管理和规范客服人员的行为，确保他们始终按照企业的要求来提供服务。

## 一、实施客户服务标准化的意义

### (一) 使服务偏差被控制在尽可能小的范围内

提供一时的优质服务并不难，而能够始终保持稳定的服务则非常困难；让客户感受到一名客服人员的良好服务并不难，而要想让客户在整个服务过程中都能够感受到每一位客服人员的良好服务就很难。

所以，企业要系统地建立一套精细、规范、行之有效的客户服务标准，并且用客户服务标准来引导、规范、约束客服人员的心态和行为，从而减少人为因素的影响，确保不同的客服人员提供的服务尽可能是一致的，同一客服人员在不同状态下提供的服务也尽可能是一致的，使服务偏差被控制在尽可能小的范围内。一句话，服务的标准化是持续提供稳定服务的根本保证。

让客户每一次都能感受到同样好的服务是企业所追求的目标，正如美国假日酒店的“no surprises”广告声称在他们的酒店里，客户不会发现什么惊奇的事情，其目的就是为了凸显其始终一致的服务质量。对于企业而言，形成一种零缺陷的文化来保证第一次就把事情做对是至关重要的。迪克·蔡斯(Dick Chase)是著名的服务运作专家，他建议采用防故障程序来防止服务失误。

医院经常采用防故障程序来防止出现潜在的危及生命的失误。例如，外科手术工具托盘上每一件工具都有对应的凹槽，并且每一件工具都放在与其外形一致的凹槽内，这样一来，外科医生及其助手们在缝合病人的伤口前可以清楚地知道是否所有的工具都在它的位置上。

全聚德在中餐标准化方面进行了积极的探索——鸭坯供应有专门的饲养基地，通过统一供雏确保鸭种质量。全聚德还研制了专用烤鸭调料，并与德国一家制造商合作开发了符合环保的第四代智能烤鸭炉，既吸纳了现代高科技元素，又保持了传统北京烤鸭的独特风味——既能保持统一风味，方便连锁店推广，又有效防止了技术外流，推进了全聚德烤鸭的现代化、规模化和连锁化。

### （二）有利于企业对服务的管理

客户服务的标准化是不规范服务的矫正器，可使服务的开展有章可循、有据可依，可以促使员工持续提供优质服务，确保服务质量的稳定。另外，实施客户服务标准化也为实现经营连锁化、规模化创造了条件。

例如，希尔顿酒店制定了员工手册，对员工的各个方面都做了十分详细而严格的规定，无论是开门、送餐，还是电话交流，员工手册上还有服务仪表、仪态、礼貌用语等各个方面的详细要求。希尔顿不断完善客服人员的员工手册，使员工的各项工作更加标准化，从而保证了酒店服务的稳定性。

#### 案例：麦当劳的服务标准化

麦当劳对食品的标准不仅有着定性的规定，而且有着定量的规定。例如，汉堡包的直径统一规定为 25 厘米，食品中的脂肪含量不得超过19%，甚至对土豆的大小与外形等都有规定。汉堡包有精确的制作公式，每种食品有标准化的烹调时间、烹调步骤和保存时间，所有的原料必须向经过核准的供货商购买。

此外，麦当劳对食品的温度有明确规定：所有的食品冷的要冷，热的要热；冷的以 4℃为宜，热的则以 40℃为宜。在品质控制方面则更严格，对所有的产品进行全面的核查，严格统一。麦当劳的炸薯条除了重视土豆的形状、颜色、质地的挑选外，还规定，如炸薯条 7 分钟内未出售，则全部扔掉。牛肉类食品要经过 40 项质量检查，所有的产品均须抽样分析以求口味纯正、新鲜。

麦当劳规定，店长必须亲自检查原材料，做到亲眼看、亲手摸、亲口尝来了解原材料是否合格，一旦发现问题，必须马上采取相应措施。

为了使所制定的各项标准能够在世界各地的连锁店得到严格执行，麦当劳设立了汉堡包大学，以此来培养店长和管理人员。此外，麦当劳还编写了一本长达 350 页的员工操作手册，详细规定了各项工作的作业方法和步骤，以此来指导世界各地员工的工作。

可以说，麦当劳卖的不是产品，而是一套系统。麦当劳在不断的探索中采用流水线作业，标准化操作，大批量生产，低成本运作，从而实现了四无理念：无论何时，无论何地，无论何人来操作，无论在哪个地方，麦当劳食品的大小、分量和味道完全一模一样。

### （三）有利于客户识别和判断客户服务是否达标

客户服务标准一旦公布，就成为有形线索之一，成为检查评定服务及信息反馈的依据，可以使客户放心接受服务，提高客户的满意度。

例如，商场对员工的仪表、考勤、用语、行动准则、处理客户抱怨的权力与时间进行明确的规定，有利于对服务的评判，方便客户的监督。

几乎可以说世界上只要有华人的地方就可以看到“扬州炒饭”，但没人能说清什么是正宗的“扬州炒饭”，对“扬州炒饭”的主配料也是说法各异，甚至连扬州市在申请“扬州炒饭”注册商标时，也无法提供一个统一的标准，造成鱼龙混杂的状况。不久前，继成功申请注册“扬州炒饭”的商标后，中国名吃“扬州炒饭”的标准正式出台。新出台的标准对扬州炒饭的制作方法、技术要求、生产以及销售等等，都进行了非常详细的说明，一方面规范了“扬州炒饭”的相关服务，另一方面也方便客户的评判和监督。

## 二、客户服务标准的制定

### （一）制定客户导向的服务标准

(1) 要进行全面、深入、细致的客户调研，了解客户对服务过程中的每一个环节的期望或要求。例如，迪士尼公司要求公司的高级经理每年都应有一个星期的时间离开办公室，脱下制服，换上乐园的道具服，在乐园的第一线卖门票、管理停车场、驾驶单轨车或者小火车等。对乐园的主管而言，整个乐园就是办公室。所有的小组主管70%至80%的上班时间都在乐园内走动，目的不是监督一线员工，而是观察游人的反应，收集有利于改善经营的信息。

(2) 按客户期望或要求拟定服务标准，将笼统的客户期望或要求转变为具体、清晰、简洁、可观测和现实可行的服务标准。例如，上海市公共图书馆的服务标准为：第一部分“共同要求”规定“读者第一”“服务至上”“着装统一”“挂牌上岗”，第二部分“岗位规范”对借阅、采编、咨询、辅导和后勤5个岗位分别规定服务要求。如服务用语“您好”“欢迎您来图书馆”等17句；服务忌语：“喂！有证吗”等15句。此外，图书馆为读者设立服务台、失物招领处，甚至简单的医药箱，还会提供茶水、墨水等，雨天为读者提供存放雨具地方，冰雪天在通道处做好防滑措施等。

(3) 对所拟定的服务标准从重要性、紧迫性、可接受性、可执行性、挑战性、前瞻性等方面进行评估、排序和选择，将拟定的初步的服务标准征求客户意见，并且根据客户的意愿加以改进。

(4) 实施并修订服务标准，从而确保所制定的服务标准能有效提高服务的效率、给客户带来便利、节约客户成本，也为企业和客服人员提供行为指南，为服务管理部门考核评价和改进服务质量提供客观依据。

(5) 实施标准跟进策略，即将自己的服务标准与竞争对手的服务标准进行对比，在比较、检验和学习的过程中逐步提高自身的服务标准。

### （二）客户服务标准要具有明确的指示性

企业要制定科学合理的、切实可行的、行之有效的规章制度和客户服务标准，明确规定服务程序、服务步骤、服务方式、服务方法等，并且以书面形式公布出来，给员工清晰的指示，使员工的服务行为有章可循，有规可依，从而减少主观随意行为，实现客户服务标准化、规范化的目的。

例如，希尔顿酒店要求在与宾客进行电话沟通时，酒店员工须遵循：在电话响起三声内必须接听，并向来电者致以恰当的问候，如是外部来电时报出酒店名称，如是内部来电时报出酒店员工名字；在通话过程中需要对方排队时，须询问对方并得到同意，当对方在电话中排队期间，须每隔 30 秒与对方通话，并让对方选择继续排队、留言或稍后重新拨打；在得到来电者同意前，不得使用语音信箱应答来电，所有语音信箱的应答语音均包含可以返回总机的选项，在把来电转接到其他部门前，须告知来电者将被转接的部门名称；此外，不得屏蔽来电，不得泄露宾客的姓名和房号；叫醒电话须在约定时间的 2 分钟内拨打。

#### 案例：肯德基的客户服务标准

一是食品品质标准化。

首先，肯德基严把原材料质量关。从质量、技术、财务、可靠性、沟通五个方面对供应商进行星级评估并实行末位淘汰，坚持进货索证，从源头上控制产品品质。

其次，严把工艺规格关。肯德基的所有产品均有规范和数字化的操作生产程序。如可乐平均温度为 4 度，面包均厚为 17 毫米，炸鸡的中心温度必须达到 65 度。

最后，肯德基严把产品保质期。如炸鸡出锅后 1.5 小时内销不出去，就必须废弃；汉堡的保质期为 15 分钟；炸薯条的保质期只有 8 分钟。如此种种措施充分保证了肯德基的品质，也确保客户可以在任何一家肯德基餐厅享受到同一品质和口味的炸鸡。

二是客户服务标准化。

全球推广的“CHAMPS”冠军计划，是肯德基取得成功的主要精髓

之一。其内容为：C—cleanliness(保持美观整洁的餐厅)；H—hospitality(提供真诚友善的接待)；A—accuracy(确保准确无误的供应)；M—maintenance(维持优良的设备)；P—product quality(坚持高质稳定的产品)；S—speed(注意快速迅捷的服务)。“冠军计划”有非常详尽、操作性极强的细节，要求肯德基在世界各地每一处餐厅的每一位员工都严格地执行统一规范的操作。

肯德基门店服务的七步曲具体如下。

第一步，欢迎客户。要求服务员要做到声音清晰、姿态热情，动作自然、表情亲切，笑容甜美，手指干净，保持台面洁净光亮。

第二步，点餐。如果客户主动：认真倾听客户点餐，不打断，在客户报出每一项餐点后，以清晰的声音重复一遍，然后再输入收银机，当客户停顿下时，观察客户是否有选择上的疑问，立刻解释并适当建议销售大份、饮料及漏点新产品，然后把客户所点的所有餐点重复一遍，若餐点过多，可帮客户整理，告诉其点了多少饮料和同类产品，并且询问堂食或外带，这时再次建议销售漏点的产品或饮料，可以组成套餐的则帮其转成套餐，最后报出餐点总价。如果客户被动：询问堂食或外带，几位用餐。优先建议全家餐，再者建议新促销套餐及大类产品。

第三步，建议性销售。建议客户购买大份产品：当客户未指明规格，很自然地说：“是大杯饮料吗”；如客户未点其中的某项，建议漏点项目；正在促销的产品及玩具是非常容易进行建议销售的项目，但是如果客户说“就这样了”时，不应继续再向客户建议销售了。

第四步，确认点餐内容。当客户点完餐之后，需要告诉客户点了一些什么，若有加点，则要再向客户重复，并告诉客户价钱，还需要询问是否需要打包。

第五步，配餐。要注意配餐的先后顺序：汤/热饮、冷饮——主食——甜点；餐点的摆放要注意冷热及串味等；打包的产品要先装好再装袋。

第六步，找零并再次确认点餐内容。务必使客户听清餐点重复，并在客户离开前确认钱款的真假及对错；客户在任何一家肯德基快餐店付款后必须在两分钟内上餐。

第七步，感谢客户，欢迎下次光临。

三是外观标准化。

在肯德基里每一位员工都要持健康证上岗，上班服饰统一，上班前必须洗手消毒，消毒水四小时更换一次。

装修风格上肯德基也体现了严格的标准化，肯德基公司在全世界80

个国家和地区开设了1万多家网点，且在世界各地都通过特许专卖合同的方式拓展网点，所有网点的内外装修都按统一的七套图纸进行……这些标准无论是在肯德基的哪个门店都要严格执行，因此肯德基快餐店无论在哪里都有统一的形象，这有助于人们对它的认同。

### （三）客户服务标准必须定量化或具体化

为了使客户服务标准能够更好地执行和落实，企业制定的客户服务标准必须定量化或具体化。

例如，肯德基的“付款后必须在2分钟内上餐”“炸鸡在15分钟内没有售出，就不允许再出售”……也有些饭店用沙漏来监控上菜时间。

又如，某银行的客户服务标准清晰明确地规定：“在排队任何出纳的服务时，排队时间不得超过5分钟；客户在下午3点之前进行的咨询，将在当天收到答复；一周7天，一天24个小时，都可与电话客服人员通电话；一周7天，一天24个小时，都可使用自动取款机。”

“大娘水饺”在水饺生产和操作程序上的标准化要求也相当严格和细致，有的甚至近乎苛刻。比如制作水饺馅心的初加工部有9道操作程序，在厨房部有8道操作程序，每道工序均有作业指导书，制作过程中须及时填写馅心流程卡和半成品保质期流程卡。在包饺部有14道操作程序，每道程序均有质量检验标准，虽然包饺工是手工操作，但每个饺子都必须符合质量标准，1张饺皮的直径为8厘米，6个包好的饺子重为120克等。

某酒店登记的客户服务标准如下：当三位以上的客户排队时，即应让坐在办公桌处的管理人员出来帮忙——反应快捷；当客户来到前台时，要笑迎他们，目光直接与客户接触，向客户说“你好”——传达友好；对认识的客户要称呼他的姓名——传达关注；询问客户是否需要电话叫醒服务——展示主动；在登记后，15分钟内打电话给客户，确保客户房间设施齐全。

小肥羊的中餐连锁运营管理系统不仅帮助小肥羊实现了总部对分店的实时监控和店面管理，还规避了加盟店的加盟风险，更保证了各分店在菜品、管理、服务上的标准化。更值得一提的是，该系统能够有效监控小肥羊餐厅内每种菜品的标准。以羊肉为例，所有店面的羊肉全部是通过小肥羊总部羊肉基地配送来的，一卷羊肉的重量是一个标准值。小肥羊规定一盘羊肉的重量是400克，每卷羊肉抛去损耗，能被切成多少盘羊肉也是一个标准值，再加上羊肉进货和每盘羊肉的销售，系统都有记录。因此盘点后，总部就能看到当天一共用了多少卷羊肉、应该切出多少盘，再与餐厅当天销售的羊肉盘数进行对比，就很容

易知道厨师在装盘时羊肉分量是否合乎标准，如果分量不达标，相关厨师会受到严惩。

### （四）客户服务标准要简明扼要

企业在制定客户服务标准时，既要争取涵盖服务的全部属性，又要简明扼要，否则，极易造成因服务标准过于烦琐而导致员工难以记忆和遵守。

例如，光大银行的客户服务标准简明扼要：举手服务，即要求柜员站立迎送客户，举手示意，面带微笑；晨迎制度，即要求营业厅员工每天微笑迎接入门的第一批客户；统一形象和服务摆件，即要求统一员工胸牌、客户留言本、捐款箱、小药箱等物件的样式和标准等；大堂协同作业，即要求营业网点各岗位协同作业，全程为客户提供优质周到的服务。

屈臣氏也相当重视服务，提出了简单而又有效的客户服务标准：所有员工必须热情地对来店的客户打招呼——“欢迎光临！有什么可以帮到您！”同时，要微笑，要眼神接触——只有眼神接触的招呼才是有效的，才是让客户感觉有诚意的。当发现客户手中的物品超过 2 件时，第一时间问客户是否需要购物篮，当发现客户提满一篮产品时要帮忙拿到收银台，让客户时时感受到被关心，被重视。屈臣氏要求，在收银台前一般不能有超过 5 个客户排队买单，如果出现这种情况，必须马上呼叫其他员工帮忙。在得到帮忙需求时，无论员工在忙什么，都应第一时间赶到收银台，解决收银排队问题。在客户离开店铺时，无论是哪个员工，都会打声招呼：“欢迎再次光临。”

### （五）客户服务标准要兼具可行性与挑战性

如果管理人员确定的客户服务标准过高，则员工可能因无法达到管理人员的要求而滋生不满情绪。若管理人员确定的客户服务标准过低，则会导致员工在执行时毫无压力，也无法调动员工的主观能动性来提高服务质量。因此，既切实可行又具有挑战性的服务标准，方能激励员工努力做好服务工作。

例如，小肥羊的客户服务标准化是依靠《运营手册》《服务手册》《操作手册》来规范的，此外，还制定了《员工守则》《岗位描述》《经营实务》等规章制度。这些内容来自小肥羊多年的经验提炼，其核心精神反映的是小肥羊“客户价值最大化”的理念。上述规定中对组织企业、工作纪律、仪容仪表、工作态度、服务语言、职业道德、店内卫生、个人卫生标准、专业技能、工作流程、对客户投诉的处理、安全、岗位职责及员工奖惩等都做了科学的规定，兼具可行性与挑战性，为提高员工素质、提升服务质量起到了决定性的作用。

### （六）客户服务标准要兼具稳定性与动态性

服务质量标准确定以后，不可朝令夕改，否则不利于员工的学习与掌握。但服务质量标准又不是一成不变的，要根据外部环境的变化做相应调整。譬如，当“24 小时内”已作为上门维修服务的通行标准时，若依然坚持“3 日内”的传统标准，则易给客户留下不思进取的印象。

# 第二节　客户服务质量的监控

客户服务质量的监控是指企业为了及时发现服务失误，而依据服务理念和客户服务标准，建立有效的客户服务质量监控体系，对服务活动及其质量进行全面监控所采取的措施。

## 一、开通客户投诉的渠道

绝大多数客户都不会告诉企业自己倒霉的经历，而会直接投向竞争对手的“怀抱”。据西方市场营销专家调查统计，95%的不满意客户不会投诉，大多数人仅仅是转移购买。

只有把问题暴露出来，才有机会去补救。所以，企业一定要主动向客户征求意见，了解客户是否满意。另外，企业还必须给客户提供方便的投诉条件，鼓励客户抱怨、投诉，甚至可以印发一些小册子或其他文字资料，教会他们如何抱怨。

现在有些企业开设了 800 免费客户热线电话，客户打投诉电话或反映自己的需求由企业付话费。这一做法体现了企业倾听客户意见的诚意，因而容易收集到许多宝贵的意见。

延伸阅读

#### 客户服务部

由于客户服务的日益重要，所以许多企业设立了客户服务部门，以便尽可能地由一个独立的部门来处理客户服务问题。不同的企业，客户服务部门的称呼不同，有的叫“客户服务部”，有的叫“客户服务中心”或“售后服务中心”等。

一般来说，客户服务部门的职能如下。

1. 对内职能

(1) 负责制定客户服务原则与客户客户服务标准，拟订标准的服务工作流程。

(2) 负责客服人员的招聘、培训及业绩考核等工作。

(3) 负责协调沟通企业各部门共同致力于为客户提供优质服务。

2. 对外职能

(1) 负责收集和整理客户反馈信息，为企业相关部门改进产品或服务质量提供可靠的依据。

(2) 负责进行客户信息调查和管理，建立客户信息库。

(3) 负责受理和处理客户投诉，解除企业与客户的纠纷，提高客户满意度，维护企业的信誉和形象。

(4) 负责提出并执行企业的售后服务措施，制定、修改和实施相关售后客户服务标准、计划与政策，是企业售后服务工作的具体指导和监督部门。

(5) 负责设立服务咨询窗口、服务热线，为客户提供咨询服务，帮助客户发现和解决有关产品使用过程中的各种问题，促进企业与客户的有效沟通。

全方位的客户服务并非客户服务部一个部门所能满足的，它还涉及生产部门、营销部门等。

## 二、经常进行客户满意度调查

企业可采取抽样调查和重点调查的方法进行客户满意度调查，通过调查了解客户对客服质量的满意度，及时发现服务中存在的问题，并采取相应的措施加以解决。

例如，中国移动公司就建立了一套考评服务的指标体系，同时聘请第三方公司实施客户满意度研究项目。每年进行至少两次调查，把客户满意度研究得到的客户满意度指数作为考核各下属公司的 KPI 指标，从而在实施层面上真正地把服务领先的战略贯彻下去。中国移动公司根据满意度研究为各下属公司指出改进短板，限时将短板提升，并把提升的结果作为下一次考评的依据。这样一来，各地市公司只能把服务摆在与业务同等重要的位置，而且把提升客服质量作为一个日常的工作来执行，这是不以各地市公司的意志为转移的必须完成的任务，从而在经营机制上做到了与“服务领先”战略的一致。

随着互联网技术的普遍运用，各种网上信箱、投诉专区和自由论坛等客户互动方式也成为很多商家获取客户意见的途径。

延伸阅读

**服务质量评价的维度**

Parasuramn，Zeithaml 和 Berry(1988)通过对服务质量的决定因素和客户如何对服务质量进行感知的研究发现有10个维度决定了服务质量。之后，他们将这 10 个维度缩减为 5 个：服务质量的有形性、可靠性、响应性、真实性和移情性。

有形性，指服务产品的有形部分，如各种设备仪器及客服人员的外表等。

可靠性，指企业准确无误地完成所承诺的服务。

响应性，是指企业随时准备愿意为客户提供快捷、有效的服务。

真实性，是指客服人员友好的态度，胜任的能力，它能够增强客户对企业的服务质量的信心和安全感。

移情性，是指企业要真诚地关心客户，了解他们的实际需要，使整个服务过程富有“人情味”。

## 三、成立或委托质量监督企业到服务第一线进行监督检查

为了使考核督导能够尽量真实、客观、全面地反映网点服务状况，光大银行委托第三方企业每季度对所有网点进行一次严格、客观的检查，覆盖面达到 100%。与此同时，为避免基层临时“抱佛脚”的弊端，该行还推出了“神秘客户”检查机制，对网点随机、随时进行检查，有力地促进了营业网点服务的长效化、常态化。

延伸阅读

**神秘客户**

神秘客户制度是指安排隐藏身份的调查研究人员，或者聘请社会上的人员装扮成客户去各门店体验特定服务，并完整记录整个服务流程，以此测试整个公司的服务水平和销售状况等。

例如，在星巴克，“神秘客户”是检查“为客户煮好每一杯咖啡”的客户服务标准而建立的一种考评机制。星巴克委托某个具有考察能力的公司秘密派人扮作客户到星巴克分店进行消费，其间对员工的服务、技能、环境氛围等进行全方位考察，然后结合业绩综合考量某店的服务质量如何、某店员能否升迁等。

肯德基的品控部门也从社会上招募一些素质较高但与肯德基无任何关系的人员(除了敏锐的观察力外，还必须“相貌平平”以免引人注目)，对他们进行专业培训，包括理论和实践培训，使他们了解肯德基食品的温度、重量、色泽及口感

标准等。这些检查人员在接受培训后，便开始以一般客户的身份不定期地到每个餐厅购餐，并按全世界统一的评估表要求进行打分。这些“神秘客户”来无影，去无踪，而且没有时间规律，使肯德基分店经理及雇员每天战战兢兢，如履薄冰，丝毫不敢疏忽，不折不扣地按总部的标准去做。此外，这些神秘客户的检查结果直接关系员工及管理人员的奖金水准，因此，餐厅没有一个人员抱有侥幸心理来对付一天的工作，而是脚踏实地地做好每一项工作。[1]

“神秘客户”的作用主要体现在以下几个方面。

首先，“神秘客户”的暗访监督能够比较真实地了解企业的服务情况，在与奖罚制度结合以后，会带给客服人员无形的压力，引发他们提高自身的业务素质、服务技能和服务态度，为客户提供优质的服务，而且持续的时间较长。

其次，“神秘客户”在与服务人员的接触过程中，可以听到员工对企业和管理者“不满的声音”，从而帮助管理者查找管理工作中的不足，改善员工的工作环境和条件，拉近员工与企业和管理者之间的距离，增强企业的凝聚力。

最后，“神秘客户”调查的最终目的是直观地检查出连锁运营体系中存在的问题，与客户满意度调查异曲同工，但两者的区别就在于：“神秘客户”的专业性和调查目标的明确性。普通客户对生意运营的描述未必专业，而且事后回忆起来也可能会张冠李戴、缠杂不清。而“神秘客户”有专业知识又肩负明确的使命，加上亲身的感受，所以其调查更直接，问题反映更有深度。

# 第三节　客户服务质量的补救

## 一、客户服务质量补救的意义

美国哈佛大学教授哈特在《哈佛商业评论》中发表的文章中说过：“即使是最出色的企业也不能避免偶然的失误。”

对于企业来说，服务过程完美无缺是一种最理想的状态，任何一家企业在提供服务的过程中都难免会出现失误——有时候员工会犯错误，有时候系统会出现故障，有时候一些客户的行为会给另外一些客户造成麻烦，等等。

为避免服务失误给企业带来的负面影响，尤其是为避免客户的流失，企业应当重视客户服务质量补救，承担服务失误的责任，并采取措施纠正错误，亡羊补牢，力争挽回不利的局面。可以说，实施有效的客户服务质量补救是确保客户服

1 黄静，彭艳，方林. 神秘客户制度如何设计[J]. 销售与市场，2007(2).

务质量的最后一道防线。

曾经有人询问希尔顿的经营诀窍，希尔顿的回答是："请你在离开我的饭店时留下改进意见，当你再次光临我的饭店时就不再会有相同的意见——这就是我的经营诀窍。"

TARP 研究发现，在客户对服务不满意却不抱怨的情况下，再购买的意愿范围在 9%～37%之间；如果公司同情地倾听客户的投诉并且解决方案不能令客户满意的话，保留率增加到 9%～19%；如果投诉的解决方案令客户满意，保留率则攀升至 54%；如果问题迅速得到纠正，特别是在当场就得到纠正的情况下，保留率最高可达到 82%。

### 案例：35 次紧急电话

某天下午，在日本东京奥达克余百货公司，售货员彬彬有礼地接待了一位来自美国的顾客，并为她挑选了一台未启封的"索尼"牌唱机。事后，售货员清理产品时发现错将一个空心唱机货样卖给了那位顾客。于是立即向公司警卫做了报告，警卫四处寻找，但顾客已不见踪影。

经理接到报告后，觉得事关公司信誉，非同小可，马上召集有关人员讨论。当时只知道那位女顾客叫基泰丝，是一位美国记者，还有她留下的一张"美国快递公司"的名片。

据此仅有的线索，奥达克余公司公关部连夜开始了一连串如同大海捞针般的寻找。先是打电话，向东京各大旅馆查询，毫无结果。后来又打国际长途，向纽约的"美国快递公司"总部查询，深夜接到回话，得知基泰丝父母在美国的电话号码。接着马上给基泰丝的父母打电话，进而打听到基泰丝在东京的住址和电话号码。几个人忙了一夜，总共打了 35 个紧急电话。

第二天一早，奥达克余公司给基泰丝打了道歉电话。几十分钟后，公司的副经理和提着大皮箱的公关人员，乘着一辆小轿车赶到了基泰丝的住处。两人进了客厅，见到基泰丝就深深鞠躬，表示歉意。除了送来一台新的合格的"索尼"唱机外，又加送著名唱片一张、蛋糕一盒和毛巾一套。接着副经理打开记事簿，宣读了怎样通宵达旦查询基泰丝住址及电话号码，及时纠正这一失误的全部记录。

这时，基泰丝深受感动，她坦率地说买这台唱机是准备作为见面礼送给外婆的。回到住所后，她打开唱机试用时发现唱机没有装机心，根本不能用，当时她火冒三丈，觉得自己上当受骗了，立即写了一篇题为

《笑脸背后的真面目》的批评稿，并准备第二天一早就到奥达克余公司兴师问罪。没想到，奥达克余公司纠正失误如同救火，为了一台唱机，花费了这么多的精力，基泰丝深为感动，她撕掉了批评稿，重写了一篇题为《35 次紧急电话》的特写稿。

《35 次紧急电话》稿件见报后，反响强烈，奥达克余公司因一心为客户解忧而声名鹊起，门庭若市。

## 二、客户服务质量补救的实施

### （一）以真诚的态度面对客户

在许多服务失误中，客户尝试着去了解为什么会发生失误，客户希望被诚实、细心和有礼貌地对待，还希望看到企业承认服务失误并且正在采取措施解决这一问题。因此，企业在解决服务失误的过程中，要使客户处于知情状态，要对客户表示同情和关心，对客户的失望和愤怒表示理解。

### （二）培训并授权给一线员工以及时有效地进行客服质量补救

考虑到客户服务质量补救的及时性将影响客户的感知，企业必须在第一时间里来解决失败问题。因此，应该注重培训并授权给一线员工，以使得他们具备进行客户服务质量补救的能力并及时解决服务失误问题。此外，在发生服务失误时，必须授予当事员工可以在一定范围内具有不需事先请示而直接处理问题的权限，如给予折扣或免单。

对于餐馆来说，在就餐高峰时间里，客户往往会因为排队时间过长、上错菜等事情同服务员发生冲突，此时如果服务员只有责任而无权限时，他们就会推卸责任或干脆排队上级处理，其结果必然是延长问题解决时间，增加客户的不满。但是如果服务员有无须事先报告就可以向受到影响的客户提供一定量免费饮料或免费饭菜的权限，他们就可以灵活、从容地把矛盾解决于初始状态。例如，在丽嘉酒店，员工被授权可以花费 2000 美元为客户解决问题，尽管这笔钱很少用到，但公司用它鼓励员工负起责任而不用担心受罚。

### （三）实施恰当的补偿

合理的经济补偿是必不可少的，它可以避免客户散布企业不好的口碑。企业的补偿方式包括道歉、折扣、免费发放优惠券等多种方式。此外，企业还要关心服务失误对客户精神上造成的伤害，因为客户在遇到服务失误后，通常会产生焦虑和挫折感，企业应当在解决好服务失误的同时，对客户精神上的伤害予以特别的关注。

对于在何种情况下要采取何种补偿方式并没有通用的标准，企业只有真正了解客户的期望，才能使补偿与客户期望水平相匹配，才能有效消除客户的不满情绪，重新获得客户忠诚。

总之，如果企业有一个有效的客户服务质量补救机制和得到授权并具备相应能力的一线员工，大多数的服务失误是可以立即加以解决的。

### （四）跟踪客户对补救的满意程度并汲取教训

企业要对客户进行追踪调查，了解他们对客户服务质量补救的满意程度，不断改进，直至客户对客户服务质量补救表示满意为止。

此外，企业必须从组织、员工等各个方面来查找服务失误及其他错误出现的原因，总结服务失误的经验教训，唯有如此，才能避免此类事情的再度发生。

通过对服务过程、人力资源、服务系统和客户需要等的详尽分析，企业可以寻找到服务失误“高发地带”，并采取措施加以预防。

## 思考题

1. 实施客户服务标准化的意义是什么？
2. 如何制定客户服务标准？
3. 如何进行客户服务质量的监控？
4. 评价客户服务质量是哪五个维度？
5. 客户服务质量补救的意义什么？如何实施客户服务质量的补救？

# 第九章　客户服务的满意管理

## 引例：为客户打伞

初春的一天上午，胡雪岩正在客厅里和几个分号的大掌柜商谈投资的事情。这时，外面有人禀告，说有个商人有急事求见。前来拜见的商人满脸焦急之色。原来，这个商人在最近的一次生意中栽了跟头，急需一大笔资金来周转。为了救急，他拿出自己全部的产业，想以非常低的价格转让给胡雪岩。

胡雪岩不敢怠慢，让商人第二天来听消息，自己连忙吩咐手下去打听是不是真有其事。手下很快就赶回来，证实商人所言非虚。胡雪岩听后，连忙让钱庄准备银子。因为对方需要的现银太多，钱庄里的又不够，于是，胡雪岩又从分号急调大量的现银。第二天，胡雪岩将商人请来，不仅答应了他的请求，还按市场价来购买对方的产业，这个数字大大高于对方转让的价格。那个商人惊愕不已，不明白胡雪岩为什么连到手的便宜都不占，坚持按市场价来购买那些房产和店铺。

胡雪岩拍着对方的肩膀让他放心，告诉商人说，自己只是暂时帮他保管这些抵押的资产，等到商人挺过这一关，随时来赎回，只需要在原价上再多付一些微薄的利息就可以。胡雪岩的举动让商人感激不已，商人二话不说，签完协议之后，对着胡雪岩深深作揖，含泪离开了胡家。

商人一走，胡雪岩的手下可就想不明白了。大家问胡雪岩，有的大掌柜赚钱少了被训斥半天，为什么他自己这笔投资赚钱更少，而且到嘴的肥肉还不吃，不仅不趁着对方急需用钱压低价格，还主动给对方多付银子。

胡雪岩喝着热茶，讲了一段自己年轻时的经历：“我年轻时，还是一个小伙计，东家常常让我拿着账单四处催账。有一次，正在赶路的我遇上大雨，同路的一个陌生人被雨淋湿。那天我恰好带了伞，便帮他打伞。后来，下雨的时候，我就常常帮一些陌生人打打伞。时间一长，那条路上的很多人都认识我。有时候，我自己忘了带伞也不用怕，因为会有很多我帮过的人为我打伞。”

说着，胡雪岩微微一笑：“你肯为别人打伞，别人才愿意为你打伞。那个商人的产业可能是几辈人积攒下来的，我要是以他开出的价格来买，当然很占便宜，但人家可能就一辈子翻不了身。这不是单纯的投资，而是救了一家人，既交了朋友，又对得起良心。谁都有雨天没伞的时候，能帮人遮点雨就遮点吧。”

众人听了之后，久久无语。后来，商人赎回了自己的产业，也成了胡雪岩最忠实的合作伙伴。自那之后，越来越多的人知道了胡雪岩的义举，官绅百姓，都对有情有义的胡雪岩敬佩不已。胡雪岩的生意也好得出奇，无论经营哪个行业，总有人帮忙，有越来越多的客户来捧场。

我们都知道，雪中送炭比锦上添花要可贵得多，但是又有多少人能够像胡雪岩那样愿意急人之所急、雪中送炭呢？

为客户服务也是这个道理，只有你肯为客户付出，并且让客户感受到的超出原来预期的才会满意。

# 第一节　影响客户满意的因素

现实中很多人认为，让客户满意的办法就是要尽可能地为客户提供最好的产品和最好的服务，这个出发点没有问题，也容易被大家接受，但它忽略掉其中一个隐含的问题，那就是要不要考虑成本问题？要不要考虑效益问题？

回答是肯定的，企业必须讲成本、讲效益，而不能不顾一切地付出代价，否则可能得不偿失、入不敷出。如果企业能够用较小的代价实现客户满意，何乐而不为呢？那怎么能够事半功倍——花最小的代价获得客户满意呢？这就要知道影响客户满意的因素是什么。

客户对服务的满意是一种心理活动，是客户的主观感受，是客户的预期被满足后形成的状态——当客户的感知没有达到预期时，客户就会不满、失望；当客户对服务的感知与预期一致时，客户是满意的；当客户对服务的感知超出预期时，客户就感到“物超所值”，就会很满意。可见，影响客户满意的因素就是：客户预期与客户感知价值。

# 一、客户预期

客户预期是指客户在体验服务之前对服务价值的主观认识或期待。

## （一）客户预期对客户满意的影响

假设 A、B、C 三个客户同时进入一家餐厅消费，A、B、C 三个客户对餐厅的预期分别是 a、b、c，并且 a>b>c，假设餐厅为他们提供的服务都是 b。

那么，消费后，A 对餐厅感觉不满意，因为 A 在消费前对餐厅抱有很大的预期，其预期值为 a，但是他实际感受到的餐厅服务只是 b，而 a>b，也就是说，餐厅所提供的产品和服务没有达到 A 客户的预期值，使 A 客户产生失落感，所以 A 客户对餐厅是不满意的。

B 客户在消费前的预期值为 b，而他实际感受到的餐厅服务刚好达到了他心中的预期值 b，所以 B 客户对餐厅是满意的。

C 客户在消费前的预期值为 c，而在消费过程中，餐厅服务达到了 b，而 b>c，也就是说，餐厅所提供的产品和服务不但达到而且超过了 C 客户的预期值，从而使 C 客户产生“物超所值”的感觉，所以 C 客户会对餐厅非常满意。

这个例子说明了客户预期对客户满意是有重要影响的，也就是说，如果企业提供的产品或者服务达到或超过客户预期，那么客户就会满意或很满意。而如果达不到客户预期，那么客户就会不满意。

## （二）影响客户预期的因素

客户预期不是一成不变的而是动态的，客户预期会随着客户自身因素和外在因素的变化而不断地进行调整。一般来说，影响客户预期的因素有以下几个方面。

### 1. 客户的价值观、需求、习惯、偏好

不同的客户由于身世、身份及消费能力等的差异会产生不同的价值观、需求、习惯、偏好——是与世无争，还是斤斤计较；是 CEO、白领，还是学生——不同的客户面对同样的产品或者服务会产生不同的预期。

### 2. 客户以往的消费经历、消费经验、消费阅历

客户在购买某种产品或服务之前往往会结合他以往的消费经历、消费经验，对即将要购买的产品或服务产生一个心理预期值。

如果上一次消费时客户对产品或者服务提出了意见或建议，那么下一次他对该产品或者服务的预期就较高。如果他提出意见或建议的产品或服务没有改进，就会令他失望、不满意。

例如，客户过去吃一份快餐要10元，那么他下次再去吃快餐可以接受的价格，即对快餐的价格预期值也是10元；如果过去吃一份快餐只要5元，那么他下次再去吃快餐可以接受的价格，即对快餐的价格预期值就是5元。

又如，以往打热线电话在10秒钟之内就能够接通，这一次超过20秒仍无人接听客户就会难以接受；反之，以往热线电话很难打进，现在1分钟内被授理感觉就比较好。

也就是说，客户以往的消费经历、消费经验会影响他下次购买的预期。而没有消费经历和消费经验的客户如果有消费阅历(即目睹别人消费)，那么也会影响他的预期——如果看上去感觉不错就会形成较高的预期，如果看上去感觉不好则会形成较低的预期。

一般来说，新客户与老客户对同一产品或服务的预期往往不同，新客户由于没有消费经验而往往预期过高或过低，而老客户由于有丰富的消费经营而使预期比较中性。

### 3. 他人的介绍

客户的消费决定总是很容易受到他人尤其是亲戚朋友的影响，如果客户身边的人极力赞扬，说企业的好话，那么就容易让客户对该企业的产品或服务产生较高的预期；相反，如果客户身边的人对企业进行负面宣传，则会使客户对该企业的产品或服务产生较低的预期。

### 4. 企业的宣传与承诺

企业的宣传与承诺主要包括广告、产品外包装上的说明、员工的介绍和讲解等，根据这些，客户会对企业的产品或者服务在心中产生一个预期值。例如，药品的广告宣称服用三天见效，那么药品的服用者也就预期三天见效；如果广告宣称是服用三周见效，那么药品的服用者也就预期三周见效。

如果企业肆意地夸大宣传自己的产品或服务，会让客户产生过高的预期值，而客观的宣传会使客户的预期比较理性。例如，如果企业预先提醒客户可能需要排队的时间，也会使客户有一个心理准备、产生一个合理的预期。一些研究表明，那些预先获得通知需要排队的客户会比那些没有获得需要排队通知的客户更加满意。

### 5. 价格、包装、环境等有形展示

客户还会凭借价格、包装、环境等看得见的有形展示线索来形成对产品或者服务的预期。例如，如果餐厅环境杂乱，客服人员穿着邋遢、不修边幅的话，显然会令客户将其定位为低档消费场所，认为其根本不可能提供好的服务。相反，较高的价格、精美或豪华的包装、舒适高雅的环境等可使客户产生较高的预期。

## 二、客户感知价值

客户感知价值是客户在购买或者消费过程中，企业提供的产品或服务给客户的感觉价值。

假设 A、B、C 三家企业同时向一个客户供货，客户对 A、B、C 三家企业的预期值都是 b，A、B、C 三家企业给客户的感知价值分别是 a、b、c，并且 a>b>c。

那么，购买后，客户对 C 企业感觉不满意，因为客户对 C 企业的预期值是 b，但是 C 企业给他的实际感知价值是 c，而 b>c，也就是说，C 企业所提供的产品或服务没有达到客户的预期值，因此使客户产生不满。

客户在购买前对 B 企业的预期值为 b，而客户实际感受到 B 企业的产品或者服务的感知价值刚好是 b，也就是说，B 企业所提供的产品或服务刚好达到了客户的预期，所以客户对 B 企业是满意的。

客户在购买前对 A 企业的预期值为 b，而客户实际感受到 A 企业的产品或者服务的感知价值是 a，而 a>b，也就是说，A 企业给客户提供的感知价值不但达到而且超过了客户的预期值，从而使客户对 A 企业非常满意。

这个例子说明了客户感知价值对客户满意的重要影响，即如果企业提供的产品或者服务的感知价值达到或超过客户预期，那么客户就会满意或者非常满意。而如果感知价值达不到客户预期，那么客户就会不满意。

虽然再好的服务也不能使劣质的产品成为优等品，但优质产品会因劣质服务而失去客户。例如，企业的服务意识淡薄，员工傲慢，服务效率低，对客户草率、冷漠、粗鲁、不礼貌、不友好、不耐心；客户的问题不能得到及时解决，咨询无人理睬、投诉没人处理等都会导致客户的感知价值低。

例如，在美国最大的百货公司纽约梅瑞公司的店堂里，有一个小小的咨询服务亭。如果你在梅瑞公司没有买到自己想要的产品，那么你可以去服务亭询问，它会指引你去另一家有这种产品的商店，即把你介绍到它的竞争对手那里。这种一反常态的做法收到了意想不到的效果——既获得了广大客户的普遍好感，招徕了更多的客户，又向竞争对手表示了友好和亲善，从而改善了竞争环境。

如今，客户对酒店的要求是越来越高，尤其是老客户，他们不希望每次用餐都要重复做一些相同的事情，如回答“喝点什么酒”“吃些什么菜”“需要什么烟”等这样的老问题。因为这会使老客户感到自己是酒店的陌生人，心中自然不快。如果酒店能够做到对老客户喜欢喝的酒、吃的菜、抽的烟都记得一清二楚，那么就会使老客户有“在家的感觉”，也就能够提升老客户的满意度和忠诚度。

例如，当你走进家门口附近的一家超市，拿起一瓶醋看了看，然后又放了回去，这时老板走过来告诉你："先生，您夫人平常买的是××牌子的醋，她是我们的老客户了，可以记账消费，而且都打九折，您只要签个名，就可以拿走。"这家超市老板的客户关系就做得很不错，首先他认得自己的常客，并且认得她的丈夫，而且记得她一贯购买的品牌，不仅如此，这家超市还允许老客户记账、赊账。因为超出了你的期待，自然会对这家超市留下好印象。

# 第二节　如何让客户对服务满意

从上一节我们知道，客户预期和客户感知价值是影响客户满意的因素。那么，如果企业能够把握客户预期，并且让客户感知价值超出客户预期，就能够实现客户满意。

## 一、把握客户预期

### （一）把握客户预期的重要性

#### 1. 确保实现客户满意

如果客户的感知价值达到或超过客户预期，那么客户就会满意或很满意；而如果客户的感知价值达不到客户预期，那么客户就会不满意。因此，为了确保实现客户满意，企业必须把握客户预期，否则即使客户感知价值再高也未必能够实现客户满意。

#### 2. 控制和降低实现客户满意的成本

如果企业能够把握客户预期，那么就可以控制和降低实现客户满意的成本——只要用最小的代价让客户感知价值稍稍超出客户预期一点点，就能够事半功倍地获得客户满意。这既是实现客户满意的最经济的思路，也是最科学的思路。

### （二）如何把握客户预期

企业要把握客户的预期可以通过两个路径，一是了解当前客户的预期，二是引导客户的预期。

#### 1. 调查了解客户当前预期

企业可以通过各种市场调查的方式了解客户当前对企业提供的服务价值的预期，从而使企业让客户满意的措施有的放矢、事半功倍。

### 2. 引导客户预期

我们知道，如果客户预期过高，一旦企业提供给客户的感知服务价值没有达到客户预期，客户就会感到失望，导致客户的不满。可见，过高的预期在无形中会增加企业的服务成本，如此一来，企业的努力是事倍功半之举，因为负责任的企业总不能让客户乘兴而来，扫兴而归。但是，如果客户预期过低，可能就没有兴趣来购买或者消费企业的产品或服务了，会跑到竞争对手那边去。看来，客户预期过高、过低都不行，企业必须主动出击——对客户预期加以引导。

那么，如何引导客户预期呢？

(1) 如何引导客户产生良好的预期。

首先，以当前的努力和成效引导客户的良好预期。客户的价值观、需求、习惯、偏好等属于企业不可控的因素，企业可以作为的余地和机会不大。但是，如果企业能够认真做好当前的工作，从身边的事情做起，从小事做起，从细节做起，努力使客户获得美好的体验，长此以往、坚持不懈就能够使客户获得积极的、正面的消费经历、消费经验、消费阅历以及他人的介绍等，从而使客户形成对企业的良好预期。

其次，通过宣传、沟通与承诺来引导客户的良好预期。例如，“小罐茶”在面市时打出了“小罐茶，大师作”的广告语，声称小罐茶的制茶工艺来自于中国八大名茶中最具代表性的 8 位泰斗级制茶大师，这样有利于形成客户对小罐茶是高端茶的预期。

再次，通过企业文化、理念、宗旨、制度、规则、价格、包装、环境等来引导客户的良好预期。例如，一般来说，客户对价格高的产品或服务的预期高，而精美的包装、优美的环境、高档的装修、现代化的设施与装备等有形展示也会形成客户的良好预期。另外，如果服务机构处在繁华的地段、服务人员统一的着装及标准化的服务有利于形成客户的良好预期。此外，满目的证书和奖状，冠有“××之星”“××标兵”“××模范”称号也会增强客户的预期。

(2) 如何引导客户产生合理的预期。

客户的预期如果过高将给企业实现客户满意造成一定的困难，所以，企业要想办法引导客户形成合理的预期。

首先，根据自身的实力进行实事求是、恰如其分的宣传与承诺。企业只能宣传与承诺能够做得到的事，而不能过度宣传与承诺，这样可以避免客户产生不切实际的过高预期。并且，如果企业在宣传与承诺时恰到好处并且留有余地，或者干脆自我揭短、丑话说在前头，使客户的预期保持在一个合理的状态，那么客户感知就很可能轻松地超过客户预期，客户就会因感到“物超所值”而“喜出望外”，自然对企业十分满意。

例如，大众甲壳虫从最开始就直接指出自己的缺点，如车型过小，然后再告诉你这些缺点能给你带来哪些好处，比如经济实惠。又如，日本美津浓公司销售的运动服里有纸条写着：“此运动服乃用最优染料、最优技术制造，遗憾的是还做不到完全不褪色，会稍微褪色的。”这种诚实的态度既赢得了客户的信赖，又使客户容易达到满意——因为预期值不高。假如运动服的褪色不明显，客户还会很满意。因此，这家公司每年的销售额都达 4 亿日元。再如，迪士尼作为全球三大娱乐客户服务品牌之一，也非常善于在各个环节设定客户预期，而后往往给客户以超值惊喜。例如，迪士尼乐园里某种游玩项目依照广播通知需要排队 45 分钟，这时选择排队的客户就会对排队时间产生需要排队 45 分钟的预期。然而，迪士尼乐园总是能够在不到 45 分钟时就提前让客户达成心愿，这样的结果客户总是很满意。

企业的宣传与承诺如果得以实现，将在客户中建立可靠的信誉。正所谓“低调做人，高调做事”——IBM 所说：“所做的超过所说的且做得很好，是构成稳固事业的基础”。相反，如果企业过度承诺和宣传，夸大其词，客户的预期就会被抬高，从而会造成客户感知与客户预期的差距，导致客户不满。例如，人们对承诺捐赠却没有兑现的企业的反感程度，远大于未捐赠也未提捐赠的企业。

其次，通过沟通来引导客户的合理预期。例如，企业可以说明产品或服务价格高的各种合理原因，以及强调比竞争对手的服务、价值等方面更优的表现——一分钱一分货，虽然价格高但性价比突出……从而引导客户接受相对较高的价格，如果再在现实中给予客户一点优惠，那么客户就会很满意了。

再次，通过恰当的规则、价格、包装、环境等来引导客户的合理预期。假如规则、价格、包装、环境等恰到好处，不过度、过高、过好、过美，客户一般就不会产生不切实际的预期。

## 延伸阅读

### 如何防止客户预期过高

首先，千万不要随便给予优惠，否则客户会提出更进一步的要求，直到你不能接受。

其次，让客户感觉到优惠只针对他一个人，让客户感到获得这样的优惠已经很不容易。

最后，当客户提出的过分要求时，可表现出自己的权力有限，需要向上面请示：“对不起，在我的处理权限内，我只能给你这个价格。”然后再话锋一转：“不过，因为您是我的老客户，我可以向经理请示一下，给您些额外的优惠。但我们这种优惠很难得到，我也只能尽力而为。”这样客户的预期值不会太高，即使得不

到优惠，他也会感到你已经尽力而为，不会怪你。

**案例：店铺通过有形展示提升客户预期**

产品要想卖出好价钱，就要让客户觉得“值”。

首先，要让店铺看上去“值”。让店面看上去“值”表现在门面形象，即店铺的装修要到位。

其次，要让导购看上去“值”。让导购看上去“值”包括两个方面：第一，导购的精神面貌良好；第二，导购的专业化程度高。

再次，要让陈列看上去“值”。产品陈列是一门大学问，强调“生动化”，陈列技巧还包括灯光的使用、POP 海报的使用、堆头的使用、中岛的使用以及道具元素的衬托等。

最后，要让道具看上去“值”。恰当的道具能够衬托和证明产品的价值，道具包括产品手册、客户的留言和表扬信等。

总而言之，企业要实现客户满意就必须采取相应的措施来把握客户预期，让客户的预期值在一个恰当的水平，这样既可以吸引客户，又不至于让客户因为预期落空而失望，产生不满。一般来说，引导客户预期的上限是企业能够带给客户的感知价值，引导客户预期的下限是竞争对手能够带给客户的感知价值。

此外，企业引导客户预期时应当做到实事求是、扬长避短——引导客户多关注对企业有利的方面、忽略对企业不利的方面。

## 二、让客户对服务的感知价值超越客户预期

随着购买力水平的提高，客户对服务的要求也越来越高，服务的质量对购买决策的影响越来越大，能否给客户提供优质的服务已经成为提高客户的感知价值和客户满意度的重要因素。这就要求企业站在客户的角度，想客户所想，在服务内容、服务质量、服务水平等方面提高档次，从而提升客户的感知价值，进而提高客户的满意度。

例如，对于装卸和搬运不太方便、安装比较复杂的产品，企业如果能为客户提供良好的售后服务，如送货上门、安装调试、定期维修、供应零配件等，就会减少客户为此所耗费的体力成本，从而提高客户的感知价值和满意度。商店为购买电冰箱、彩电、洗衣机、家具的客户送货上门，镜屏厂为客户免费运输、安装大型镜屏，解决运输、安装两大困难，这些都降低了客户的体力成本，从而提高了客户的满意度。

当年麦当劳发现北京有600多万人使用月票乘公交车，而发售月票的网点只有88处，乘客深感不便，于是推出一项新举措——在所属的57家麦当劳餐厅内代售公交月票。麦当劳与公交公司的这一合作打动了公众的心，广大北京市民从麦当劳的“好事”中获得便利。另一方面，一直以来，麦当劳在中国很难赢得一些成年客户、老年客户的青睐，在成为月票代售点后，不少中老年客户为了买月票顺便在麦当劳就餐就成为自然的行动。此外，高考前夕，麦当劳面对只要一杯饮料就在餐厅呆上好几小时的高考考生，不仅不驱赶，反而特意为他们延长了营业时间——秉承了麦当劳“博爱，为任何人服务”“视客户为家族成员”的服务文化。北京麦当劳“代售月票”“为高考考生延长营业时间”的真实故事被许多媒体津津乐道，提升了麦当劳的企业形象。

另外，企业提供细致周到、温暖的服务也可以降低客户的精神成本。如在为客户维修、安装时，自己带上拖鞋和毛巾，安装好后帮客户把房间打扫干净，把对客户的打扰降低到最低限度……这些细节都充分体现了企业对客户的关怀、体贴和尊重，从而降低了客户的精神成本，给客户留下美好的印象。

例如，衣蝶百货是一家只卖女性衣服的专卖店，服务策略是用周到的服务来创造令人感动的体验。她们的洗手间会给人喜出望外的体验，里面有高品质的护肤乳液和香精。洗手台有专职的客服人员，清洁工作非常到位，没有水渍。为了防止马桶坐垫不卫生，衣蝶百货为客户提供了自动胶膜，还提供女性个人隐私使用的卫生棉。她们站在女性的角度来想，方便了在外购物的女性们，从而赢得了客户的满意。

生活中我们常说“将心比心，以心换心”，企业与客户之间特别需要这种理解与关心，当企业对处于危困之中的客户“雪中送炭”，那么，很可能为自己培养了未来的忠诚客户。在新冠肺炎疫情期间，一个问候电话、一条有关防治的短信、一瓶消毒液、一包口罩，都能帮助企业与客户建立深厚的感情。

当客户有困难时，企业能够伸出援手，如利用自己的社会关系帮助客户解决孩子入托、升学、就业等问题，雪中送炭，就会令客户感动。当客户因为搬迁不方便购买时，企业主动送货上门，就会使客户觉得自己得到了特殊的关心。当客户因为资金周转问题不能及时支付购买产品的费用，企业通过分期付款、赊账的形式予以援助，那么客户就会心存感激，当其资金问题解决后将回报以忠诚。

南京民生汽车客运公司除了提供客运服务外，还提供租车服务。当租车客户遇到交通纠纷时，公司以客户“亲属”而不是车主的身份全权处理一切事务。民生汽车客运公司的这项举措使客户大受感动，深得租车客户的好评，客户感到民生汽车客运公司时刻在为他着想，自然忠诚有加。

免费服务是企业为客户提供无须付费的服务，目的是使客户对企业的其他服

务产生购买兴趣。

例如，电器商店为购买者提供免费送货上门、免费安装、免费调试；皮革行除免费为客户保修外，还免费为客户在夏季收藏皮夹克；不少酒店也实施免费宽带上网，在客房放置商业管理类书籍、时尚杂志等，供客人阅读，也吸引了不少客源；酒楼看准每年有 5 万多对新人办喜事，而竞相推出免费服务——有的免费代送宾客，有的免费提供新婚礼服、化妆品、花车及结婚蛋糕……谁的免费服务招数高，谁的生意就兴隆！

新东方也通过举办免费讲座，让客户更加了解新东方，起到推销课程的作用，如 2007 新东方职称英语免费讲座、2009 新东方国家图书馆雅思免费讲座。而中国雅思之父胡敏教授的“雅思考试与英联邦国家留学移民”的巡回讲座更是掀起了一场雅思风暴。这一系列的免费讲座拉近了新东方与客户的距离，起到了很好的促销作用。

### 案例：利乐公司的客户服务管理

利乐公司不仅是全球最大的奶制品、果汁、饮料等包装系统供应商之一，而且是全球唯一能够提供综合加工设备、包装和分销生产线，以及食品生产全面解决方案的跨国公司。现在，利乐包装不仅限于液态食品，还适用于冰淇淋、奶酪、脱水食品、水果、蔬菜与宠物食品等诸多方面。

“好的包装所带来的节约应超过其成本”——公司创始人鲁宾·劳辛博士的这句话引导着利乐为全球食品的安全、营养和便利而不断创新，在开拓市场、与客户携手共进的同时，积极倡导并不断实践企业的社会责任。“利民之业，乐而为之”，正是凭借这样一种精神和价值取向，利乐得以在世界食品加工和包装，特别是无菌纸包装领域始终处于领导地位。

在利乐公司看来，利乐提供给客户的是整体的解决方案，而不仅仅是设备或者包材，是“more than the package”(远远大于包装)，甚至不仅仅是服务。为了给客户提供生意的解决方案，利乐提供给客户的增值服务是非常全面的，客户们买到的也不仅仅是“利乐”的产品和服务，而是一种“成长素”——拥有“利乐”，就拥有成长。

例如，利乐在中国市场采用了先进的大客户管理系统，利乐公司的技术设备专家、包装设计人员、市场客服人员甚至财务经理都会与客户维护紧密联系，共同深入生产和市场一线，在设备引进、产品开发、技术培训、市场信息、营销体系构建、新品上市的全过程中积极投入，帮助本地客户发展壮大。难怪在中国液态奶常温无菌纸包装市场上，“利乐”是绝对的“No.1”，市场份额可能达到 95%。

现代企业的竞争越来越信赖于整个营销网络的竞争，要为客户创造价值，不是靠供应商、制造商、零售商的单打独斗，而是整个供应链的合作共赢。正如利乐中国总裁李赫逊所说："在利乐看来，企业要想获得长久的生命力，离不开产业链的和谐发展，只有产业链和谐了，链条中的各个环节才能实现共赢。这种互相依存和促进的关系就需要企业跳出'各家自扫门前雪'的框框，把为产业链做贡献看成是自己的责任。"

正是基于这种"利乐观"，利乐实现了对产业链、对社会责任的超越，将自己镶嵌到客户中去服务，做到你中有我，我中有你，好像彼此真正成为一家人，形成了真正的伙伴，创造了工业营销的共赢模式。

利乐公司的设备都是成套销售的，而且价格很高。客户若投资一套利乐枕式液态奶生产线，一次性需投入约几百万元人民币，这对于一个乳品企业而言是一个很大的投资项目。因而，利乐公司的先期发展较慢。后经调查发现，很多相关企业对这种设备及产品包装相当感兴趣，只是觉得一次性投资太大，资金上有困难。

针对这一情况，利乐公司提出了"利乐枕"的设备投资新方案：客户只要拿出 20%的款项，就可以安装成套设备投产。而以后四年中，客户只要每年订购一定量的包材，就可以免交其余 80%的设备款。这样客户就可以用这 80%的资金去开拓市场或投资其他项目。

利乐公司这一投资方案一出台，客户就迫不及待地争先签订合同，从而使利乐设备迅速扩大了市场份额，成了所有牛奶生产厂家的投资首选。由于厂家减少了投资额，可以有大部分资金来开拓市场，投入广告，积极参与公益活动，引导消费，这样一来客户很快接受了"利乐枕"这种包装形式，市场局面一下子打开，市场激起一股强劲的"利乐枕"风。利乐这一设备投资方案既赢得了客户，同时也提升了自身企业形象。

就是这样，"利乐"在输出一流产品的同时，也输出企业文化、管理模式、运营理念，深度介入了上下游客户的业务，与客户一起打造共同的核心竞争力，并且无偿地为客户提供全方位的服务，更关键的是，利乐公司通过自身的资源和组织的第三方资源，为每一个客户从战略决策建议、营销决策建议方面给予客户更高层面的服务和建议，从而使"利乐"与客户从交易关系转变为合作伙伴关系，使一次性客户变成长期忠诚的客户。

"利乐"正是在帮助和促进客户成长的同时，达到客户满意的目标，获得客户的认可，加强了客户对自己的依赖，从而创造和培植了一批对自己有持续需求的忠诚客户，使自己获得更大的发展。

## 思考题

1. 影响客户满意的因素有哪些？
2. 影响客户预期的因素有哪些？
3. 如何让客户满意？

# 第十章　客户服务的品牌管理

**引例：中国快餐连锁市场客户最喜爱品牌——吉野家**

有人曾这么评价吉野家：厅堂干净明亮，服务快捷周到，食物原汁原味、营养健康，牛肉饭最经典，肉又嫩又香，米饭粒粒分明。此外，吉野家餐厅椅子的高度、硬度、座位之间的间隔都是经过科学测算的，高度让客人用餐时胃部不感到受压迫，硬度不让客人身体感到劳累，间隔不因为节省空间而过于亲近和拥挤，同时也不浪费空间。另外，吉野家橙色的标识很刺激人的胃口，器具用的是极具古韵的大花瓷碗，给人一种在家吃饭的亲切感……种种细微入心的考虑成就了吉野家“中国快餐连锁市场客户最喜爱品牌”的声誉。

如今市场上服务机构众多，服务种类也琳琅满目，而要能够在客户眼中脱颖而出还需依靠品牌效应。本章将讨论关于客户服务品牌的作用与定位、客户服务品牌的识别、客户服务品牌的塑造与维护等问题。

## 第一节　客户服务品牌的作用与定位

### 一、客户服务品牌的作用

美国市场营销协会对品牌的定义是：“品牌是一个名称、术语、标记、符号和图案设计，或者是它们的不同组合，用以识别某个或某群销售者的产品和劳务，使之与竞争对手的产品和劳务相区别。”

1988年菲利浦·科特勒教授指出，品牌是用来识别一个机构的服务，并与其他机构区别开来的一个名称、术语、标记、符号、图案或是这些因素的组合。区别专业营销者的最佳方法，就是看他们是否拥有对品牌的创造、维持、保护和扩展能力。

客户服务品牌是指服务机构用来区别于其他服务机构的名称、术语、标记、图案、符号或是这些因素的组合。

客户服务品牌的作用有如下几个方面。

### （一）为客户选择服务提供了一个可靠的依据

品牌是一种无形的识别器，它能使客户在面对琳琅满目的服务时很快做出选择，缩短了消费者的购买时间和过程。在客户不能充分掌握服务的信息的情况下，品牌作为判断与辨别服务质量的信息可以在很大程度上影响客户的产品选择。

与产品相比，品牌对于服务而言更为重要，因为服务不具备实体性的特点，导致客户在购买服务时会产生或多或少的疑虑，所以，客户服务品牌为客户选择服务提供了一个可靠的依据，能给人们可以信赖的感受。

客户服务品牌是优质服务、稳定服务的标志，也是服务机构给客户的一种承诺，有利于客户对服务识别和建立，能降低客户的购买风险，并增强客户接受服务的信心。如果某种服务已经在客户之间形成了口碑，拥有良好的声誉，那么客户就不需要花很多精力和时间进行比较，可以放心地选择“品牌”服务。

### （二）有利于形成客户忠诚

客户不会在意那些他有你有我也有的服务，而是需要具有竞争力的服务，即你有别人没有，或者你的最好别人一般的服务。服务机构如果能做到这一点，就获得了优于他人的超强竞争力。

如果服务机构能够提供“品牌化”服务，也就是说让服务不仅成为品牌的“助推器”，而且让服务本身成为一个强大的品牌，那么，在市场竞争中必将赢得巨大的竞争优势。

客户服务品牌一旦创建成功就像竖起了一道屏障，如果客户习惯、认可了现有的服务，对新的服务就很可能会采取抵制或不配合的态度，因此有效地阻止了忠诚客户向新品牌转移，稳定了服务机构的客户来源。

### （三）有利于服务机构拓展服务渠道并节约扩张成本

客户服务品牌一旦塑造成功，机构便可以通过连锁、联营、合作等方式，拓展服务渠道，扩大规模。例如，麦当劳、万豪、希尔顿等品牌都通过连锁经营，实现了规模经营、跨国经营。另外，客户服务品牌形成后，服务机构可以凭借品牌效应，迅速地开拓市场，并且节省大量的推广费用，实现低成本扩张。

## 二、客户服务品牌的定位

客户服务品牌定位是客户服务品牌识别的设计及客户服务品牌塑造与维护的前提。

一个企业不论规模有多大，所拥有的资源相对于消费需求的可变性和多样性总是有限的，因此，它不可能满足市场上的所有需求，不可能提供所有的服务，也不可能拥有服务的所有优势。

客户服务品牌定位是企业根据竞争品牌在市场上所处的位置以及客户对该种服务特征或属性的重视程度来确定品牌的核心价值与精髓，从而在目标客户心目中确立一个与众不同的、个性鲜明的形象的过程。

客户服务品牌定位的目的是获取竞争优势，客户服务品牌定位是否适当，直接关系企业的市场占有率和盈利。为此，服务机构要通过市场调查，掌握目标市场的特点，分析自身的优势和劣势、机会和威胁，从而选定在目标客户心里占据一个特定位置。

客户服务品牌定位的关键在于创造差异化，形成有特色、有个性、有独特的元素，至少在某些方面应与众不同。比如，是强调服务本土化，还是突出延长服务时间；是强调服务的亲情，还是突出快速和全天候；是强调一条龙服务，还是突出专业化服务。只有与众不同才能够吸引客户的注意力。

例如，面对迪士尼这位新来劲敌，已经有30余年历史的香港海洋公园，对于一般市民或游客都会失去一定的新鲜感和吸引力。海洋公园便采取了与迪士尼并存的方式，而不是选择与其正面交锋。为了加强与迪士尼的区分，并强化海洋公园的独特优势，海洋公园以“一个土生土长，并以透过互动娱乐联系大自然和大众的主题公园”为新定位，其目的是要成为世界最好的海洋主题娱乐中心，并且是香港的骄傲和访港游客的观光地标。为此，香港海洋公园以“香港人的主题公园”作为推销活动主题，激发香港人与海洋公园的独有深厚情感，透过“与香港/香港人一齐成长”的独特情怀来做推广，推出了“好赏香港”活动，给所有持有香港身份证的香港人门票优惠。此外，更向香港市民诚征他们曾在海洋公园拍摄的照片，除了可以获得门票优惠外，还可以在公园内张贴作“30年快乐的集体回忆”，以勾起大众对海洋公园的情感。结果这次活动征集到6000多张照片，也证明了我国香港市民对海洋公园活动的支持。

又如，星巴克这个名字来自麦尔维尔的小说*Mobby Dick*(中译名为《白鲸》)中一位处事极其冷静，极具性格魅力的大副Starbucks，他的嗜好就是喝咖啡。麦尔维尔被海明威、福克纳等美国著名作家认为是美国最伟大的小说家之一，在美国和世界文学史有很高的地位，但麦尔维尔的读者并不算多，主要是受过良好教育、有较高文化品位的人士，没有一定文化素养的人是不可能读过《白鲸》这部书，知道Starbucks这个人的。星巴克咖啡的名称暗含其对客户的定位——它不是普通的大众，而是有一定社会地位、有较高收入、有一定生活情调的人群。星巴克的这种有所为、有所不为的经营方式取得了巨大的成功。

### 案例："金葵花"钻石品牌的定位

2009年4月，招商银行正式推出"金葵花"钻石品牌，该品牌仅面向金融资产超过500万元的钻石级客户群体提供服务。钻石级核心客户大多为40岁左右的男性及夫妇，这类高端客户以高管、私营业主或专业投资者居多。

与其他的"金葵花"客户相比，这类客户特点鲜明，有着独特的理财需求和投资习惯：首先，他们对资讯的需求高，希望理财经理更多地提供资讯和参考，自己来判断决策，注重亲身参与到理财过程之中；其次，中国人财不外露的传统观念使得他们注重服务过程的私密性，行为处事低调内敛；最后，在选择哪家银行做理财这个问题上，朋友的口碑推荐是最重要的考虑因素之一。此外，在理性需求上，钻石客户看重资产的安全增值，在感性需求上，钻石客户属于接近社会金字塔顶端的人群，是驾驭财富的一群人，财力决定了其价值观，他们以独特智慧结合外来资讯主动创造自己的财富，需要的是不一样的投资理财和增值服务。

为此，招行从投资顾问服务、理财资讯服务、专享服务空间、灵活授信服务、贵宾专线服务、贵宾登机服务、高尔夫畅打、健康医疗服务等方面，为客户打造钻石级的贵宾礼遇。

在理财服务上，钻石客户由分行级产品经理和钻石贵宾理财经理进行专项服务，提供全面财富规划、资产组合方案定制、投资分析报告、投资组合检视、投资绩效报告等在内的全套投资顾问服务，招行钻石客户还可时时享受到招行定向发行的钻石尊享理财产品。针对钻石客户对资讯需求较高的特点，招行为钻石客户搭建了专享的投研平台，并根据客户的定制需求，通过各种信息平台为钻石客户提供高端资讯服务。

在服务空间上，钻石客户可实现畅通无阻的全国漫游服务，招行遍布全国的网点将为钻石客户提供优先服务，钻石财富管理中心的装修和设计理念充分体现了尊崇、私密等特点，只为钻石客户提供专项服务。招行还为“金葵花”钻石客户提供灵活专用的授信额度，钻石客户无须抵押和担保即可享受最高100万元的循环授信额度。此外，钻石贵宾服务专线40068-95555由经验丰富、专业水平更高的专员提供包括银行咨询、交易、投资理财、商旅出行、预约及提醒等在内的全面服务。

在增值服务上，钻石客户除可享受到全国机场贵宾登机、高尔夫练习场免费畅打等经典服务外，招行还为钻石客户着力打造健康医疗服务，钻石客户及其亲属可以在遍布全国的定点医院享受专家门诊预约、全程导医及专家热线咨询等服务，前5000名“金葵花”钻石客户还将免费获赠一次全面体检套餐服务。

# 第二节　客户服务品牌的识别

客户服务品牌识别的设计就是服务机构要设计出合适的客户服务品牌名称和标识。

客户服务品牌名称和标识既要容易识别，又要突出服务特色，此外，要对客户服务品牌进行完美的诠释，还要易于传播。

## 一、客户服务品牌的命名

### 1. 客户服务品牌命名的定义

品牌名称是品牌中可以用语言表达的部分，通常由文字、数字组成。名称是品牌的第一要素，品牌命名在品牌要素中处于中心地位，好的名称有助于品牌的建立与传播。

客户服务品牌命名是指服务机构为了能更好地塑造品牌形象、丰富品牌内涵、提升品牌知名度而为客户服务品牌确定名称。要打造一个强势的客户服务品牌首先要给客户服务品牌确定一个好名称，客户服务品牌名称设计得好容易在客户心中留下深刻的印象，也就容易打开市场销路。

## 2. 客户服务品牌命名的原则

品牌命名不仅要考虑服务属性、品牌定位、品牌联想，而且要考虑目标国的文化，价值观，风俗习惯与信仰，法律、政治环境与民族情结，行业历史等因素。

例如，取个好念、好记、雅致而令人感觉美味的店名往往是餐馆生意兴隆的第一步。如果目标客户是以年轻人为主，店名就要时尚一点、潮流一点，英文店名也无妨；如果目标客户是以中老年人为主，而且卖的是乡土食品，可取个充满乡土气息的店名；以地名作为店名，可以突出当地特色食物的美味。

一般来说，客户服务品牌命名要遵循：受法律保护原则、简单易记原则、新颖独特原则、暗示功能属性原则、通用原则。

(1) 受法律保护原则。品牌名称受到法律保护是品牌被保护的根本，因此品牌的命名要考虑该品牌名称是否侵权、能不能注册成功。再好的名称，如果不能注册就得不到法律的保护。

(2) 简单易记原则。品牌命名应简单明了、富有形象，易于发音、记忆，易为客户辨认和识别。因为心理学研究表明，人的注意力、记忆力难以容纳 5 个以上的要素，简单的名称比较容易编码和储存，能够起到促进记忆的功效，如平安保险、王府井百货等。有些公司还干脆运用缩写塑造简洁的名称，如 AIG、IBM、SONY 等。

(3) 新颖独特原则。品牌命名应在能够显示服务的品质或能够带来利益的前提下与众不同，使自己的服务在同类服务中具有“万绿丛中一点红”的效果，因此，新颖性和独特性无疑是品牌命名的重要原则。如雅虎、搜狐、搜狗等都是新颖独特的好名称。当然，使用业界不太熟悉的词语也有助于增强名称的独特性，如麦当劳、摩根等。

我国台湾地区餐饮业有不少稀奇古怪的店名，这些店名至少有三个特点：一是鲜明地点出服务内容，如“横行霸道螃蟹屋”“蒸的不要炒”“老婆的菜”等；二是显示正宗，让客户放心，如“木瓜牛奶大王”“老地方鲨鱼大王”“馄饨大王”等；三是用怀旧色彩来吸引老年人目标市场，如“太白遗风”“颐养天年”“槟榔”“水浒传饭店”“浣溪茶室”等……这些餐饮店已经成为台湾众多老年人重温乡土逸趣和叙旧之地。

(4) 暗示功能属性原则。品牌名称应与服务功能、特征及优点相吻合、相协调，巧妙地将品牌名称与服务属性联系起来。例如，联华超市将大、中和小型超市分别设立了不同的品牌，大型超市称为世纪联华、中型超市称为联华超市、小型便利称为快客。

(5) 通用原则。通用原则又包括以下几个原则。

① 符合文化习俗原则。不同国家或地区的客户因民族文化、宗教信仰、风俗习惯和语言文字等存在差异，对同一品牌名称的认知和联想是截然不同的。因此，品牌名称要适应目标市场的文化习俗，以免影响品牌的发展。在经济全球化的趋势下，品牌名称应具有世界性、符合全球通用的原则。

例如，“海尔”以及其英文译名“Haier”没有什么特别的意思，是个中性的词汇，可以根据各个国家的具体国情融进去。在讲英文的国家，读音像 higher，意思是更高的，正好与一首英文流行歌曲的歌名完全一样，因此很快就能被人接受。

② 启发品牌联想原则。正如人的名字普遍带有某种寓意一样，品牌名称也应包含与服务相关的寓意，让客户能从中得到有关服务的愉快联想，进而产生对品牌的认知或偏好。例如，“香格里拉”能代表环境优美的世外桃源。

③ 赋予品牌延伸自由度的原则。好的名称应该赋予品牌一定的延伸空间，使品牌能够扩展到其他品类上，扩展到不同的国家或区域市场。例如，亚马逊最初以网上书店开始业务，但其名称为其将来扩展到其他业务提供了延伸的空间，现如今其业务范围已扩展到了玩具、服装、饰品、护肤品、数码产品等。

## 二、客户服务品牌标志的设计

### 1. 客户服务品牌标志的定义

客户服务品牌标志是指品牌中可以被识别，但不能用语言表达的部分，同样也是构成客户服务品牌的要素。恰当的图形标志能帮助达到更好的品牌效果，如麦当劳的金色拱门。

### 2. 客户服务品牌标志的作用

(1) 形象识别作用。识别是品牌标志的基本作用，因为标志的存在就是为了将其所代表的事物的特征、文化内涵等以形象化的表现传递给社会公众，并进行有效沟通，从而获得社会公众的认同。所以，标志的造型、色彩、联想和暗示应与所属对象的风格相一致。例如，在琳琅满目的货架上，看到“两只小鸟在巢旁”，就知道这是雀巢(Nestle)。

(2) 沟通作用。随着销售活动的展开，品牌标志和服务机构的名声会借助客户的口碑在市场上流行开，所以，品牌标志又被誉为“无声的推销员”。品牌标志在信息沟通方面早已超越了语言、文字的限制。在国际交往日益频繁的今天，品牌标志符号以其独有的特质——形象、生动、直观，赢得了个人、组织、服务机构，乃至国家的信任。

(3) 保护作用。从法律的角度来讲，商业标志法属于知识产权法的重要组成

部分。品牌标志是一个服务机构、组织和个人等参与市场竞争的有力武器，是凝结着经营者智慧和辛劳的无形财产。不正当地使用他人的品牌标志，不仅会损害标志权利人和客户的利益，而且会严重妨碍国内、国际贸易秩序。所以，品牌标志一经注册，就成为知识产权国际条约的重要保护对象。

(4) 美化作用。品牌标志常常伴随着某项活动出现在建筑物、旗帜、交通工具、服装、产品等上面，这就意味着品牌标志的设计必须美观，必须与服务机构的一贯风格相一致。换言之，品牌标志的设计要具有艺术感染力，要使受众产生美的愉悦，并通过标志本身的美感赢得受众的好感。品牌标志自身能够创造品牌认知、品牌联想和客户的品牌偏好，进而影响品牌体现的质量与客户的品牌忠诚度。

例如，“蓝天白鹭”是厦航的航徽，也是厦航注册的图形商标。它的图形含义是，昂首矫健的白鹭在蓝天振翅高飞，彰显了厦航“团结拼搏、开拓奋飞”的精神，象征吉祥、幸福永伴宾客。“蓝天白鹭”图形作为厦航形象的重要组成部分和代表，自确定之日起便得到广泛的应用、保护和推广，并越来越多地得到广大客户的认可和喜爱。早在 1999 年，“蓝天白鹭”便被认定为福建省著名商标，是当时福建省唯一的服务行业著名商标。2007 年“蓝天白鹭”商标被国家市场监督管理总局认定为中国驰名商标，实现了品牌增值。

### 3. 客户服务品牌识别设计的原则

品牌标志作为传播品牌形象的核心图形，其设计的优劣直接关系品牌战略的成败，所以设计师如果不能站在品牌战略的高度进行品牌标志设计，则很难使标志体现所承载的责任和目的。

(1) 简单明了。品牌标志设计的首要原则就是简洁醒目、容易记忆。综观知名品牌，品牌标志都十分简单，有的甚至随手便能画出来。例如，麦当劳的“M”出现在 70 多个国家和地区，成为人们喜爱的快餐标志。

(2) 传达品牌的象征意义。一个品牌的拥有者在设计品牌标志时，一般都希望通过该标志向客户传达某种含义，以便让客户尽早地了解该品牌是从事何种行业的公司，是什么类别的产品，或有什么样的属性、特点。因此，在标志设计时，就要运用适当的符号来传达信息。例如，华夏银行利用搏击四海、升腾向上的龙来体现它根植中华五千年文化，永创一流，努力成为现代化、国际化商业银行的精神。

(3) 新颖别致、不落俗套。品牌标志的新颖别致是指不同于其他品牌标志的设计风格、特点等，让客户一看到该标志时就觉得与众不同，不落俗套。许多成功的服务机构擅长借助新颖别致、不落俗套的商标图案来引起人们的关注。例如，美国的一家眼镜公司用三个英文字母“OIC”为商标，构图很像一副眼镜，而将三个字母连续读则仿佛是说“Oh，I see!”(啊，我看见了!)真是新颖别致。

(4) 体现品牌个性。品牌标志的设计应体现品牌的个性。例如，肯德基品牌标志中的山德士上校身着西装、满头的白发、亲切的笑容以及醒目的山羊胡须、独特的黑色领结和眼镜，成为肯德基的象征。这样一个形象给人以和蔼、亲切的感觉，吸引着不同年龄段的顾客。

又如，苹果公司避开了诸如微型计算机公司、国际电脑等时尚但却人人都会想到的名字，而选择一个被咬过的苹果作为品牌标志，并将公司取名为苹果。此标志向世人宣告苹果公司这样一个创意：他们不想把计算机神圣化、偶像化，希望计算机为人带来快感和乐趣，而不是恐惧。立意奇特，具有深刻的品牌内涵，或许这就是苹果的不同凡响之处。2011 年，《美国城市商业日报》负责评选的第八届“美国最佳品牌”中，苹果继 2008 年获得“美国最佳品牌称号”后再次获得此项荣誉。

(5) 艺术性。品牌标志设计时应考虑颜色、字体、图案等综合因素，并使品牌标志反映一定的寓意，具有一定的艺术性。

# 第三节　客户服务品牌的塑造与维护

## 一、客户服务品牌的塑造

客户服务品牌的外在表现为服务标识、名称或符号，但一个客户服务品牌更重要的是服务质量、性能、效用、可靠程度、文化的综合体现。服务机构应当通过过硬的服务质量、良好的性能、较大的效用、较高的可靠程度、独特的文化等来塑造品牌。

这里我们阐述一下文化对塑造客户服务品牌的作用。

塑造品牌形象，文化具有灵魂作用，因为文化构造着品牌的基因。产品可以复制，可以模仿，但是文化却难以复制。服务机构的文化是服务机构在长期对客户服务过程中所形成的价值取向的总和，是服务机构的灵魂，是凝聚服务机构成员的精神力量，以此形成全体员工共同遵循的最高目标、价值标准、基本信念以及行为规范。

如果说各种规章制度、服务守则等是规范员工行为的“有形规则”，那么，服务机构的文化则是作为一种“无形规则”存在于员工的意识中。服务机构的文化可以比喻为行为的“基因”，它提供了服务机构的核心价值观，告诉员工在服务机构里什么目标是最重要的，哪些是服务机构所提倡的和不提倡的，从而引导和塑

造员工的态度和行为朝同一个方向努力。此外，热情、耐心的服务文化，将客户看成自己的家人，也能够树立赏心悦目的服务形象，使客户有宾至如归的感觉。一个没有文化的服务机构是没有生命力的，也是缺乏核心竞争力的。知名品牌往往靠优秀的品牌文化来支撑。通观全世界的“老字号”服务机构，无一不具有魅力十足的服务文化。

品牌文化是结晶在品牌中的经营观、价值观、审美观的总和，具有超越服务本身的使用价值而更能令服务区别于其他竞争者的禀赋。为此，企业要加强品牌的文化建设，打造独特的品牌文化。品牌文化应该由价值文化、经营文化和形象文化构成。

### 1. 价值文化

价值文化是品牌经营者对品牌的使命和终极价值的认知，是企业在经营品牌过程中形成的价值理念，它决定品牌经营团队的意志、行为规范和群体风格，使客户感受到企业的效率、乐趣、卓越、地位、道德、尊严和精神风貌等特征。例如，中国邮政 EMS 的“全心、全速、全球”，麦当劳的“质量、服务、清洁、价值”，家乐福的“开心购物”等。

### 2. 经营文化

经营文化是品牌经营者的经营观念与行为准则，包括品牌的质量观念、服务观念、市场观念、技术观念、人才观念等。例如，北京同仁堂走过三百多年历程，始终没有放弃“炮制虽繁必不敢省人工，品味虽贵必不敢减物力”的规训，坚持传统的制药工艺，以质量优良、疗效显著使其品牌延绵流传。美国《国家地理》杂志以“增进和普及地理知识”为宗旨，作品中弥漫着追求冒险、质量、创新的文化气息，历经一百多年的发展，现在美国的发行量仅次于《电视指南》和《读者文摘》，并拥有多种文字的海外版本。又如，麦当劳一向强调其快乐文化，餐厅里都有一个专门的区域——生日派对区，在这个区域里，张贴着各种生日快乐的可爱图片，并装饰着小朋友喜欢的卡通人物。整个区域散发出快乐的气息，特别能够赢得小朋友们的喜爱。美国西南航空公司的一线员工想尽办法协助旅客打发候机时的无聊。例如，比比看谁的驾照上的照片最好笑，或者大家投票选举出最糟糕的经历，甚至谁能倒立用双手走路且走得最快等。除上述例子外，还有口琴吹奏、脱口秀、袜子破洞比赛、以袋子装满苹果分送小朋友等活动。

### 3. 形象文化

形象文化是品牌经营者通过服务的标识、广告、营销等营造出品牌主题和品牌风格，给客户提供一种直观的感受。例如，中国银行做的“止，而后观；竹动、风动、有节、情义不动”和“源远流长”的储蓄广告，以竹和江河为喻，生动地体现了中华民族传统文化中节俭的优良美德。

例如，早在2004年，全聚德就投资兴建了北京第一家餐饮企业展览馆，当时展览馆位于集团办公大楼三层，仅300多平方米。2014年，全聚德拿出全聚德和平门店7层1000平方米的经营面积重建展览馆。展览馆的设计思路以“讲述全聚德的故事”开展，分为“烤鸭溯源”“百年老店”“现代集团”和“文化制胜”四个部分，将全聚德的历史、文化、烤鸭工艺演变及品牌打造等通过故事全方位展现出来，供游人参观了解。馆内采用了现代声、光、电的先进手段，通过回顾烤鸭变迁历史，浓缩老字号发展轨迹，诠释全聚德文化内涵。

### 案例：沃尔玛的服务文化

零售业巨头沃尔玛公司的服务文化是：“不仅为客户提供最好的服务，而且具有传奇色彩。”

首先，沃尔玛提出了“帮客户节省每一分钱”的宗旨，而且实现了价格最便宜的承诺。因此，在早期经营中，山姆亲自去寻找便宜的货物，然后用车拉到店里来卖。在他的商店里，每天都有大量“超低价”的产品零散地堆放于店面，这种极度简单的形象给了客户最直接的冲击，超低的价格使它的产品得以在最短的时间内一扫而空。

其次，走进沃尔玛，客户便可以亲身感受到宾至如归的周到服务。走进任何一间沃尔玛店，店员立刻就会出现在你面前，笑脸相迎。店内贴有这样的标语：“我们争取做到每件产品都保证让您满意!”客户在这里购买的任何产品如果觉得不满意，可以在一个月内退还商店，并获得全部货款。沃尔玛把超一流的服务看成自己至高无上的职责，这源自沃尔顿的成功经营法则之一：超越客户的期望，他们就会一再光临！沃尔玛还推行“一站式”购物新概念——客户可以在最短的时间内以最快的速度购齐所有需要的产品，正是这种快捷便利的购物方式吸引了大量的客户。

最后，沃尔玛还有许多“超值服务”理念，包括“日落原则”“比满意还满意的原则”“10步原则”等。“日落原则”是指当天的工作必须在当天日落之前完成，对于客户的服务要求，要在当天予以满足，决不拖延。“比满意还满意的原则”，公司创始人沃尔顿对此的解释是，“让我们成为客户最好的朋友，微笑着迎接光顾本店的所有客户，尽可能提供能给予的帮助，不断改进服务，这种服务甚至超过了客户原来的期望，或者是比其他任何商店更多更好的服务”。“10步原则”是指只要客户出现在沃尔玛员工10步距离的范围内，员工就必须主动上前打招呼，并询问

是否需要什么帮助。

总之，沃尔玛的服务文化就在于不断地了解客户的需要，设身处地地为客户着想，最大限度地为客户提供方便。在很多沃尔玛店内都悬挂着这样的标语："1.客户永远是对的；2.客户如有错误，请参看第一条。"这是沃尔玛客户至上原则的一个生动写照。

## 二、客户服务品牌的维护

品牌是企业在客户信任基础上形成的无形资产，一旦失去客户的信任，其品牌价值便会一落千丈。所以，客户服务品牌需要悉心维护，否则形象就会受损。珍惜品牌、爱护品牌、发展品牌应深入、持久地开展下去。

品牌维护是品牌战略的重要保障，可以分为经营维护和法律维护两种。

### （一）经营维护

#### 1. 守法经营

良好的品牌形象来自日常的品牌经营，面对激烈的市场竞争，企业要采取合理、合法的竞争手段，不可不择手段进行竞争，否则会影响品牌在公众和客户心目中的形象。

#### 2. 诚信经营

良好的品牌形象要靠企业良好的信誉来支撑。当今世界前500强跨国公司中，很多是"百年企业"，它们之所以经久不衰，关键是在长期的经营过程中形成了良好的信誉。

企业要树立信誉至上的观念，持之以恒地提供优质服务，才能赢得客户对品牌的信任，企业还要严守承诺，当出现事故时一定要妥善处理，这样才能维护好品牌的形象。

#### 3. 保守品牌秘密

品牌的特色往往是由品牌的技术、诀窍、秘方和特殊工艺支撑的，因此，应加大对知识产权的保护，保守品牌的秘密。

如今，经济情报已成为商业间谍的主要目标，资料显示，世界上每一项新技术新发明领域中，有40%左右的内容是通过各种情报手段获得的，而许多经济间谍正是打着参观的幌子来盗取情报，所以，品牌经营者必须保护好品牌的秘密，防止技术秘密被盗和外泄。

4. 讲究经营策略

良好的品牌形象要求企业对服务的降价及促销要谨慎，因为不当的降价或促销会影响品牌形象。

俗话说，“创业难、守业更难”，只有不断进取、不断改革、不断创新、不断丰富、不断提高服务的性能及技术含量，才能塑造品牌的良好形象，永葆品牌的活力。

例如，光大银行以“阳光在心，服务在行”为品牌理念，以“总行为分行服务，分行为基层服务，领导为员工服务，全行为服务”为宗旨，以“阳光服务，天天进步”为具体要求，通过优化业务流程、客户倾听计划、客户满意度调查等活动，进一步提高服务效率，提升服务质量。“服务在行”活动以“对外服务提升品牌、对内服务提高效率”为主题，蕴含了两个方面的意义：一是对内服务，即正确处理管理与服务的关系，面向基层、服务基层，改善服务手段，优化服务流程，创新服务方式，提升服务效率，帮助基层排忧解难；二是对外服务，即树立客户至上的服务理念，一切以客户为中心，统一客户服务标准，优化服务流程，建立健全服务体系，为客户想得更多，为客户带来与众不同的财富体验。

### （二）法律维护

法律维护主要是打假、防伪，企业要注意采用法律的手段维护品牌的纯洁性和不受侵害。

首先，企业要将品牌名称和标识依法登记注册，以防止被抢注和盗用，不但要在国内注册，而且还要在企业的其他相关国家与地区进行商标注册。

例如，23℃是最适宜人活动的环境温度，招商银行武汉分行创办出独特的“23℃金融客户服务品牌”，通过体贴入微的银行服务，为客户营造最佳心理舒适度。该客户服务品牌被当地权威媒体评为“最佳客户服务品牌”，也获得国家市场监督管理总局注册。

其次，企业可向客户普及品牌知识，让客户了解正宗的品牌，以及与客户结成联盟，协助有关部门打假，从而组成强大的维护品牌的社会监督体系和防护体系。

## 思考题

1. 什么是客户服务品牌？客户服务品牌的作用是什么？

2. 如何进行客户服务品牌的定位？
3. 客户服务品牌的识别如何设计？
4. 如何塑造客户服务品牌？
5. 如何维护客户服务品牌？

# 综合实践 1：成功案例分享——××企业的客户服务

## 1. 实践内容

(1) 充分调研，客观、全面地分享一家企业客户服务的成功经验。

(2) 分享的内容可以是专题案例(如客户服务的内容、客户服务的策略、客户服务的技术、客户服务的时空管理、客户服务的人员管理、客户服务的质量管理、客户服务的满意管理、客户服务的品牌管理等)，也可以是综合案例(贯穿客户服务的全过程，不求面面俱到，但求典型有效)。

(3) 注意介绍该企业客户中应用到的互联网、大数据、人工智能技术。

## 2. 实践组织

(1) 教师布置实践任务，指出实践要点和注意事项。

(2) 全班分为若干个小组，采用组长负责制，组员合理分工、团结协作。

(3) 相关资料和数据的收集可以进行实地调查，也可以采用第二手资料。

(4) 小组内部充分讨论，认真研究，形成分析报告。

(5) 小组需制作一份 15 分钟左右能够演示完毕的 PPT 文件在课堂上进行汇报，之后其他小组可提出问题，台上台下进行互动。

(6) 教师对每组分析报告和课堂讨论情况即时进行点评和总结。

# 综合实践 2：案例分析——××企业的客户服务

## 1. 实践内容

(1) 客观且全面地介绍一家企业客户服务的做法。

(2) 分析并评价该家企业客户服务做法的得与失。

(3) 为该家企业客户服务提出改进意见或建议。

## 2. 实践组织

(1) 教师布置实践任务，指出实践要点和注意事项。

(2) 全班分为若干个小组，采用组长负责制，组员合理分工、团结协作。

(3) 相关资料和数据的收集可以进行实地调查，也可以采用第二手资料。

(4) 小组内部充分讨论，认真研究，形成分析报告。

(5) 小组需制作一份 15 分钟左右能够演示完毕的 PPT 文件在课堂上进行汇报，之后其他小组可提出问题，台上台下进行互动。

(6) 教师对每组分析报告和课堂讨论情况即时进行点评和总结。

# 综合实践3：××行业(企业)的客户服务策划

1. 实践内容

策划内容应当包含××行业(企业)客户服务的内容、客户服务的策略、客户服务的技术、客户服务的时空管理、客户服务的人员管理、客户服务的质量管理、客户服务的满意管理、客户服务的品牌管理。

提示：

(1) 调研当前该行业(企业)客户服务的做法，小组要在现有做法的基础上，超越当前的经验，策划该行业(企业)的客户服务的做法与策略。

(2) 要以理论为指导，这主要体现在思路和框架上，主体内容则必须紧密联系行业实际，不空谈，要言之有物，重对策，重实效。其中可穿插生动的实例来增强策略的有效性和说服力。

2. 实践组织

(1) 教师布置策划任务，指出策划要点和注意事项。

(2) 全班分为若干个小组，采用组长负责制，组员合理分工、团结协作。

(3) 相关资料和数据的收集可以进行实地调查，也可以采用第二手资料。

(4) 小组内部充分讨论，认真分析研究，形成策划报告。

(5) 小组需制作一份15分钟左右能够演示完毕的PPT文件在课堂上进行汇报，之后其他小组可提出问题，台上台下进行互动。

(6) 教师对每组策划报告和课堂讨论情况即时进行点评和总结。

# 参考文献

[1] 瓦拉瑞尔 A. 泽丝曼尔，玛丽・乔・比特纳，德韦恩 D. 格兰姆勒. 服务营销[M]. 5 版. 张金成，白长虹，等译. 北京：机械工业出版社，2012.

[2] 克里斯托弗・H. 洛夫洛克. 服务营销・亚洲版[M]. 2 版. 郭贤达，陆雄文，范秀成，译. 北京：中国人民大学出版社，2007.

[3] 克里斯廷・格罗鲁斯. 服务营销——服务竞争中的客户管理[M]. 3 版，韦福祥，等译. 北京：电子工业出版社，2009.

[4] 森吉兹・哈克塞弗等. 服务经营管理学[M]. 原书第二版. 顾宝炎，时启亮，等译，北京：中国人民大学出版社，2005.

[5] K. 道格拉斯，霍夫曼，约翰. E. G. 彼得森. 服务营销精要(概念、策略和案例)[M]. 胡介陨译. 大连：东北财经大学出版社，2006.

[6] 汉斯・卡斯帕尔，韦福祥，等. 服务营销与管理——基于战略的视角[M]. 2 版. 北京：人民邮电出版社，2008.

[7] 詹姆斯 A. 菲茨西蒙斯，等. 服务管理：动作、战略与信息技术[M]. 张金成，范秀成，等译. 北京：机械工业出版社，2013.

[8] 菲利普・科特勒等. 营销管理[M]. 4 版. 王永贵，等译. 北京：中国人民大学出版社，2008.

[9] 杰拉尔德 L. 曼宁，巴里 L. 里斯. 销售学：创造客户价值[M]. 陈露蓉，译. 北京：北京大学出版社，2009.

[10] 李先国，曹献存. 客户服务实务[M]. 北京：清华大学出版社，2006.